Thomas Ayck / Inge Stolten

Kinderlos
aus Verantwortung

Rowohlt

1. Auflage März 1978
Copyright © 1978 by Rowohlt Verlag GmbH,
Reinbek bei Hamburg
Alle Rechte vorbehalten
Schutzumschlagentwurf von
Gisela Nolte und Charles Schüddekopf
Printed in Germany
ISBN 3 498 00012 8

Inhalt

1. Warum dieses Buch?

Das erleben wir immer wieder: In Gesprächen, Diskussionen und Auseinandersetzungen geht es um Kinder. Geklagt wird über die Anforderungen in der Schule, die kinderfeindliche Umwelt, die Isolierung der Mütter und das Elend der Väter, die keine Zeit haben, sich um ihre Kinder zu kümmern. Schnell endet aber fast jedes Gespräch, wenn die Frage gestellt wird, ob es nicht besser sei, keine Kinder zu haben.

Kinderlosigkeit ist ein Tabu. Nur selten bekennen Menschen oder gestehen auch nur ein, daß die Frage ‹Kinder ja oder nein› für sie ein Problem ist. Denn zur Ehe gehören Kinder – davon ist fast jeder überzeugt.

Was uns jedoch bewog, dieses Buch zu schreiben, sind Gespräche, in denen Zweifel auftauchen; Gespräche, von denen eines sich so anhören könnte:

Sie: Kinder, ich höre immer Kinder. Ich weiß nicht, ob wir ein Kind haben sollten.

Er: Aber du wolltest doch früher welche haben, am liebsten gleich drei.

Sie: Ja, ja, heute sehe ich alles realer: die Erziehungsprobleme, die Hausfrauenpflichten, Wäschewaschen, Kochen, den ganzen Tag mit dem Kind allein. Ich glaube, ich trau es mir gar nicht zu, ein Kind großzuziehen.

Er: Jede Frau will ein Kind, das ist das Natürlichste von der Welt.

Sie: Wieso klagen aber dann so viele Menschen über Schwierigkeiten mit ihren Kindern, kommen mit sich und ihren Partnern nicht mehr zurecht?

ER: Schwierigkeiten lassen sich überwinden.

SIE: Von wem denn – von den Müttern? Die Männer halten sich da raus.

ER: Kinder gehören aber zum Leben.

SIE: Und das soll das einzige Argument für ein Kind sein? Ich sehe doch, was überall passiert. Kinder werden entweder verwöhnt oder geprügelt, weil die Eltern hoffnungslos überfordert sind. Und die Kinder haben keinen Platz zum Spielen, finden später keine Lehrstellen. So läuft das bei uns. Keiner will die Kinder, aber jeder kriegt sie, ohne weiter zu fragen.

ER: Wir können es besser machen. Wir wissen doch, was auf uns zukommt.

SIE: Aber ein Kind ist da, auch wenn wir uns geirrt haben.

ER: Ich versteh dich nicht. Leben kann doch nicht nur arbeiten, essen, schlafen und sich erholen sein. Für ein Kind ist man verantwortlich, für ein Kind kann man etwas tun.

SIE: Es müssen aber nicht unbedingt eigene Kinder sein. Es gibt andere Kinder, andere Menschen.

ER: Aber ein Kind zu haben, das wäre schön.

SIE: Vielleicht. Aber das ist ein Gefühl – allenfalls eine Hoffnung, mehr nicht. Zu wenig für eine solche Entscheidung.

In diesem Dialog denkt der Mann an Kinder, die Frau sieht ihre Mutterrolle mit Skepsis. Das Gespräch könnte aber auch so verlaufen, daß die Frau sich ein Kind wünscht und der Mann nicht.

ER: Ich sehe nicht ein, wieso jeder Kinder haben muß.

SIE: So 'n kleines Kind, so 'n körperliches Gefühl ist schon was sehr Schönes.

ER: Das Gefühl geht schnell vorüber. Ein Kind wird größer. Und dann sitzt du plötzlich eingesperrt da, ohne Kontakt nach draußen, fühlst dich abhängig. Ich habe Angst davor, daß es zu Konflikten kommt, die wir nicht mehr gemeinsam lösen können. So ein Zusammenleben stelle ich mir einfach trostlos vor.

SIE: Typisch du, immer pessimistisch. Du behauptest von vornherein, daß wir mit einem Kind nicht zurechtkommen. Ich finde, daß dein ewiger Pessimismus unsere Beziehung viel mehr in Frage stellt, als solch ein Konflikt.

ER: Ich denke eben manchmal für dich mit. Du, du läufst wie eine Träumerin durch die Gegend.

SIE: Optimismus hat nichts mit Träumen zu tun.

ER: Wir können uns aber nicht auf eine paradiesische Insel zurückziehen. Wir müssen hier leben, und hier bleibt alles an der Frau hängen.

SIE: Man kann sich die Arbeit teilen.

ER: Das ist doch eine Illusion. Wenn ich zu meinem Chef gehe und ihm erkläre, ich möchte jetzt halbtags arbeiten, um mich um unser Kind zu kümmern, bin ich entweder für jede Beförderung gestorben oder ich flieg gleich raus. Also, ich muß den Ernährer der Familie spielen, den treusorgenden Papi, und du bist die liebe, herzensgute Mutti. Die Ehen gehen bei dieser blödsinnigen Aufgabentrennung in die Brüche. Alle regen sich über die hohen Scheidungsquoten auf. Aber geändert wird nichts. Leiden tun unter alldem die Kinder. Ich meine, es kann sehr verantwortungsvoll sein, keine Kinder zu haben.

Wir leben in einer kinderfeindlichen Umwelt. Die Schwierigkeiten der Kleinstfamilie sind jedem bekannt, auch die Konflikte, die sich daraus entwickeln. Bei Nachbarn, Verwandten und Freunden ist es zu beobachten. Trotzdem machen Paare sich immer wieder Illusionen, leugnen die Realität und müssen scheitern. Anwälte werden bemüht, und schließlich stehen die Eheleute vor dem Scheidungsrichter.

Kinder dienen dann als Druckmittel gegen den Partner, an dem man sich rächen will. Ein Pfand sind sie, das ungern aus der Hand gegeben wird. Verschachert werden sie schließlich, damit die Scheidung der Eltern gelingt.

Viele Paare überlegen es sich nicht rechtzeitig, was es heißt, eine Familie zu haben. Über den Kauf eines Autos oder den Erwerb eines Eigenheims wird im allgemeinen länger diskutiert als über die Entscheidung für oder gegen ein Kind.

Wir, die Autoren, haben die katastrophalen Folgen für Eltern und Kinder beobachtet. Wir plädieren deshalb für das Recht auf ‹Kinderlosigkeit aus Verantwortung›, das wir auch für uns selbst in Anspruch nehmen.

Die Autorin lebt seit mehr als zwanzig Jahren mit einem Kollegen, einem Schriftsteller, zusammen. Sie sagt von sich: «Meine Entscheidung, kinderlos zu bleiben, ist sehr früh gefallen. Die Gründe dafür sind bis heute im wesentlichen gleich geblieben. Eine kinderfeindliche Umwelt; kaum zu überwindende Schwierigkeiten, Kinder und Beruf zu vereinen; die ökonomische Abhängigkeit vom Mann und damit der Verlust der Selbständigkeit, mit all seinen Folgen auch für die Partnerschaft.

Hitler-Diktatur und Zweiter Weltkrieg ließen den Gedanken, ein Kind zu bekommen, als absurd erscheinen. Aus politischen Gründen durfte ich nicht studieren. Ein Gegner des Naziregimes verhalf mir zu einer Ausbildung am Theater. Ich wurde Schauspielerin. Von einem bürgerlichen Familienleben war ich weiter denn je entfernt. Ich sah, wie Kollegen ihre Kinder von einem Engagement ins andere schleppten, sie Verwandten überließen oder sie in Internate schickten, wenn sie es sich leisten konnten; Freundinnen studierten, machten Examen, um dann doch Windeln zu waschen und am Kochtopf zu stehen.

In den fünfziger Jahren mußte ich mich endgültig entscheiden, ob ich ein Kind wollte oder nicht. Inzwischen hatte ich zu schreiben begonnen, befand mich auf dem Weg zu einem neuen Beruf, verließ das Theater, das letztlich nur ein Ausweg war. Schreibend konnte ich mehr tun: aufklären, ermutigen, Hilfen anbieten, Denkanstöße geben. Sollte ich darauf verzichten oder nur noch mit halber Kraft arbeiten, um ein Kind zu haben wie andere? Ich meinte nein. Nicht in dieser Gesellschaft, die zwar Mütter braucht, aber sie aus dem öffentlichen Leben herausdrängt. Frauen dürfen mitverdienen, wenn das Geld nicht reicht. Sie arbeiten nicht mehr aus bitterer Armut, werden nicht so ausgebeutet wie meine Mutter, aber sie sind keine gleichberechtigten Bürgerinnen. Sie können es nur sein, wenn sie keine Kinder haben.»

Der Autor des Buches, Thomas Ayck, ist seit fast zehn Jahren verheiratet. «Wir beschlossen am Anfang der Ehe, kinderlos zu bleiben», sagt er. «Ich hatte nach dem Studium gerade angefangen, als Journalist zu arbeiten. Meine Frau war in der Industrie als Produkt-Managerin tätig. Unsere Arbeit machte uns beide sehr zufrieden, und wir wollten das Zusammenleben erst einmal genießen und ausprobieren. Kinder hätten nur gestört. Aber nach fünf Jahren Ehe dachte ich – es ging uns jetzt finanziell sehr gut –, ob es nicht Spaß machen könnte, Kinder zu erziehen. Wir sprachen das durch. Uns wurde klar, daß ich bei meiner Tätigkeit als Redakteur kaum an der häuslichen Arbeit teilnehmen könnte. Alles bliebe an meiner Frau hängen. Sie hatte aber nun gerade ein Pädagogikstudium begonnen und meinte, daß sie als Lehrerin später viele Kinder um sich hätte. Sie brauchte nicht unbedingt ‹eigene›. Der Entschluß, kinderlos zu bleiben, wurde neu gefaßt. Ganz subjektive Gründe, die mit unserer Entwicklung zu tun haben, führten uns also zu dieser Entscheidung. Aber auch objektive, gesellschaftliche, denn alle Lasten einer kinderfeindlichen Umwelt müßte meine Frau tragen. Ich hätte in meinem Beruf niemals halbtags arbeiten können. Meine Frau könnte ihre Fähigkeiten und Interessen nicht nutzen. Das hätte unsere Partnerschaft belastet, sie zu einem trotzigen ‹Dennoch› zusammenschrumpfen lassen.»

Wir schreiben dieses Buch nicht, um zu überreden; wir polemisieren nicht um der Polemik willen. Wir wollen Denkanstöße geben. Wir wollen fragen, ob Kinder für jeden die Erfüllung des Lebens sind. Noch heißt es, daß eine Frau ohne Kinder keine richtige Frau sei; noch soll der Mann seine Potenz durch Nachwuchs beweisen.

Im Zweifel gegen das Kind zu votieren verletzt ein Tabu.

Denn zu einer guten Partnerschaft gehören angeblich auf jeden Fall Kinder, da mag die Gesellschaft noch so kinderfeindlich sein.

Heute brauchen Paare keine Muß-Ehen mehr einzugehen; sie brauchen sich Kinder nicht ‹von der Natur› aufzwingen zu lassen. Der Entscheidung – Kinder ja oder nein – weichen dennoch viele aus. Trotz Pille, trotz aller Möglichkeiten zu bewußter Familienplanung ‹schlittern› sie in die Mutter- oder Vaterrolle hinein. Die ‹Pillenmüdigkeit› kann auch ein Vorwand sein, das Kinderkriegen dem Zufall zu überlassen.

Dieses Buch soll eine Warnung sein, allzu unbekümmert Kinder in die Welt zu setzen. Es ist ein Pamphlet gegen die ‹Wir-schaffen-das-schon›-Mentalität. Wir meinen, daß immer weniger Eltern es schaffen, Kinder zu erziehen. Die Schuld liegt gewiß nicht allein bei ihnen. Nur aus Liebe sollte sich niemand für Kinder entscheiden. Sie sind keine Voraussetzung für eine glückliche Beziehung, sie zerstören sie oft. Die vielen Scheidungswaisen, die alleinstehenden Mütter und Väter zeigen es.

Kinder zu erziehen ist mit großen Opfern verbunden; ganz abgesehen von der ungelösten Frage nach der richtigen Methode. Eine ständig wachsende populärwissenschaftliche Literatur überflutet Elternhäuser, Kindergärten und Schulen. Unverdaulich für die meisten, richtet sie mehr Schaden an, als daß sie nützt.

«Unsere Welt ist von den physischen, moralischen und sexuellen Problemen der Kindheit geradezu besessen», schreibt Philipp Ariès in seiner ‹Geschichte der Kindheit›[1]. Wissenschaftliche Besessenheit ist aber keine Grundlage für brauchbare Antworten. Und die menschlichste Erziehung nützt einem Kind nichts, das in eine Welt entlassen wird, in der es vor allem Ellbogen braucht.

Wir meinen, daß dieses Buch geschrieben werden mußte, weil die Entscheidung für Kinder immer mehr Verantwortung erfordert. Doch die Frage «Kinder ja oder nein?» wirkt wie eine Provokation. Und wer keine Kinder will, muß mindestens von Verzicht sprechen. Trotzdem gilt er als Egoist. Es kann aber egoistischer sein, Kinder in die Welt zu setzen. Viele Eltern betrachten sie als ‹psychischen Besitz›, als Ersatzbefriedigung für ihr nichtgelebtes Leben. Die Kinder sollen Wünsche, Hoffnungen, Erwartungen der Eltern erfüllen. Sie sollen es besser als die Mütter und Väter haben. Sie sollen in der Schule, im Beruf, in der Liebe und Ehe das erreichen, was den Eltern mißlang.

In diesem Buch werden wir auch zeigen, daß mit der Familienplanung meist zu spät, nämlich nach dem ersten Kind begonnen wird. Mütter sitzen oft mit mehreren Kindern da, ehe sie merken, daß sie die eigentlich nicht wollten. Frauen glauben, daß sie Kinder und Beruf ohne besondere Schwierigkeiten vereinen können, obwohl es dafür in ihrer Umgebung kaum Beispiele gibt. Wie die Wirklichkeit jedoch häufig aussieht, wollen wir an einigen Fällen darstellen.

Im ersten Stockwerk eines gutbürgerlichen Wohnhauses in Hamburg packt eine Mutter von drei Kindern, nebenberuflich Journalistin, ihre Koffer und verläßt die Familie. Sie zieht zu ihrer Freundin. Die Fragen der Kinder, die Ansprüche ihres Mannes, die täglich zu leistende Arbeit haben sie erschöpft. Am liebsten möchte sie ihre Familie nie wieder sehen. «Ich habe mich müde gelebt», sagt sie zu ihrer Freundin, «ich hätte niemals Kinder in die Welt setzen dürfen.»

In Frankfurt streitet sich die dreißigjährige Sekretärin Linda S. mit ihrem Mann über die Verteilung der Hausarbeit. Es ist Sonntag. Die Waschmaschine läuft. Das Essen kocht. Linda S. greift gerade zum Staubsauger, als ihre siebenjährige Tochter unten auf der Straße laut ruft: «Mami – ich will ein Brot!» Resigniert meint Linda S.: «Das Kind macht unsere Ehe kaputt, ich kann das alles nicht schaffen.»

In München geht die fünfundzwanzigjährige Studentin Ilse D. zu einem befreundeten Arzt und bittet ihn um die Adresse eines Kollegen, der einen Schwangerschaftsabbruch vornehmen würde. «Ich will kein zweites Kind», lautet ihre Erklärung. Sie ist verheiratet. Ihr Mann verdient gut. Aber sie fürchtet um ihre Zukunft. Ihr erstes Kind ist aus dem Gröbsten raus. Ihr Studium organisiert sie mit Mühe. Sie weiß, daß die Geburt eines weiteren Kindes ihre Berufsaussichten zerstören würde.

Der englische Publizist Nigel Balchin, Vater von fünf Kindern, setzt sich an seinen Schreibtisch und hält seine Erfahrungen als Ehemann fest. Kinder seien pure Zeitverschwendung, konstatiert er, sie brächten nie wieder das ein, was materiell und geistig in sie investiert wurde. Im Vergleich zu anderen kreativen Tätigkeiten sei das Erziehen von Nachkommen eine nutzlose Verschwendung von Fähigkeiten. Er weist das Argument zurück, daß Mühen und Sorgen durch Freude, Glück und Vergnügen im Zusammenleben mit Kindern vergolten würden.

Charlotte M., Mutter von zwei Kindern, hat sich eine kleine Boutique eingerichtet. Eine bescheidene Erbschaft war ihr Anfangskapital. Der Laden, ein ehemaliges Milchgeschäft, kostet nur wenig Miete. Nach ein paar Monaten läuft die Sache, ein richtiger Erfolg zeichnet sich ab. Es gibt keine ähnliche Einkaufsmöglichkeit in dem eher kleinbürgerlichen Wohnviertel, in dem aber auch viele Studenten wohnen. Trotz allem macht Charlotte M. sich Sorgen. Die Kinder sind für sie eine Belastung. Dabei hat sie immer gemeint, eine gute Mutter zu sein. Aber sie hat einfach keine Zeit mehr für sie. Sie muß reisen, um neue Ware zu besorgen, etwas Besonderes anbieten zu können. Von ihrem Mann kann sie keine Hilfe erwarten. Er hat ihr gleich prophezeit, daß sie nicht durchhalten wird. Täglich beklagt er sich, weil zu Hause nicht mehr alles so reibungslos läuft, die Ehe leidet, wie er meint. Aber sie will nicht kapitulieren. Sie braucht die Bestätigung, selbst etwas zu leisten, sie kann darauf nicht verzichten.

In Köln läßt sich der dreiunddreißigjährige Facharbeiter Werner K. sterilisieren. Er will keine Kinder zeugen. Er will auch nicht in Versuchung geraten, irgendwann zu ‹schwanken›. Der Gedanke, einmal Familienvater zu werden, ist ihm ein Alptraum.

Sind dies Beispiele einer kinderfeindlichen Epoche? Gibt es nicht ganz andere Beispiele?

Die achtundzwanzigjährige Hausfrau Rita weint. Ihr Mann versucht sie zu beruhigen, will sie trösten und meint, eine Fehlgeburt – das könne jeder Frau passieren, das bedeute nichts Endgültiges. Das nächste Mal würden sie es schaffen. Unbedingt. Sie wünschten sich doch beide ein Kind.

Da ist auch die Lehrerin, die für ihre Kinder einige Jahre lang den Beruf aufgibt. Sie hat einen dreijährigen Sohn und eine einjährige Tochter. Der Mann arbeitet in einer Bank. Abends erzählt ihm seine Frau begeistert von ihren Erlebnissen mit den Kindern. Mit ihnen entdeckt sie die Welt neu. Eigene Konflikte in der frühen Jugend klären sich plötzlich. Durch ihre Kinder lernt sie zugleich für den Beruf. Sie freut sich darauf, eines Tages wieder zu unterrichten. Aber sie sagt auch, daß sie für die Kinder sogar auf die Schule verzichten könnte. Ihr Mann allerdings ist für die Kinder nicht viel mehr als ein freundlicher Onkel, höchstens ein Wochenendvater. Natürlich bringt er das Geld nach Hause, aber sonst könnte sie die Kinder auch allein aufziehen. Trotzdem: sie sind ein zufriedenes Paar.

Für die Skeptiker wirken glückliche Eltern oft unglaubwürdig; für die mit ihrem Elterndasein zufriedenen Väter und Mütter dagegen scheinen die Kinderlosen arge Egoisten zu sein, die nur an ihren Vorteil und ihr materielles Wohlergehen denken. Kinder sind eine Bestätigung des Lebens, eine Bejahung unseres Daseins, sagen die einen; Kinder bringen nur Nachteile, meinen die anderen. Sie engen die individuellen Freiheitsräume ein, sie machen zudem abhängig und unbeweglich. Väter sind leicht erpreßbar. Sie werden einem Arbeitgeber kaum widersprechen, weil sie an die Familie denken müssen. Mütter stagnieren fast immer in ihrer individuellen Entwicklung. Dazu schreibt Angelika Wittlich:

«Wir werden gezwungen, zwischen zwei Möglichkeiten zu wählen, die uns beide unglücklich machen: Entweder wir werden eine gute Ehefrau und Mutter, geben unser eigenes Leben auf, sind nur noch für den Mann und die Kinder da und bekommen spätestens mit vierzig einen Hausfrauenkoller. Oder aber wir verzichten auf Kinder, obwohl wir vielleicht gern welche gehabt hätten.»[2]

Angelika Wittlich wirft es der Männergesellschaft vor, daß die Freiheit, Kinder zu haben oder nicht, für die Frauen verlorenging. Unter heutigen Bedingungen arte jede Mutterschaft zur Sklaverei aus.

Sind Frauen Sklavinnen, die ihre Fesseln nicht erkennen, wenn sie von ihrem und dem Glück ihrer Kinder sprechen? Und sind es tatsächlich nur die Männer, die unbeschädigt von der Freude an Kindern reden können, weil sie als Sklavenhalter passiv genießen dürfen? Müssen Frauen und Männer ihre ‹Vollwertigkeit› erst durch ein Kind beweisen? Ist ein Kind aufzuziehen wirklich die wichtigste Leistung für die Gesellschaft? Gibt es nicht andere Möglichkeiten?

Der Psychoanalytiker Tobias Brocher sagt, daß der Verzicht auf Kinder, bewußt vollzogen, eine Erweiterung der öffentlichen Freiheitssphäre des einzelnen bringen kann, was wiederum der Allgemeinheit nützt. «Kinder kriegen kann jeder», erklärt Brocher, «aber unter Umständen bewußt darauf verzichten, um ein anderes Glück für mehr Menschen zu erreichen, ist sehr viel schwerer.»

Deutlich gemacht werden soll in diesem Buch, daß Vorurteile über Familie, Mutter- und Vaterschaft zu revidieren sind, um sich frei für oder gegen Kinder entscheiden zu können. Zu den traditionellen Vorurteilen gehört zum Beispiel das Menschenbild der katholischen Kirche.

Papst Paul VI. läßt in der Enzyklika ‹*Populorum progressio*› verkünden, daß es ohne das unabdingbare Recht auf Ehe und Zeugung . . . keine Würde des Menschen gäbe.

Luise Rinser, Schriftstellerin und praktizierende Katholikin, nennt diesen Mutterkult der Kirche – Heuchelei. Auf die Frage, was ihr die eigene Mutterschaft bedeute, schrieb sie: «Ich sehe mich gezwungen, wahrheitsgemäß zu sagen, daß ich mir zwar zunächst, wie jede Frau, traditionsgemäß einbildete, einen Zuwachs an Persönlichkeitswert dadurch erhalten zu haben, daß ich ein Kind geboren und damit etwas geleistet habe. Aber auch, daß mir Schwangerschaft, Geburt und frühe Aufzucht der Kinder nicht viel mehr waren als Unbequemlichkeiten – als die Mühe des Stillens, des Windelwaschens, des Ausfahrens, Fütterns, der Sorge um all die kleinen Krankheiten, die Probleme der Erziehung. Von einem subjektiven Gefühl für die Würde und die Heiligkeit meines mühsamen kleinen Tuns habe ich nichts erfahren. Ich habe meine Kinder geliebt, liebe sie noch, bin aber ganz sicher, daß ich ein adoptiertes Kind genauso geliebt hätte. An die berühmten Bande des Bluts glaube ich nicht, sie gehören zum Mutterschaftsmythos.»[3]

In vielen Publikationen werden jedoch immer noch ganz andere Meinungen vertreten. In einem 1972 erschienenen Ratgeber ‹Mutter und Kind heute› heißt es unbekümmert:

«Der Wunsch nach der Ehe ist fast immer gleichzeitig der Wunsch nach dem Kinde, das oft allein durch sein Dasein eine engere Bindung der Partner bewirkt, da beide Eltern in ihm ein Stück von sich selbst wiederfinden. Mit der Geburt eines Kindes beginnt das eigentliche Familienleben.»[4]

Ehepaaren, deren Wunsch nach einem Kind sich nicht bald nach der Eheschließung erfüllt, wird geraten, einen Arzt zu konsultieren. Tatsache ist aber, daß Paare heute die Geburt eines Kindes aus den verschiedensten Gründen jahrelang hinauszögern. Die weite Verbreitung der Pille und anderer empfängnisverhütender Mittel und auch die Möglichkeit eines Schwangerschaftsabbruchs haben den Weg zur Geburtenplanung geebnet.

Der Wunsch, sich fortzupflanzen, scheint nicht mehr so selbstverständlich zu sein. Großfamilien gibt es kaum noch. Kinderreichtum gilt als asozial. Als ideal für eine ‹normale› deutsche Familie werden zwei Kinder betrachtet. Das ergab eine Untersuchung des Bundesinstituts für Bevölkerungsforschung in Wiesbaden. Der Trend zur Zwei-Kind-Familie zeichnete sich bereits 1958 ab und hat sich noch deutlich verstärkt. Häufig bleibt es aber bei einem Kind.[5]

Von Politikern und offiziellen Stellen wird der Geburtenrückgang beklagt. Pessimisten sprechen schon von einem aussterbenden Volk. Anreize für das Kinderkriegen werden verlangt. Frauen könnten sich dabei wie Gebärmaschinen vorkommen, die ihr Plansoll nicht erfüllt haben. In einem Brief an die *Süddeutsche Zeitung* verwahrte sich ein Leser dagegen, kinderlose Ehen als ethisch verwerflich zu betrachten:

«Der Entschluß von Eheleuten, bewußt auf ein Kind zu verzichten und sich mit der Erfüllung in der bloßen Partnerschaft zu begnügen, wird zwar in dieser Gesellschaft weder dotiert noch honoriert; doch zeigt sich an denen, die diesen Entschluß fassen, oft mehr Sinn für menschliche Verantwortung, als dies gewisse Bevölkerungsstrategen wahrhaben wollen.»

Von einem jungen Ehepaar wird aber erwartet, daß es Kinder hat, obwohl unsere Welt deren Lebensinteressen wenig entspricht. Dem einzelnen bleibt es überlassen, damit fertig zu werden: Notlösungen muß er finden, und allzu oft scheitert er, weil die Gesellschaft ihn im Stich gelassen hat, er macht sich schuldig.

Dieses Buch richtet sich nicht gegen ein Leben mit Kindern, sondern gegen das, was heute Kindern angetan wird. Sie brauchen mehr als Pflege, Essen und Trinken. Ihre psychischen Bedürfnisse kommen häufig zu kurz. Fehlende Anregungen lassen sie verkümmern; sie lernen nicht spielend ihre Umwelt begreifen. Mangelnde Zuwendung verhindert, daß sie später emotionale Bindungen zu anderen Menschen finden.

Viele Untersuchungen haben sich mit den Folgen einer gestörten Entwicklung des Kindes befaßt. Wir werden hier nicht im einzelnen darauf eingehen, das würde den Rahmen dieses Buches sprengen.

Außer dem Unvermögen, Kinder zu erziehen, ist in der Bundesrepublik Deutschland eine erschreckende Kinderfeindlichkeit zu beobachten. Das beweist bereits die unverhältnismäßig hohe Säuglingssterblichkeit.

Vergleichbare Industrienationen schneiden in der internationalen Geburtenstatistik seit langem schon wesentlich besser ab. Im Jahre 1976 wurden in der Bundesrepublik bei 602851 Lebendgeburten 4444 Totgeburten gezählt. 5965 Kinder starben in den ersten sieben Lebenstagen, im ersten Lebensjahr waren es 10505.[6] Rund 15000 Babies erlebten ihren ersten Geburtstag nicht. Experten schätzen, daß 5000 von ihnen noch leben könnten, wenn nicht immer wieder dieselben Fehler gemacht würden. Werdende Mütter gehen nicht zu den angebotenen Vorsorgeuntersuchungen; viele Ärzte fordern sie nicht energisch genug dazu auf. Das ungeborene Kind wird durch Alkohol, Zigaretten und Medikamente gefährdet. Risikogeburten werden nicht rechtzeitig erkannt, oder die Frauen entbinden in Kliniken, die nicht dafür geeignet sind. Die Fahrt in das nächste Kinderkrankenhaus wird nicht selten zum Todesurteil; die Wege sind zu weit und es fehlt an geeigneten Transportmitteln.

Haben Kinder dann die ersten Lebensjahre überstanden, droht ihnen der Tod oder Körperverletzung auf der Straße. Rund 70000 Kinder werden in der Bundesrepublik jährlich Opfer von Verkehrsunfällen. Ein erschreckender Beweis, wie wenig Rücksicht auf sie genommen wird, obwohl die Klagen über den Bevölkerungsrückgang sich häufen.

Sehr früh schon geraten Kinder in Abhängigkeit von Rausch- und Arzneimitteln, von Alkohol und Nikotin. ‹Was macht schon Kinder süchtig?›, fragte der Schweizer Arzt Dr. Alfred Stucki: «Das Vorbild der Eltern, die sich jedes Mißbehagen mit Schmerzmitteln, jede Müdigkeit mit Aufpeitschtabletten, jeden Ärger mit einer Beruhigungskapsel oder mit Alkohol vom Leibe halten, kann nicht ohne erzieherische Folgen bleiben.»[7]

Ehe Kinder und Jugendliche zu Medikamenten greifen, werden sie oft schon von den Erwachsenen regelmäßig damit versorgt.[8] Immer früher gibt man sie ihnen. Kinder sollen nämlich den Anforderungen genügen und die Eltern nicht stören, die selbst ständig mehr Medikamente konsumieren. 1977 ermittelte die Bundeszentrale für gesundheitliche Aufklärung, daß drei Millionen Menschen in der Bundesrepublik glaubten, ohne Beruhigungs- und Schlafmittel nicht leben zu können. Weiter wurde festgestellt, daß 7 Prozent der Eltern keine Bedenken hatten, auch ihren unter zehn Jahre alten Kindern diese Mittel zu geben. Und sogar 18 Prozent waren ohne weiteres bereit, die Konzentration ihrer Kinder durch Tabletten zu erhöhen. Medikamente werden so selbstverständlich geschluckt wie das allzu reichliche Essen. Um Ernährungsfehler auszugleichen, bekommen die Kinder dann Appetithemmer, die ebenfalls süchtig machen können, und werden regelmäßig mit Abführmitteln traktiert.

Alkohol – auch in Form von sogenannten Naturheilmitteln, deren harmlose Namen den wahren Inhalt verschleiern – ist in fast jedem Haushalt reichlich vorhanden. Schon Kinder greifen zum Alkohol mit Duldung der Eltern oder heimlich, was ihnen nicht sonderlich schwergemacht wird. Nicht nur das schlechte Beispiel der Erwachsenen, sondern auch die Werbung muß als wesentlicher Anreiz für den Alkohol- und auch für den Zigarettenkonsum angesehen werden. Selbst der Sport, sonst zur Gesunderhaltung gepriesen, wird voll eingesetzt. Fußballstars werben für Tabakwaren, und auf ihren Trikots spielt die Getränkeindustrie mit. Die Werbung bezieht die Jugendlichen bewußt ein, preist die Produkte als Statussymbol an, setzt sie mit Freizeit und Fröhlichkeit gleich. Das ist verführerisch für eine Generation, die Not nicht kennenlernte, Wohlstand und Konsum für Glück hält und Angst vor der Zukunft hat. Ein allgemeines Gefühl von Sinnlosigkeit und Leere, ein Mangel an Zuwendung, obendrein Schulprobleme, der Kampf um die Ausbildungsplätze und Arbeitslosigkeit lassen junge Menschen zur Flasche greifen.

Zwischen sieben und elf Jahren wird Alkohol ‹schon mal probiert›. Aus einer Dokumentation des Bayerischen Innenministeriums (‹*Drogen – Alkohol – Nikotin*›) ergibt sich, daß 30 Prozent der Zwölf- bis Vierzehnjährigen bereits Alkohol trinken. Und nicht wenige streben den Rausch dann bald bewußt an.

Die Eltern sind entsetzt, wenn ihr Kind betrunken aufgegriffen wird. Aber sie fragen sich wohl kaum, ob sie schuld an dieser Entwicklung sind. Das Bundesministerium für Jugend, Familie und Gesundheit gab dem Institut für Jugendforschung im Herbst 1973 den Auftrag für eine Repräsentativerhebung. Das Mißbrauchsverhalten Jugendlicher sollte untersucht werden. Auch nach dem Alkoholkonsum wurde gefragt. Ein Drittel der Erwachsenen meinte, daß ein Kind schon vor dem vierzehnten Lebensjahr «ruhig einmal Bier oder Wein trinken dürfe», in einem Alter also, in dem dies rasch zu physischen und psychischen Schäden führt. Je früher jemand sich an Alkohol gewöhnt, um so eher wird er abhängig. Wesentlich schneller als Erwachsene werden junge Menschen süchtig. Zwei, drei Jahre Alkoholmißbrauch können sie schon zu chronischen Trinkern machen. Die soziale und körperliche Verwahrlosung droht.

Die Zahl junger Alkoholiker hat stark zugenommen und damit auch die Zahl derjenigen, die ihre Schul- und Berufsausbildung abbrechen. Der Jugendalkoholismus mit all seinen für die gesamte Gesellschaft verheerenden Folgen ist zum großen sozialmedizinischen Problem geworden. Alkohol ist leicht zu beschaffen und billiger als andere Drogen. Es steigt aber die Tendenz, verschiedene Rauschmittel gleichzeitig zu konsumieren, die Wirkung des einen durch die des anderen zu verstärken. Hilflos stehen die meisten Eltern vor diesen Problemen. Sie fürchten, daß sie ihr Kind nicht davor bewahren können. Gerade die sensibelsten Jugendlichen sind gefährdet. Ein geringer Anlaß, die kleinste Enttäuschung treibt sie bereits zum Alkohol.

Mütter und Väter fragen sich, ob es richtig war, dem Wunsch nach einem Kind nachzugeben. Sie ziehen es auf, möchten es in ein glückliches Leben entlassen, aber die Hoffnung, daß sich das erfüllt, wird geringer. Ehen zerbrechen an den Schwierigkeiten mit den Kindern. Nach der Scheidung müssen Eltern sich von ihrem Kind fragen lassen:

«Warum habt ihr mich überhaupt in die Welt gesetzt?»

Kinder haben das Leben schon satt, noch ehe es richtig

beginnt. Jedes Jahr versuchen etwa 15 000 Mädchen und Jungen zwischen sechs und achtzehn Jahren, sich umzubringen. Mehr als 500 von ihnen ‹gelang› das 1976. Bei den Selbstmordversuchen muß zudem noch mit einer hohen Dunkelziffer gerechnet werden. Unsicherheit und Kränkungen, die den Erwachsenen oft banal erscheinen, lassen die Kinder am Leben verzweifeln. Fast immer kündigen sie den Selbstmord an, aber ihr Hilfeschrei wird nicht verstanden. Sie sind unglücklich, kommen sich überflüssig vor, empfinden sich als Ballast für die Eltern, die ihre Zukunftsängste auf die Kinder projizieren. Angst weckt Aggressionen. Sie werden an den Schwächeren abreagiert. Das sind die Kinder.

60 bis 80 Prozent der Bundesbürger schlagen ihre Kinder zumindest gelegentlich, haben Untersuchungen ergeben. Jeder vierte spricht sich in Umfragen immer noch ganz offen für die Prügelstrafe aus. Und darüber hinaus gesteht so mancher, daß ihm «öfter mal die Hand ausrutscht», wie es verharmlosend heißt.

Gewalt gegen Kinder ist weit verbreitet und nicht auf die Prügelstrafe beschränkt. Dazu äußerte sich der Jurist Walter Becker:

«Mißhandlung von Kindern umfaßt mehr, als man gemeinhin in Anlehnung an strafrechtliche Bestimmungen versteht. Kindesmißhandlung ist nicht allein die gewaltsame körperliche Beeinträchtigung eines Kindes. Sie umfaßt auch die seelischen Mißhandlungen und die Handlungen und Unterlassungen, die zu einer Beeinträchtigung des Rechts der Kinder auf Leben, Gesundheit, Erziehung und Förderung führen.»[9]

Nach der polizeilichen Kriminalstatistik wurden im Jahre 1975 in der Bundesrepublik 1662 Anzeigen wegen Kindesmißhandlung registriert und 1201 Fälle grober Vernachlässigungen. Dazu kamen 2293 angezeigte Fälle vollendeter gefährlicher und schwerer Körperverletzungen gegenüber Kindern und 136 Tötungen. Experten schätzen zudem, daß auch hier die Dunkelziffer sehr hoch ist. Sie meinen, daß alljährlich etwa 150000 Kinder mißhandelt werden, davon 30000 schwer.

Eltern können sich meist auf die ärztliche Schweigepflicht verlassen. Der Arzt ist an sie gebunden, es sei denn, es handelt sich um Fälle gravierender körperlicher Mißhandlung und es besteht Wiederholungsgefahr. So kam es zum Beispiel dazu, daß ein dreijähriger Junge erst vor seinen elterlichen Peinigern geschützt wurde, als man bei seinem dritten Krankenhausaufenthalt einen Darmriß und Frakturen feststellte.

Die Beratende Versammlung des Europarats empfahl am 29. September 1969 die Einführung einer Anzeigepflicht bei Kindesmißhandlungen. Doch nur eine Minderheit ist dafür. Eine solche Meldepflicht könnte nämlich dazu führen, daß Eltern mit ihren Opfern nicht mehr zum Arzt gehen würden. Aber auch in das neue Familienrecht der Bundesrepublik wurde kein Prügelverbot aufgenommen, obwohl zahlreiche Wissenschaftler sich davon ein Umdenken in der Bevölkerung versprechen. Während eines Hearings zu dem Reformvorhaben am 12. September 1977 verlangte die CDU-Abgeordnete Roswitha Wisniewski statt des Prügelverbots sogar eine «Rückkehr zur Härte und Strenge» in der Kindererziehung.

Auf den Hamburger Jugendschutztagen in Reinbek (5./6. Januar 1977), einer Veranstaltung der Behörde für Schule, Jugend und Berufsbildung, wurden Vorschläge zur Verhütung von Gewalt gegen Kinder gemacht. Dr. Walter Becker erläuterte sie:

«Das Problem wurde weitschichtiger gesehen als nur unter dem Gesichtspunkt der Mißhandlungen; Möglichkeiten zum Abbau der Gewalt wurden im einzelnen besprochen, zum Beispiel die kulturelle Ächtung der Kindeszüchtigung im Recht, ferner Einführung einer Erziehungslehre als Unterrichtsfach in den Schulen, ferner Fragen der Erziehungsberatung und Elternbildung und wohnungspolitische Erwägungen, die die Kleinfamilie aus der Isolierung lösen könnten. Immer wieder wurde deutlich, daß es meist nicht die ‹böse Stiefmutter› ist, die sich der Kindesmißhandlung schuldig macht, sondern weitaus häufiger die leibliche Mutter, die auf diese Weise die Aversion gegen den ungetreuen Vater abreagiert.»[10]

Frauen mißhandeln Kinder häufiger und grausamer. Sie zeigen ein hohes Maß an Kinderfeindlichkeit. Melitta Mitscherlich erklärt dies unter anderem mit der geringen sozialen Stellung des weiblichen Geschlechts und dem Neid der Frauen auf die höhere Bewertung des Mannes und dessen Stellung in der Gesellschaft:

«Die patriarchalische Einstellung zeigt sich somit auch als Kinderfeindlichkeit, indem sie einen Teil, den weiblichen, als minderwertig diskriminiert und ihn damit mit einer Hypothek belastet, die nicht ohne weiteres in gesunder Weise abgetragen werden kann. Die Unterdrückung der Frau setzt sich fort in der Unterdrückung ihrer Kinder. Kinderfeindlichkeit wird so Ergebnis der Frauenfeindlichkeit.»[11]

Frauen wird die Erziehung der Kinder weitgehend überlassen, und sie werden mit dieser Aufgabe nicht fertig; sie sind zu jung oder gerade wieder schwanger; die Ehe ist bereits zerrüttet oder sie wollten das Kind einfach nicht. Mehr Frauen als es zugeben und die Öffentlichkeit wahrhaben möchte, sind vergewaltigt worden – im ehelichen Schlafzimmer. Dort bestimmt nicht selten noch allein der Mann. Er entscheidet, ob seine Frau die Pille nehmen darf oder nicht. Wenn das Kind ihn später stört, hat die Mutter es zur Ruhe zu bringen. Wie, kümmert ihn nicht. Viele Männer sind immer noch mit Prügeln einverstanden, denn sie schlagen ja auch selbst und wurden geschlagen.

Anläßlich der Hamburger Jugendschutztage stellte der Gerichtsmediziner Dr. Werner Naeve fest:

«Kindesmißhandlungen kommen in jeder sozialen Schicht der Bevölkerung, in jeder Berufsgruppe, bei jedem Bildungsgrad und jedem Intelligenzgrad der Täter vor.»

Um solche Exzesse zu verhüten, ist vor allem Aufklärung darüber nötig, was es eigentlich bedeutet, Mutter oder Vater zu werden. Zukünftige Väter machen sich nur selten klar, daß ein Kind nicht nur Freude, sondern auch Arbeit bedeutet und Einbußen an beruflicher Karriere mit sich bringen kann. Zukünftige Mütter ahnen meist nicht, wie schnell sie in ein gesellschaftliches Abseits geraten können.

Dieses Buch möchte Ursachen für Kinderlosigkeit aufzeigen. Einige wurden bereits genannt: Kinderfeindlichkeit, die Belastungen, denen Kinder heute ausgesetzt sind. Ein Verlust an Freizeit und Mobilität wird befürchtet. Die Frau muß auf ihre beruflichen Möglichkeiten verzichten. Hinzu kommen Geld- und Wohnungssorgen.

Das Institut für Psychologie der Universität Erlangen–Nürnberg befragte 160 Paare – unverheiratete, verheiratete ohne und mit ein oder mehreren Kindern – und stellte dabei fest, daß es einen ‹stillen Protest› gegen das Kinderkriegen gibt. Geld- und Wohnungsprobleme werden als Hauptgründe genannt.

Erschwingliche Wohnungen sind kaum kindergerecht. Grund und Boden werden immer teurer, sind ein Spekulationsobjekt, und so muß in die Höhe gebaut werden. Mehr als drei Stockwerke, meinen Experten, dürften Häuser aber nicht haben, in denen Familien mit Kindern leben sollen. Die Eltern können sonst keinen Kontakt mehr zu ihren Kindern aufnehmen; es ist nicht möglich, schnell helfend einzugreifen. Zu ihrem Schutz werden die Kinder deshalb zu Hause eingesperrt, in Zimmern, die meist nicht mehr sind als kleine Zellen und die auch noch mit Geschwistern geteilt werden müssen. Für den so begehrten Nachwuchs, der die Renten sichern soll, ist also häufig gar kein Platz.

Bewußte Kinderlosigkeit ist eine Herausforderung. Eine neue Ethik, eine neue Art von gesellschaftlicher Verantwortung kann sich durch Kinderlosigkeit ausdrücken. Einschränkend muß jedoch gesagt werden: Kinderlosigkeit ist kein Wert an sich, aber sie kann der Ausgangspunkt für einen anderen Weg der Mitmenschlichkeit und des partnerschaftlichen Verhaltens sein.

2. Gespräche über Kinderlosigkeit

Von einer neuen Ethik der Kinderlosigkeit sprechen offizielle Stellen in der Bundesrepublik nicht; sie befürchten, daß ein Sog entstehen könnte, aber sie machen sich Gedanken über den Bevölkerungsrückgang.

Nach Meinung des Direktors des Instituts für Bevölkerungsforschung in Wiesbaden, Professor Hans W. Jürgens, wird die Ehemüdigkeit und damit die Kinderlosigkeit in der Bundesrepublik in den nächsten Jahren zunehmen. Das neue Scheidungsrecht zählt er zu den Ursachen. Er sagte am 2. Oktober 1977 in einem Interview mit dem Südwestfunk:

«Wenn sich die Schwierigkeiten herumgesprochen haben, die sich nach dem neuen Scheidungsrecht bei der Auflösung einer Ehe ergeben, wird es nach meinen Befürchtungen dazu kommen, daß noch mehr Paare als bisher vor dem Risiko der Ehe zurückschrecken.» Nach Professor Jürgens geht die Zahl der Eheschließungen seit 1960 beständig zurück. Es sei damit zu rechnen, daß immer mehr Paare auf den Trauschein verzichten, weil sie keine Kinder haben wollen. Im allgemeinen werde bisher wegen der Kinder geheiratet. Sind sie nicht mehr das Ziel des Zusammenlebens, spart man sich den Weg zum Standesamt.

Selbstverständlich gibt es zahlreiche Paare, die auch mit Trauschein keine Kinder wollen und sich darüber von vornherein im klaren sind. Für Hanna L. und ihren Mann Norbert zum Beispiel war Kinderlosigkeit eine Voraussetzung für ihr gemeinsames Leben.

Hanna L. lehrt Arbeitswissenschaften als Dozentin an der Universität. Mutterschaft wäre für sie gleichbedeutend mit beruflichem Verzicht gewesen. Sie wundert sich, wie leichtfertig Frauen sich oft über ihre engen Bindungen an den Beruf hinwegtäuschen und zu spät merken, was sie alles verlieren. Hanna L. meint, daß viele Eltern Scheinbehauptungen aufstellen. Hinter den Fassaden ihrer Ehen wüchsen die Krisen. «Ich hab's immer wieder erlebt», sagt sie, «Partnerschaften werden oft durch Kinder regelrecht zerstört.» Ihr Mann, ein Steuerberater, ergänzt:

«Ich sehe unsere Entscheidung dadurch bestärkt, daß in so vielen Familien mit Kindern die Mütter sich zu einem gewissen Horrorbild entwickeln. Zum Beispiel besuchte uns neulich eine Freundin, die Lehrerin in New York ist. Sie hat keine Kinder. Und dann kam noch eine Bekannte dazu, eine Mutter hier aus der Nachbarschaft, und da waren alle beim zehnten Satz wieder bei den Kindern. Und ich wollte doch hören, wie man in diesem Moloch New York lebt. Nichts. Die Mutter bestimmte das Gespräch. Und das beobachte ich bei fast allen Müttern: ihre Kinder sind der Nabel der Welt. Und mit einer solchen Frau möchte ich nun wirklich nicht zusammen leben.»

«Ich kenne viele Frauen», sagt Hanna L., «die zu nichts richtig Lust hatten, auch nicht zum Beruf, und dann haben sie sich Kinder gewünscht. Da hatten sie plötzlich eine Ecke für sich gefunden. Natürlich hab ich auch manchmal gedacht: wie schön, zu Hause zu sein und ein Kind zu haben. Aber ich wußte, da sitzt man dann zwischen zwei Stühlen – zwischen Berufswunsch und Kind. Das würde mir die Freude nehmen. Und ich könnte auch nicht denken, ach, nun hab ich ja ein Kind, das ersetzt mir alles. Im Gegenteil. Ich würde ein schlechtes Gewissen gegenüber dem Kind haben, weil ich auch was anderes will, und ich würde Wut gegenüber Norbert entwickeln. Denn das Kind wäre natürlich mein Problem. Bei uns würde es dadurch auf der ganzen Linie zu Konflikten kommen. Und da ich aus beruflichen Gründen keine Kinder wollte und Norbert aus ganz persönlichen, haben wir uns gefunden.»

Hanna L. hat studiert, dann als Assistentin gearbeitet, bis sie eine Dozentenstelle bekam. Sie spricht davon, daß sie sich ihre

Position mühsam erkämpft hat. Das alles möchte sie nicht für ein Kind aufgeben; es wäre auch eine schlechte Voraussetzung, um ein Kind erziehen zu können. Dies anderen zu überlassen, lehnt sie ab:

«Ich weiß, daß ich das nicht könnte. Wozu dann überhaupt ein Kind? Ich würde nur von einem schlechten Gewissen zum anderen laufen und auch meine Arbeit nicht richtig erledigen, während ich jetzt sagen kann: die Arbeit machst du so gut du kannst und zu Hause leben wir so, wie wir das beide möchten.»

Andere Gründe für die Kinderlosigkeit nennt Norbert L. Im Gegensatz zu seiner Frau hat er sich nicht einmal mit der Möglichkeit, Kinder zu haben, beschäftigt. Er hat Angst vor dem ‹Programmwesen Familie›. Bis zur Heirat sei sein ganzes Leben verplant gewesen. Kindheit. Schule. Universität. Eine Zwangsjacke nach der anderen. Erst nach dem Examen fühlte er sich freier, konnte über sich selbst bestimmen. Ein Kind würde seine Lebensfreude, das eheliche Glück wieder in Frage stellen. Eine neue Zwangsjacke. Und bei der gegenwärtigen Lage der Frauen müßte eine Mutter fast automatisch eine Märtyrerrolle annehmen, ständig sagen: «Ich tu's ja gern für meine Kinder», «es macht auch Spaß». Norbert L. zieht Vergleiche mit Bekannten:

«Viele Frauen sind regelrecht Sklaven ihrer Kinder. Immer muß die Mutter die Kinder irgendwohin fahren. Abholen. Sie müssen Musikinstrumente spielen. Sie müssen zum Tanzen, zum Sport. Sie müssen zum Nachhilfeunterricht. Schon so ein Programm für ein Kind! Vier oder fünf Termine in der Woche! Das gehört ja heute dazu, damit die Kinder später keine Versager sind. Und die Mütter sind eingespannt. Ich weiß nicht, ob das ein beglückendes Leben ist. Der Trend geht immer mehr zu dieser programmierten Kindererziehung. Sport, Musik, Bastelklub, Geburtstage reihum. Und die Männer lösen sich mehr und mehr aus diesem Umkreis. Ich sehe das bei meinen Kollegen, die über Gebühr lange in ihrem Büro bleiben. So jemand wird dann noch bedauert. Ich denke manchmal, der zieht die Arbeit doch nur in die Länge. Was ist das für eine Ehe, wenn zwei Leute sich auseinanderleben und der eine zu Hause wurstelt, der andere im Beruf? Das hat sich so ergeben, heißt es dann. Der Mann muß schnell Karriere machen, weil er ja das Geld verdienen soll. Das ist bei uns anders. Da wir zu zweit verdienen, können wir es uns leisten, unsere berufliche Entwicklung langsam angehen zu lassen. Wir können vieles andere zusammen machen, diskutieren, Erfahrungen austauschen, reisen, überhaupt spontan planen. Ich finde, so ist eine Partnerschaft noch sinnvoll.» Hanna L. bestätigt, daß sie in ihrer Ehe das Gefühl von Freiheit habe. Sie vergleicht sich mit Freundinnen, die mit der Doppelbelastung nicht zurechtkommen:

«Da fragt man sich, warum sind die Kinder nur da. Sie sind immer im Wege, werden immer irgendwohin geschoben. Immer muß irgendwer, irgendwie dafür einspringen, wenn die Mutter mal weg will, vielleicht einen Halbtagsjob annimmt. Und die Kinder haben es auszubaden, daß die Mutter eigentlich nicht das machen konnte, was sie wollte. Oft sollen Kinder die Ehe erhalten. Eindeutig. Das erste Kind kommt meist zufällig, das zweite soll ein Verbindungspunkt werden. Was ist denn das für ein Leben?»

Verantwortlicher kann es sein, kinderlos zu bleiben, meint das Ehepaar L. Wenn Kinder die Gemeinsamkeit in einer Ehe herstellen sollen, ist die Partnerschaft im allgemeinen bereits brüchig. Die Gefahr besteht, daß die Eltern ihre Sorgen, ihre Unlust und ihre Schuldgefühle an den Kindern auslassen. Hanna und Norbert L. sind sich im klaren darüber, daß sie in eine solche Situation geraten könnten. Sie täuschen sich nicht über die Lage der heutigen Kleinfamilie hinweg und kennen ihre eigenen Bedürfnisse. Beides würde miteinander kollidieren.

Anfang Dreißig waren Hanna und Norbert L., als sie heirateten. Ihre Berufsausbildung war beendet. Sie wußten, was sie von einer Partnerschaft erwarteten. Lange genug hatten sie sich vorher gekannt. Sehr rational, sehr bewußt klingt bei ihnen alles. Aber ist die Frage ‹Kinder ja oder nein› so rational abzuhandeln? Werden hier nicht eher emotionale Bedürfnisse angesprochen? Die wenigsten haben bei der Heirat so klare Vorstellungen von ihrer Ehe.

Maja und Rudolf D. wußten nur, daß sie ‹noch nicht› Eltern werden wollten. Sie waren bei der Heirat vierundzwanzig und sechsundzwanzig Jahre alt und beide noch in der Ausbildung. Er studierte Maschinenbau, sie wollte Chemielaborantin werden. Sie sahen, wie Freundinnen die Ausbildung abbrachen, sobald sie ein Kind erwarteten. Sie sahen, daß die «Eltern darunter litten und die Kinder auch», wie Rudolf D. erklärt. Maja D., inzwischen dreiunddreißig Jahre alt, begründet, wieso sie von ihrem ursprünglichen Wunsch nach Kindern abkam:

«Als wir uns kennenlernten, waren wir zu jung und noch in der Ausbildung. Da wollten wir keine Kinder. Das ist ja normal und geht vielen Leuten so. Kaum im Beruf, bekam ich dann eine ziemlich üble Allergie. Der Arzt meinte, es wäre besser, mit einem Kind noch ein wenig zu warten. Und da hatten wir so eine Überlegungszeit und stellten irgendwann fest, daß wir im Grunde genommen beide nicht unbedingt Kinder wollten. Dieser Wunsch nach Kindern kam eigentlich eher von der Erziehung her, bei mir wenigstens. Wenn man heiratet, hatte man mir gesagt, dann gehören Kinder dazu. Das war in mir drin, bevor ich darüber nachzudenken begann.»

Rudolf D. meint, er habe sich nie in der Vaterrolle gesehen. Zwar mag er Kinder, aber gibt auch zu, daß er den Gedanken an eigene gern hinausschob:

«Wenn man einen bestimmten Punkt überschreitet, auch wenn vorher der Wunsch nach Kindern da war, ist er plötzlich weg. Dann fängt eine Güterabwägung an. Man liebt die Unabhängigkeit, die man zweifellos hat. Wenn ich mir heute vorstelle, daß ich ein Kind hätte – der Plural wäre für mich ohnehin gar nicht denkbar –, wenn ich also durch das Vatersein an eine Familie eng angebunden wäre und Pflichten übernehmen müßte, die ich nicht besonders schätze, daraus mache ich gar kein Hehl, dann, möchte ich sagen, beengt, bedrückt mich das. Das ist sicherlich kein gutes Argument, wenn man an den Bevölkerungsrückgang denkt, aber es ist ehrlich. Ich muß damit leben, daß ich in den Augen mancher Leute die Gesellschaft schädige, ein Parasit bin. Aber ein Argument kann ich in diesem Zusammenhang noch anbringen. Wenn man die bevölkerungspolitischen und wachstumspolitischen Prognosen liest, dann ist es eigentlich zweckmäßig, keine Kinder zu haben. Dann muß unsere Bevölkerung geradezu schrumpfen. Dann befinde ich mich in bester Gesellschaft. Aber das ist natürlich kein persönliches Argument. Eine Ehe, die viele Freiheiten garantiert, uns Entfaltungsmöglichkeiten bietet, eine Partnerschaft, die man nicht mehr missen möchte nach so langer Zeit – das alles spricht bei uns gegen Kinder.»

Maja D. ergänzt, daß sie die übliche Mutterrolle nicht übernehmen möchte. Sie glaubt, daß es zur Zeit nicht möglich ist, als einzelner diese Rolle zu verändern. Das Ehepaar fragt sich, «warum und wieso und weshalb» man Kinder bekommen sollte, da Frauen durch die Mutterrolle für Jahre zur Unbeweglichkeit verdammt werden.

«Wenn da eine Frau ausbricht», sagt Rudolf D., «und erklärt, ich muß nicht dauernd für meine Kinder da sein, kann sie auch mal locker nebenbei erziehen, dann fallen doch alle über sie her. Gerade Frauen aus der sogenannten gebildeten Schicht regen sich darüber auf, Frauen, die eigentlich ganz anders argumentieren sollten. Von ihnen könnte man erwarten, daß sie die eingefahrenen Gleise mal verlassen. Sie übernehmen aber im allgemeinen die genormte Mutterrolle stärker als Arbeiterfrauen, die gezwungen sind mitzuverdienen.

Das ist das Verrückte. Bessergestellte könnten sich freier bewegen. Aber tatsächlich muß die Mutter während der Schulzeit zu Hause Hilfslehrerin spielen, weil man aus Ehrgeiz, oft aus falschem Ehrgeiz, erfolgreiche Kinder haben will. So wird die Frau zur herzensguten Supermutter, die nichts als Kinder kennt. So etwas neben mir zu haben, das wäre schrecklich.»

Ganztagsschulen, die auch ein Schritt auf dem Weg zur Chancengleichheit wären, gibt es in der Bundesrepublik nicht. Die Mütter überwachen die Schularbeiten, soweit sie dazu in der Lage sind. Später bemühen sie sich um Ausbildungsplätze für ihre Kinder. Was immer notwendig ist oder angeblich getan werden muß, wird den Frauen zugeschoben. Das schreckt manche Frau davon ab, Kinder zu bekommen. So sagt die Zahntechnikerin Sibylle W.:

«Meine Freundin hat vom Muttersein die Schnauze voll. So deutlich wie sie hat mir das noch niemand gesagt. Andere tun doch immer so, als ob sie alles aus dem Handgelenk schütteln.»

Sibylle W., die fünf Jahre mit ihrem Freund zusammen lebte, bevor die beiden heirateten, ist durch die Erfahrungen ihrer Freundin skeptisch geworden. Da es in ihrer Ehe seit einiger Zeit ‹kriselt›, ist sie mit ihrem Mann zu dem Entschluß gekommen, auf keinen Fall den Versuch zu machen, die Konflikte durch ein Kind zu übertünchen. Markus, ein angehender Lehrer, bestätigt, daß sie am Anfang ihrer Ehe beide Kinder haben wollten:

«Es war ein emotionaler Grund. Es gibt wohl auch keinen sachlich-rationalen Grund für Kinder. Weshalb ich jetzt dagegen bin, daß wir ein Kind in die Welt setzen, ist einzig und allein unsere Ehesituation. Ich glaube nicht, daß Kinder dazu beitragen, einen mißlichen Zustand zu verbessern. Vor einiger Zeit wollte ich durchaus noch Kinder haben. Auf jeden Fall hätte ich mich durch die gesellschaftlichen Umstände nicht abschrecken lassen, weil ich in meinem Lehrerberuf, in dem ich mich jetzt etablieren will, eine Aufgabenteilung im Hause hätte machen können. Das wäre für uns eine bessere Ausgangslage gewesen als bei vielen anderen.»

Sibylle W. zweifelt daran, daß diese Aufgabenteilung tatsächlich gelingen kann. Sie, jetzt Ende Zwanzig, sagt zu ihrem gleichaltrigen Mann:

«Mir ist klar, daß ich meinen Beruf nicht mehr ausüben könnte wie heute. Ich kann nicht halbtags arbeiten wie du. Ich könnte höchstens zwei oder drei Tage in der Woche arbeiten und bekomme dann im Job den kleinen Mist. Dazu habe ich keine große Lust. Zu sagen, jetzt arbeite ich vier Wochen und dann mal wieder zwei Monate nicht, das ist undenkbar. Das sehe ich für mich persönlich als Schwierigkeit.»

Es entwickelt sich ein Dialog zwischen dem Ehepaar, der die Ehekrise deutlich macht:

MARKUS W.: Wir könnten uns besser arrangieren als durchschnittliche Ehepaare.

SIBYLLE W.: Der größte Teil bliebe aber bei mir hängen. Ich hätte die Gören am Hals.

MARKUS W.: Wenn man von Gören am Hals spricht, dann ist es sowieso nichts.

SIBYLLE W.: Du weißt doch, wie das gemeint ist. Nein, ich finde das ja ganz gut mit Kindern. Nur, diese ganze Schwierigkeit, die ich sehe, daß ich immer zu Haus sein muß. Das schreckt mich zurück. Ich stell es mir schwer vor, wenn die größer werden – die Erziehungsprobleme, die zu lösen fühle ich mich nicht fähig. Ich hab früher immer gedacht, das machst du dann, du erziehst die Kinder – *lacht.*

MARKUS W.: Ich sehe als Grund, weshalb ich jetzt gegen Kinder bin, einzig und allein unser Verhältnis zueinander. Das ist für mich das Bestimmende. Wenn du deinen jetzigen Standpunkt gegen Kinder zum Beispiel damals vertreten hättest, dann wäre es gar nicht dazu gekommen, daß wir zusammen leben.

SIBYLLE W.: Es liegt viel Zeit dazwischen, deine ganze Examenszeit. Und es wird für mich ja auch nicht einfacher, mich für Kinder zu entscheiden, da ich meinen Beruf gut finde.

MARKUS W.: Jetzt drehst du den Spieß um. Du wolltest mehrfach welche haben. Und es ist mir nur mit äußerster List und Tücke gelungen, die Sache rauszuschieben.

SIBYLLE W.: Nur, je weiter die Zeit fortschreitet, je weniger einfach wird es für mich, rein psychisch, physisch auch. Weil ich mir nicht mehr einfach so vorstellen kann, daß ich Kinder haben will.

MARKUS W.: Dann war das vorher auch nur eine Laune.

SIBYLLE W.: Nein, ich sage, je älter ich werde, desto schwieriger wird das. Je bewußter ich mir meiner eigenen Situation werde, desto komplizierter ist das. Mir wird bewußt, daß ich dann abhängig bin, 'ne Verantwortung auf ganz anderer Ebene habe, daß ich nicht frei sein kann.

MARKUS W.: Ich glaube nicht, daß Kinder unsere Ehe zusätzlich gefährden. Ich halte es nur für verantwortungslos, in unserem jetzigen Zustand so was in die Welt zu setzen. Es würde so etwas wie eine latente Selbstvergewaltigung zustande kommen. Man würde Abstriche machen um der Kinder willen. Man würde sich ein Leben lang nerven und die Kinder zu einem hohen Preis haben. Sie wären eine schlechte Klammer, weil sie das umklammern, was für unsere Beziehung im Grunde nicht ausreicht. Darum denke ich nicht mal mehr an Kinder.

Markus W. verzögerte anfangs die Erfüllung seines Kinderwunsches wegen der Ausbildung. Er wollte erst einmal etwas verdienen. Die Frau ging darauf ein, konnte dann aber später nicht mehr leugnen, daß sie sehr an ihrem Beruf hing. Sie brauchte die Kollegen und die Selbstbestätigung durch die Arbeit. Das Gespräch der Eheleute über die Frage nach einem Kind wurde nun zu einem Gespräch über die Ehesituation. Die Partner gestanden sich ihre Schwierigkeiten ein und sagten sich, daß es sinnlos sei, auch noch ein Kind in ihre Krise mit hineinzuziehen. Ihnen war klar, daß ein ‹Ja› zum Kind nur der Versuch sein würde, die Konflikte zu verschleiern.

Markus und Sibylle W. kann man eine verantwortungsbewußte Entscheidung nicht absprechen. Sie weisen den Vorwurf, daß sie zu zweit nur möglichst viel Geld verdienen wollten, zurück. Die gewonnene Freiheit, betonen sie, möchten sie nutzen, um ihre Beziehungen zueinander zu überprüfen.

Freiheit im demokratischen Sinn verstanden, ist mehr, als tun und lassen können, was man will. Nutzen die Kinderlosen diese Freiheit oder bilden sie nicht nur eine neue Form der Kleinstfamilie, die sich vor Außenkontakten abschirmt? Sicherlich kann Kinderlosigkeit leicht in undemokratisches Verhalten abgleiten, wenn man es sich zu Hause bequem macht nach dem Motto: Was gehen mich die anderen an! Doch es gibt

Gegenbeispiele. Die fünfunddreißigjährige Soziologin Martina B.-R. arbeitet im Jugendstrafvollzug. Ihre Lebensgeschichte gleicht der vieler Frauen, die sich aus den häuslichen vier Wänden herauswagen und dann feststellen, daß sie ihre beruflichen Aufgaben nur ohne Kinder erfüllen können.

«Ich habe», erzählt Martina B.-R., «wie fast alle Frauen, Kinder gewollt, und zwar genauso viele wie wir zu Hause waren, nämlich vier. Das wollte ich einfach kopieren, weil ich mich zu Hause wohl gefühlt habe. Ich hab, verglichen mit den Familienverhältnissen von anderen, von Freundinnen, es bei uns immer besser gefunden. Das hing damit zusammen, daß wir sehr viel Freiheit hatten. Und es lag auch daran, daß mein Vater nicht mehr lebte. Wir sind nur bei der Mutter groß geworden, da hat halt eine relativ lockere Atmosphäre geherrscht. Es drehte sich alles hauptsächlich um uns Kinder und nicht ab fünf Uhr um den Mann. Ich glaub, daß das sehr wichtig ist. Und dann, als ich anfing zu studieren, da gab es keine Bemerkungen wie: Ein Mädchen heiratet ja doch! Über eine eventuelle Heirat wurde natürlich gesprochen, aber nicht mit der Absicht, mich von einer Ausbildung abzuhalten. Ich hab angefangen zu überlegen, wie ich eigentlich leben möchte, und hab festgestellt, daß ich mich am wohlsten fühle, wenn ich unabhängig bin.»

Mit zweiundzwanzig Jahren wurde Martina B.-R. schwanger. Sie war nicht gegen ein Kind, ihr paßte nur der Zeitpunkt nicht. Damals war sie noch mitten im Studium an der Universität Frankfurt. Sie hörte Soziologie und wurde zum erstenmal in ihrem Leben mit Fragen konfrontiert, durch die sie ihre Frauenrolle zu überprüfen begann. Sie brauchte Zeit, um sich über sich selbst Klarheit zu gewinnen, und sie entschloß sich zu einem Schwangerschaftsabbruch.

«Nach der Abtreibung hab ich dann sehr viele Leute gefragt, wie das eigentlich ist mit Kindern, wie sie das sehen. Ich sprach mit meinen Freunden darüber, die übrigens alle meinten, daß sie Kinder haben wollten. Ich hab dann auch sehr viel mit Kindern zu tun gehabt. Mein ältester Bruder hat drei Kinder, mit denen ich mich viel beschäftigt hab. Ich zog teilweise die Kinder von guten Freunden mit groß, ich liebe Kinder sehr. Ich stellte aber auch fest, daß ich dazu neige, mich ihnen ganz hinzugeben, eigentlich mehr als anderen Partnern. Ich glaube, wenn ich selbst Kinder hätte, da würde ich etwas ganz Ähnliches wie meine Mutter machen – so voll da sein. Und das nicht nur aus Pflichtgefühl, sondern aus einer emotionalen Bereitschaft.»

Martina B.-R. hatte Angst davor, in ihren Kindern völlig aufzugehen. Ihr Beruf, die Sozialarbeit, machte ihr Freude. Sie merkte, daß andere Menschen sie brauchten. Ihre eigenen Bedürfnisse nach Nähe, nach sozialen Kontakten und Freundschaften konnte sie auch ohne Familie befriedigen:

«Ich sah ein, daß ein Kind mich unfähiger machen würde zu arbeiten, jedenfalls so wie ich das gemacht hab und meistens tue. Dann war ich allerdings noch mal schwanger, acht Jahre nach der ersten Schwangerschaft. Ich war dreißig und verheiratet. Mir war klar, daß ich keine Kinder wollte, hatte auch seit Jahren die Pille genommen und sie bestimmt nicht vergessen. Aber niemand machte mich darauf aufmerksam, daß sie nicht unter allen Umständen ein absolut sicheres Verhütungsmittel ist – zum Beispiel ein starker Durchfall die Wirkstoffe zu schnell aus dem Körper herausschwemmt oder Beruhigungsmittel sie rascher abbauen. Na ja, jedenfalls war ich wieder schwanger. Und dann hat es über einen Abbruch ganz heftige Auseinandersetzungen mit meinem Mann gegeben. Und das war irgendwie auch das Ende unserer Beziehungen nach vier Ehejahren. Das war 1972. Aber 1974 haben wir uns erst getrennt. Bis zu dieser Schwangerschaft hatten wir einen Konsens. Mein Mann wollte immer Kinder haben und hat sich dann, weil alles andere ganz gut lief, damit abgefunden und gesehen, daß wir auch ohne Kinder eine zufriedenstellende Beziehung hatten. Wir redeten viel über unsere Arbeit, er ist Jugendrichter, hatten überhaupt einen guten intellektuellen Kontakt. Aber in bezug auf ein Kind war er eben nur auf meine Wünsche eingegangen, und jetzt wollte er unbedingt, daß ich es austrage. Er würde sogar seinen Beruf aufgeben, meinte er. Ich glaube, er hätte das auch gemacht, um Vater zu sein, wäre Hausmann geworden. Aber für mich kam ein Kind einfach nicht in Frage, weil ich unabhängig sein wollte. Das war das Allerwichtigste dabei. Ich wußte, daß ich mich von meinem Mann trennen könnte. Das hätte ich aber nicht mit einem Kind getan. In dieser Auseinandersetzung über die Abtreibung haben wir uns nicht verständigen können.»

Martina B.-R. fuhr zum Schwangerschaftsabbruch nach England. Sie fühlte sich allein gelassen. Von diesem Zeitpunkt an zog sie sich von ihrem Mann mehr und mehr zurück. Zwei Jahre danach wurde das Ehepaar geschieden. Martina B.-R. wollte eine weitere Schwangerschaft auf jeden Fall vermeiden, nie wieder in so eine Zwangslage geraten. Sie entschloß sich zu einer Sterilisation. Damit begann für sie eine Odyssee. In Frankfurt sagte man ihr, daß eine noch verhältnismäßig junge kinderlose Frau nicht sterilisiert werden dürfe. Illegal ginge das schon, aber das wollte sie nicht. Ihre ‹Ochsentour› von Arzt zu Arzt bezeichnet Martina B.-R. heute als geradezu grotesk:

«Die Ärzte akzeptierten es anfangs einfach nicht, daß eine Frau sagt: Ich weiß, was ich will, ich bin alt genug, mein Wunsch hat sich in den vergangenen zehn Jahren nicht verändert, ich bin absolut sicher, daß ich keine Kinder möchte. Immerhin war ich zweiunddreißig, als ich den Antrag stellte bei einem Gremium der Ärztekammer in Frankfurt.»

Sie sei völlig gesund, wurde ihr vorgehalten. Wieso sie da eine Entscheidung treffen wolle, die nicht rückgängig zu machen sei. Sie verhandelte mit mehreren Ärzten, ließ Gutachten erstellen. Über ein halbes Jahr stritt sie sich herum:

«Man gab mir zu verstehen, daß ich den Schritt bereuen könnte, wenn ich den Mann träfe, mit dem ich dann doch gern Kinder hätte. Ich glaube, Männer und Frauen argumentieren da ganz ähnlich. Sie halten Kindergebären für etwas so Elementares und Wichtiges, daß sie sich nicht vorstellen können, wieso jemand das aufgibt. Ihnen geht es mehr um den Vorgang der Geburt als darum, was Kinder dann ein Leben lang bedeuten.

Das ist natürlich nur eine Vermutung von mir, aber es scheint dahinterzustecken. Ich habe auch sehr darüber nachgedacht, ob ich mir das entgehen lassen möchte. Es war mir völlig klar, daß ich die Verantwortung für ein Kind nicht übernehmen wollte. Aber die Frage, ob ich eins kriegen will, die war viel schwieriger zu entscheiden. Weil ich denke, Schwangerschaft und Geburt sind wirklich etwas sehr Elementares.»

Die Entscheidung für die Sterilisation war für Martina B.-R., wie sie sagt, «ein Stück akzeptierter Verlust». Unter den heutigen Bedingungen, meint sie, wäre es für sie nicht sinnvoll und auch keine Erfüllung, ein Kind zu bekommen. Sie kann ihre Erfahrungen und ihre Kräfte im Jugendstrafvollzug, in dem sie tätig ist, für mehr Menschen und wirkungsvoller einsetzen. Ein Kind würde sie in der Kleinstfamilie isolieren und untätig werden lassen. Allerdings kann sie sich vorstellen, daß sie unter anderen Lebensbedingungen gern Kinder hätte:

«Es gäbe Bedingungen, unter denen ich eventuell sogar viele Kinder haben möchte. Wenn es nicht Einengung bedeutete wie jetzt. Ich möchte schon mit einer Gruppe von Leuten zusammen leben, aber in räumlichen Verhältnissen, wo das nicht nach kurzer Zeit unerträglich wird. Also: im großen Haus, in dem jeder seinen eigenen Bereich hat, man aber die Verantwortung für die Kinder gemeinsam übernehmen kann. Nur, dieser Traum bleibt für mich ein Traum, weil ich sehe, woran Wohngemeinschaften auch scheitern – nämlich an unserer Unfähigkeit, Kompromisse zu schließen. Ich nehme mich da keineswegs aus. Ich hab in Wohngemeinschaften gelebt. Wir sind durch unsere Erziehung und die Umwelt nicht darauf vorbereitet, in größeren Gemeinschaften zusammen zu leben und Kinder gemeinsam zu erziehen.»

Solche Möglichkeiten, meint Martina B.-R., müßten aber geschaffen werden, damit Frauen berufliche Ansprüche, Partnerschaftswünsche und Kinder miteinander verbinden könnten. Die Männer müßten stärker zu den Erziehungsaufgaben herangezogen werden. Doch dem steht die Struktur unserer Arbeitswelt entgegen.

Die Entscheidung der Martina B.-R., sich sterilisieren zu lassen, ist die Antwort auf eine Umwelt, in der Kinder nur als Aufgabe für die Mütter vorgesehen sind; sie zeigt auch, daß sich hier die Wünsche und Bedürfnisse einer Frau mit der traditionellen Mutterrolle nicht decken. Die Abwehrhaltung gegen diese Rolle verstärkt sich im allgemeinen, sobald eine Frau besser ausgebildet ist, mehr Lebenserfahrung hat und ihren eigenen Status mit dem des Mannes vergleicht. Zwar wird der Mann nicht um seine Tätigkeit in einer oft entfremdeten Arbeitswelt beneidet, aber doch um die Anerkennung, die der Beruf ihm letztlich bringt, und um das Geld, das er verdient: Zeichen, daß er in dieser Gesellschaft etwas ‹wert› ist.

Von der Leistung, die durch das Gehalt anerkannt wird, spricht auch die achtundzwanzigjährige Sekretärin Alexandra F. Ihre fast gleichaltrige Freundin Karin O., Besitzerin eines Frisiersalons, findet es erschreckend, finanziell abhängig zu sein. Sie war vier Jahre lang verheiratet und in ihrer Ehe «für Schwierigkeiten und für Geldsachen» zuständig. Als ihr Mann vorübergehend arbeitslos war, mußte sie sich auch noch um das Arbeitslosengeld kümmern. In dieser ungleichen Partnerschaft kam der Gedanke an ein Kind gar nicht erst auf, der Mann wollte allein umsorgt werden. Jetzt lebt sie mit einem Freund zusammen. Er wünscht sich ein Kind, ebenso wie der Ehemann der Sekretärin Alexandra F. Auch sie weist das zurück, vordergründig gesehen aus finanziellen Erwägungen, aber es steckt mehr dahinter, wenn sie immer wieder vom Geld redet:

«Mein Mann gibt das Geld sehr unbekümmert aus. Wenn er meint, er muß Geld ausgeben, dann gibt er es eben aus. Ich hab jetzt mein eigenes Geld und ganz andere Möglichkeiten, die Ausgaben zu steuern. Wäre ich finanziell von ihm abhängig, dann ist das ja sein Geld, was wir verbrauchen. Dann ist es nicht unser Geld, was ich da irgendwie habe. Ich hab ihn mal gefragt, wie das denn mit den Finanzen aussehen würde, wenn ich zu Hause bliebe. Ob ich dann ein Haushaltsgeld und ein Taschengeld bekomme. Da guckte er mich ganz verwirrt an. Als Hausfrau, hab ich ihm gesagt, müßte man ja das ganze Geld verwalten, weil man weiß, was so gebraucht wird und was das kostet, und den Rest würde ich dann zwischen uns aufteilen. Da war er ganz entsetzt, weil er wohl meint, er wäre dann der große Finanzier als Alleinverdiener und könnte mir das Geld zuteilen. Ich finde aber, wenn ich den Beruf einer Hausfrau hätte, gehört die Einteilung des Geldes dazu. Er hat mich irgendwie für wahnsinnig gehalten und gefragt: wieso soll ich denn mein ganzes Geld bei dir abliefern? Also, es geht nur, sagte ich mir, wenn du auch selbst was verdienst. Und die Frage nach einem Kind hat immer was mit dem Finanziellen zu tun. Wenn man Kinder hat, ist es aus mit dem Gleichgewicht in der Partnerschaft. Man hat den Kindern gegenüber Verantwortung, aber diese Verantwortung empfinden die Männer nicht. Sie müßten das eigentlich – und eine Ehe mit Kindern ginge nur gut, wenn das Gleichgewicht auch tatsächlich verankert ist und nicht nur aus vagen Zusicherungen besteht.»

Ihre Erfahrungen mit Männern, ihr Ehealltag haben Alexandra F. von ihrem Wunsch nach Kindern abgebracht. Sie hat bei Müttern erlebt, wie sie in eine negative Rolle gedrängt wurden. Finanziell abhängig vom Mann entwickelten sie sich zu Bittstellerinnen und ständigen Mahnerinnen in Geldangelegenheiten.

«Wenn ich mir vorstelle, ich soll mir vom Geld meines Freundes Kleider kaufen», sagt die Friseurmeisterin Karin O., «und soll Dieter auch noch die Preise nennen, da wird mir ganz grau. Ich hab zuerst, wenn ich mir selbst was kaufte, billigere Preise angegeben, um mir das Gemeckere nicht anzuhören. Dann hab ich ihm aber klargemacht, daß er mich zum Lügen zwingt. Und entweder fragt er nun nicht mehr, warum ich mir teure Kleidung kaufe, oder er schluckt nur noch trocken. Aber was ist, wenn ich nun kein eigenes Geld mehr hab, weil ein Kind da ist, und ich doch für alles gradezustehen hätte – für den Haushalt und für das Kind?»

«Und die Pflichten eines Vaters wären, abends nach Hause zu kommen und 'n bißchen rumzuspielen, und dann hätte sich das», meint Alexandra F. «Ich weiß, daß ich damit nicht klarkäme. Ich würde meinen Mann rausschmeißen oder abhauen, weil ich das alles als ungerecht empfinde.»

Karin O. und Alexandra F. fügen den Argumenten akademisch gebildeter Frauen finanzielle Motive hinzu. Geld bedeutet für sie nicht allein Konsummöglichkeit, es ist vielmehr ein Zeichen ihrer Unabhängigkeit. Sie, die nach der Hauptschule eine Lehre machten und von zu Hause nicht verschwenderisch ausgestattet waren, lernten als Teenager, daß sie mit eigenem Geld auch ein Stückchen Bewegungsfreiheit erwarben. Aus Liebe zu einem Mann und wegen eines Kindes möchten sie diese Freiheit nicht wieder aufgeben. Sie haben bei Freundinnen erlebt, wie das Familienleben heute abläuft, daß von Arbeitsteilung im Haus nicht die Rede sein kann. Bei ihnen würde es nicht anders aussehen. Sie machen sich keine Illusionen, daß sie die Hindernisse überwinden könnten, um zu einer wirklichen Partnerschaft zu kommen. Sie kennen ihre Männer und deren Neigungen, deren von der Erziehung geprägtes Verhalten. Unter diesen Umständen, meinen sie, sei es für sie richtiger, keine Kinder zu haben. Karin O. beginnt ihren Entschluß zu verteidigen:

«Das sind keine Ausreden, weil mir Kinder lästig sind. Aber ich kann meinen Freund, ich kann diese ganze Umwelt doch nicht ändern! Das Kind hätte darunter zu leiden und ich, nicht der Mann. Und da fragt man sich dann natürlich auch, warum soll ausgerechnet ich Kinder kriegen und deswegen alles andere aufgeben? Ich möchte da erst mal Argumente haben, die überhaupt für ein Kind sprechen. Ich hab gesehen, daß in der Zweierbeziehung sich durch Kinder nichts positiv verändert. Das ist also schon mal kein Grund, Kinder zu kriegen. Ja, und dann – dann macht der andere seinen Beruf weiter, hat seinen interessanten Kram jeden Tag, kommt abends nach Hause, um sich auszuruhen. Würd ich auch gern so machen. Ich würde also gern Kinder kriegen, wenn es nur darum ginge, das Kind auf die Welt zu bringen und wenn ich mein Leben so weiterführen könnte. Gut, ich nehme also die neun Monate in Kauf, das wäre es mir auch wert. Und dann bleibt von mir aus derjenige, von dem ich das Kind bekommen habe, zu Hause. Das wäre für mich 'ne Möglichkeit. Damit ist es aber die Entscheidung meines Freundes, ein Kind zu kriegen – dann würde ich für ihn eins kriegen.»

Dieses theoretische Spiel des Rollentausches entlarvt die Situation der Kleinfamilie und beweist schnell, daß der Mann nicht bereit ist, seine Rolle in Frage zu stellen. Die Partner von Alexandra F. und Karin O., der eine Tontechniker, der andere Ingenieur, haben einen Freundeskreis mit ähnlichen Ansichten. Karin O. sagt, daß es für sie nur einen Ausweg gäbe, um ein Kind großzuziehen. Sie müßte ihr Geschäft weitgehend den Angestellten überlassen:

«Nur wenn ich mir vorstelle, ich sitze zu Hause und weiß nicht, was im Laden passiert, dann hänge ich doch dauernd am Telefon und würde nervös und unzufrieden sein.»

Karin O. hat ihre Wahl längst getroffen, sich für Kinderlosigkeit entschieden. Über die Zukunftsaussichten von Müttern macht sie sich keine Illusionen. Sie glaubt nicht daran, daß sich an der Rollenverteilung zwischen Mann und Frau etwas ändern wird. Mutterschaft, meint sie, bedeutet für die Frau weitgehender Verzicht auf ihr eigenes Leben. Unzufriedenheit muß die Folge sein, die auch die Partnerbeziehung belastet und das Leben des Kindes. Karin O. glaubt, die Verantwortung für ein Kind nicht übernehmen zu können.

Der Begriff Verantwortung bedeutet in unserer offenen, sich wandelnden Welt, daß jeder für sich und für andere Entscheidungen zu treffen hat. «Verantwortung ist notwendig universal», heißt es in einem ‹Handbuch philosophischer Grundbegriffe›. Der Mensch ist verantwortlich für die Welt, in der er lebt, «mag dies die Welt der Familie, des Betriebs, der Gemeinde, der Politik oder welche auch immer sein»[12].

Die Lebensverhältnisse von Menschen sind beeinflußbar. Sie könnten anders, besser sein. Von allem, was geschieht, sind wir betroffen. Und verantwortlich sind dafür wesentlich mehr Menschen als nur die wenigen, «denen schuldhaftes Handeln konkret nachweisbar zukommt»[13].

Verantwortlich sind wir uns und unseren Mitmenschen gegenüber. Wenn wir Not, Unrecht, Gewalt erleben, haben wir die Aufgabe, dagegen anzugehen. Das hört sich einfach und plausibel an. Familien leiden Not, Kindern geschieht Unrecht, ja, sogar Gewalt wird ihnen angetan. Sie werden um ein humanes Leben betrogen. Aber steht man dem als einzelner nicht ohnmächtig gegenüber? Sind die Aufgaben, um die es hier geht, nicht zu groß, als daß ein einzelner Mann, eine einzelne Frau oder ein Paar die Verantwortung übernehmen kann?

Dazu müssen erst die heutigen Lebensverhältnisse analysiert, die anzupackenden Aufgaben benannt werden. Erst für konkrete Ziele kann der einzelne sich engagieren, sich verantwortlich dafür fühlen, daß die Probleme gelöst werden. Zu erreichen ist es nur mit Hilfe größerer Gruppen, sei es der Gewerkschaften, Parteien oder weltweiter Organisationen. Noch drücken diese sich meist vor der Frage «Kinder – ja oder nein», verstecken sich hinter überlieferten Normen und lassen den einzelnen in menschenunwürdigen Verhältnissen allein. Das wird besonders deutlich, wenn man die Frage «Kinder – ja oder nein» auf die ganze Welt bezogen stellt. Die reichen Länder in Ost und West verweisen darauf, daß sie nicht schuld seien an der Überbevölkerung der Erde. Aber jedes Kind aus diesen Ländern verbraucht gegenüber dem aus armen Ländern ein Vielfaches an Rohstoffen und Energie. Beutet also nicht jedes Kind bei uns die armen Völker noch zusätzlich aus? Die Frage mag übertrieben klingen, aber, schreibt Georg Picht, «wir haben auch eine Verantwortung dafür, daß wir die neuen Aufgaben erkennen, für die noch niemand zuständig ist, von deren Lösung aber das Schicksal der Menschen, mit denen wir verbunden sind, der Gesellschaft, des Staates und vielleicht sogar das Schicksal der Menschheit abhängen wird. So zum Beispiel steht die Menschheit heute vor der Aufgabe, die wachsende Erdbevölkerung zu ernähren und ihr ein menschenwürdiges Dasein zu sichern ... Zwar ist für die großen Weltprobleme niemand haftbar, aber wenn ihre Lösung nicht gelingt, werden die Folgen uns alle treffen, und spätere Generationen werden uns mit Recht für das, was versäumt worden ist, die Schuld zusprechen . . . Jeder denkende Mensch ist mitverantwortlich dafür, daß jene zukünftigen Aufgaben erkannt werden, für die es noch keine Träger gibt.»[14]

Solange die politischen Institutionen den wichtigsten Problemen der Zukunft auszuweichen suchen, muß der einzelne seinen Protest anmelden. Wir müssen unsere Nachbarn, Freunde, Bekannten davon überzeugen, daß die reichen Nationen der Erde nicht so expansiv wie bisher weiterleben können, meint das Ehepaar T. Das unbekümmerte Kinderkriegen sei ein Zeichen dieser europäisch-amerikanischen Eroberungslust.

Hartmut T., Vertreter, Mitte Dreißig, nennt neben vielen anderen Gründen für seine Kinderlosigkeit insbesondere, «daß die Umwelteinflüsse derartig schlimm sind, von den ökologischen Fragen, Fragen des politischen Drucks, des Bevölkerungszuwachses, bis hin zur Ölkrise und so weiter, so daß ich mich einfach nicht in der Lage sah, Kinder aufzuziehen». Frau T., Anfang Dreißig, physikalisch-technische Assistentin, schließt sich der Meinung ihres Mannes an:

«In unserer ganzen Verwandtschaft und Bekanntschaft sind Kinder, und wir haben so viele negative Dinge gesehen, daß wir gefragt haben: sind wir wirklich in der Lage, es besser zu machen? Vor allem war das wohl meine Überlegung: bin ich in der Lage, ein Kind zu erziehen, so daß es unserer Welt gewachsen ist, später.»

Seit ihrer Heirat vor neun Jahren haben Herr und Frau T. immer wieder darüber gesprochen, ob sie Kinder haben wollten oder nicht. Sie wünschte sich anfangs Kinder, er verhielt sich abwartend. Aber nach einigen Jahren änderte Ellen T. ihre Meinung:

«Ich hatte meine Gründe, denn ich habe gesehen, wie kinderfeindlich unsere Welt ist, vor allen Dingen eben in Deutschland. Es gibt ja mehr Mitglieder im Tierschutzverein als im Kinderschutzbund. Überall sehe ich Schilder, an jeder Haustür und in jedem Torweg: Das Spielen der Kinder ist nicht gestattet. – Ich frage mich, ob das wirklich so schön ist, hier Kind zu sein und ständig Konflikte zu haben mit Erwachsenen, die einem alles verbieten, was man als Kind gar nicht einsehen kann. Ja, die Kinderfeindlichkeit ist für mich ein Grund gewesen, kinderlos zu bleiben. Und dann habe ich mich auch immer mehr mit der politischen und wirtschaftlichen Situation beschäftigt und habe eingesehen, daß das Leben auf der Welt nicht so wahnsinnig lebenswert ist. Es gibt eine enorme Überbevölkerung, so daß Millionen Kinder hungern. Sie haben Blähbäuche und Hungerödeme, wie man auf Fotos und im Fernsehen sieht. Und da soll ich also auch noch ein Kind in die Welt setzen, das diesen Kindern noch das bißchen Essen wegißt, was da ist? Das ist für mich ein schrecklicher Gedanke.»

Auf die Frage, ob diese Erklärungen nicht allzu selbstlos klingen in einer Umgebung, die lehrt, daß man auf den eigenen Vorteil zu achten habe, sagt Ellen T.:

«Ich meine, daß viele Leute, die Kinder in die Welt setzen, über diese Probleme überhaupt nicht nachgedacht haben. Sie sehen sie zwar, aber sie klammern sie aus für ihren privaten Bereich. Es ist für sie selbstverständlich, daß zwei Leute heiraten, weil sie eine Familie gründen wollen. Wir sind keine Familie, wir sind eben ein Ehepaar. Zu einer Familie gehören angeblich Kinder. Ich meine, daß es nicht unbedingt so sein muß. – Es gibt allerdings auch Leute, die sich mit den genannten Problemen beschäftigt haben und sagen: ‹Ich will trotzdem Kinder.› Ich bin mir darüber klar, daß man Kinder auf diese Welt vorbereiten kann, wenn man sagt: alles, was rundherum geschieht, ist zwar sehr traurig, aber das tangiert uns nicht so sehr.»

Ellen T. zieht einen Vergleich zu ihrer Mutter, die im Krieg Kinder bekam. Sie glaubt, daß Kinder in jener Zeit «irgendwie ein Selbstschutz» gewesen seien. Man wollte überleben, außerdem war man durch Ideologie verblendet: «Jeder arbeitete doch auf das Mutterkreuz hin. Meine Mutter hätte damals auch gern noch ein viertes Kind gehabt. Es hieß ja: ‹Das Volk muß groß und stark sein, also braucht es viele, viele Kinder.› Ich habe natürlich als Teenager meine Mutter gefragt: ‹Also, wie seid ihr eigentlich dazu gekommen, 1944 noch ein Kind haben zu wollen?› Sie konnte es im Grunde genommen nicht beantworten, sie sagte: ‹Damals war das einfach so, man kriegte Kinder. Hitler wollte welche und man kriegte sie.›»

Viele Motive gibt es für Kinderlosigkeit. Der Ausgangspunkt für Überlegungen kann sehr subjektiv, auch egoistisch sein. Man möchte es bequem haben, sorgenfrei leben. Doch in Befragungen wird deutlich, daß Kinderlosigkeit eher eine Reaktion auf eine kinderfeindliche Umwelt ist. Einengung der Bewegungsfreiheit durch Kinder, zuwenig Wohnraum, knappe finanzielle Mittel sind die häufigsten Argumente. Es wird befürchtet, daß ein Kind unter diesen Bedingungen nicht verantwortlich erzogen werden könnte. Mann und Frau erkennen auch die Konflikte, die sie als Partner zu erwarten hätten; sie sehen Probleme, die ihnen unlösbar erscheinen. Verantwortlicher sei es dann, erklären sie, kinderlos zu bleiben, und verantwortlicher sei es, die durch Kinderlosigkeit gewonnene Mobilität auch für andere Menschen zu nutzen.

Die wichtigste Aufgabe aber wäre es, die inhumanen Komponenten der technisch verwalteten Industriewelt zu verändern, um mehr Glück für mehr Menschen zu erreichen. Der evangelische Theologe Helmut Gollwitzer schrieb an seinen Patensohn Lukas Ohnesorg:

«Wenn aber Dein Leben reich und sinnvoll werden soll, dann mußt Du . . . Dich kümmern um die anderen, die Verkümmerten und Benachteiligten, und Dich kümmern ums Ganze, um das, was wir die gesellschaftlichen Verhältnisse nennen: daß diese Erde bewohnbar bleibt für Menschen und Tiere und Pflanzen und daß durch die Verhältnisse das Entstehen von freien, aufrechten und gemeinschaftlichen Menschen nicht verhindert, sondern gefördert wird.»[15]

3. Angst vor der Zukunft

Geldfragen und Sorgen um den eigenen Freiheitsraum sind Gründe dafür, daß Paare keine Kinder wollen. Darüber hinaus werden Zukunftsängste und die unsichere politische und wirtschaftliche Lage als Gründe für Kinderlosigkeit oder eine geringe Kinderzahl genannt.

Gewiß gibt es eine unterschwellige Angst vor einer technischen Entwicklung, die nur noch Fachleute begreifen; auch vor einer vielleicht drohenden Auseinandersetzung mit den armen Ländern. Solche Ängste beziehen allerdings wohl nur wenige bewußt in ihre persönlichen Entscheidungen ein. Stimmt es jedoch, was Thomas Mann in seinem Roman ‹Der Zauberberg› schreibt, dann könnten Zukunftsängste einen größeren Einfluß haben, als Umfragen es beweisen.

Nach Thomas Mann lebt der Mensch nicht nur sein persönliches Leben als Einzelwesen, «sondern, bewußt oder unbewußt, auch das seiner Epoche oder Zeitgenossenschaft ... Dem einzelnen Menschen mögen mancherlei persönliche Ziele, Zwecke, Hoffnungen, Aussichten vor Augen schweben, aus denen er den Impuls zu hoher Anstrengung und Tätigkeit schöpft; wenn das Unpersönliche um ihn her, die Zeit selbst der Hoffnungen und Aussichten bei aller äußeren Regsamkeit im Grunde entbehrt, wenn sie sich ihm als hoffnungslos, aussichtslos und ratlos heimlich zu erkennen gibt und der bewußt oder unbewußt gestellten, aber doch irgendwie gestellten Frage nach einem letzten, mehr als persönlichen, unbedingten Sinn aller Anstrengung und Tätigkeit ein hohes Schweigen entgegensetzt, so wird in Fällen redlicheren Menschentums eine gewisse lähmende Wirkung solches Sachverhalts fast unausbleiblich sein, die sich auf dem Wege über das Seelisch-Sittliche geradezu auf das psychische und organische Teil des Individuums erstrecken mag.»[16]

Robuste Vitalität oder eine heroische Natur würden sich allein darüber hinwegsetzen können, wenn eine Zeit auf die Frage ‹Wozu?› keine Antwort gäbe, so meint Thomas Mann. Haben wir es also mit sensiblen, empfindsamen Naturen zu tun, die angesichts der Zukunftslosigkeit der Erde, angesichts der industriellen Ausbeutung der Rohstoffe, der alltäglichen Katastrophenmeldungen die ‹Hoffnung Kind› nicht mehr haben? Nein. Längst gehört nicht einmal mehr Sensibilität oder Empfindsamkeit dazu, um zu erkennen, daß auf die Frage ‹Wozu?› die Antworten ausbleiben. Die Schreckensbilanzen unserer Epoche stehen jedem unmittelbar vor Augen. Der Mensch plündert die Natur. Eine auf Wachstum ausgerichtete Industriegesellschaft in West und Ost verbraucht die Rohstoffe der Erde. Das Gleichgewicht zwischen Natur und Mensch ist gestört. Die Energievorräte schwinden.

Der Bau von Atomkraftwerken wird als Allheilmittel für gesellschaftlichen Fortschritt und Industriewachstum gepriesen. Aber sogleich tauchen neue Ängste auf, die in den vielfältigen Aktionen der Bürgerinitiativen gegen Atomkraftwerke sichtbar werden. Wie sicher sind die Anlagen, wenn sie in Betrieb sind? Wer schützt die Kraftwerke vor Terroranschlägen und Kriegseinwirkungen? Wer soll für Jahrtausende den Atommüll lagern und überwachen? Werden künftige Generationen ihr Leben damit verbringen müssen, um unsere Verwüstungen der Erde einzudämmen?

Eine Fülle von Fragen, die sich zu dem Gedanken bündeln: Der Mensch ist dabei, diesen Planeten und damit sich selbst zu ruinieren und ist, wie hellsichtige Zyniker behaupten, die größte Gefahr für das Leben auf dieser Erde.

Ein allgemeiner wirtschaftlicher Wachstumsstopp wird von den Mitgliedern des Club of Rome vorgeschlagen, um die weltweite Krise einzudämmen. Das sei jedoch nur ein Versuch der ‹reichen› Länder, sagen die Völker der Dritten und Vierten

Welt, ihre Vorherrschaft zu behaupten.

Trotz der Krisenstimmung glauben die Zukunftsforscher Dennis und Donella Meadows, daß ein goldenes Zeitalter für die Menschheit kommen könnte. Sie behaupten, daß die «Befreiung von der Last, für eine stets wachsende Zahl von Menschen die Existenzgrundlage bereitzustellen . . . ungeahnte Kräfte zur Entwicklung und Selbstdarstellung jedes einzelnen freisetzen»[17] würde.

Die Geburtenrate soll reduziert werden, um eine humane Entwicklung auf der Erde einzuleiten. Aber die armen Länder und diejenigen, die nur Rohstoffe und noch keine nennenswerte Industrie besitzen, sind skeptisch. Sie brauchen die Arbeitskräfte. Hohe Geburtenraten sollen die niedrige Lebenserwartung ausgleichen. Und solange die Staaten ihren Bürgern keine soziale Sicherheit bieten können, garantieren dem einzelnen nur viele Kinder das Überleben, braucht er die große Familie bei Arbeitslosigkeit, Krankheit und als Zuflucht im Alter. Die soziale Sicherheit ist Voraussetzung für die Geburtenbeschränkung. Wenn nicht mehr soziale und wirtschaftliche Gerechtigkeit erreicht wird, drohen schwere Auseinandersetzungen zwischen den ‹armen› Rohstoffländern und den reichen Industrienationen. So glimpflich wie die Ölkrise der siebziger Jahre werden die Kämpfe nicht zu überstehen sein. Die Friedensforscher warnen. Denn Kriege nahen um so schneller heran, je mehr Menschen immer mehr Güter von der gleichen Erde haben wollen.

In den nächsten Jahrzehnten wird sich die Erdbevölkerung weiter vermehren und mehr produzieren wollen. «Insofern», konstatiert Herbert Gruhl in seinem Buch ‹Ein Planet wird geplündert›, «sind alle ‹Wachstumsfanatiker› per definitionem ‹Kriegstreiber›. Darin herrscht eine physikalische Gesetzmäßigkeit.»[18]

Die Wachstumsfanatiker in Ost und West haben die Völker in einen Konsumrausch getrieben. Doch es tauchen auf beiden Seiten allmählich Zweifel auf, ob das ungestraft so weitergehen kann. «Jede Periode», sagt Gruhl, «enthält nach Hegels Wort schon den Keim zu ihrem Gegensatz in sich. Dieser Gegensatz ist längst nicht mehr der zwischen östlichem Kommunismus und westlichem Kapitalismus; denn beide sind am Ende. Sie werden durch ein neues Prinzip abgelöst werden – die Frage ist nur, ob dies unter dem Zwang der Naturgesetze (durch Katastrophen) geschieht oder auf Grund menschlicher Einsicht.»[19]

Man muß sich fragen, ob es sinnvoll ist, in eine Welt mit solchen Zukunftsaussichten Kinder zu setzen. Der schwedische Filmregisseur Ingmar Bergman sah bereits Anfang der sechziger Jahre dieses Problem und stellte es in seinem Film ‹Wilde Erdbeeren› dar. Ein Mann wehrt sich dagegen, daß seine Frau von ihm ein Kind bekommt:

EVALD: . . . Es ist ungeheuerlich, in dieser Welt zu leben, aber noch ungeheuerlicher ist es, sie mit neuen Unglücklichen zu bevölkern, und am ungeheuerlichsten ist es zu glauben, daß sie es besser haben werden als wir.

MARIANNE: Das sind Ausreden.

EVALD: . . . Dieses Leben kotzt mich an, und ich denke nicht daran, eine Verantwortung auf mich zu nehmen, die mich zwingt, einen Tag länger zu existieren, als ich es selbst will. Das weißt du, und du weißt auch, daß es mir ernst ist und nicht irgendeine Art Hysterie, wie du am Anfang geglaubt hast![20]

In der Person des Evald wollte Bergman sich mit dem Nihilismus auseinandersetzen. Angesichts der heutigen Weltkrisen ist dieser Nihilismus nicht länger eine emotional gesteuerte Selbstverachtung, sondern er wird allmählich zu einer realistischen Betrachtung der Situation. Die Wirklichkeit hat Bergmans pessimistische Vorstellungen eingeholt.

Viele Eltern wenden ein, Kinder bekommt man doch nicht aus rationalen Gründen. Und sie meinen, Kinder wegen der heutigen Weltkrisen abzulehnen, sei nicht mehr als eine bequeme Ausrede.

Gewiß ist die Frage «Kinder – ja oder nein» nicht nur rational zu klären. Emotionale Bereiche sind angesprochen. Gibt es eine Dimension, die einem verschlossen bleibt, wenn man nicht Vater oder Mutter wird, überlegt sich mancher. Übernimmt man mit der Zeugung eines Kindes nicht schon die Verantwortung für ein Wesen, das nun entsteht? Es sind Fragen, auf die es keine eindeutige Antwort gibt. Jeder muß sie für sich selbst, auf Grund seiner eigenen Erfahrung und seiner Lebenssituation klären. Und diese Fragen ändern auch nichts an der Erkenntnis, daß die angeblich so vernunftbegabte Menschheit sich gegenüber ihrer Zukunft irrational verhält.

Unsere Planungen reichen nicht einmal bis zum Jahr 2000. Dann werden die heute Geborenen ihre Ausbildung beendet haben und einen ständig steigenden Wohlstand erwarten. Gerechnet werden muß aber mit Rohstoff-, Ernährungs- und Umweltschutzkonflikten, deren Explosivität durch die Überbevölkerung der Erde ständig wächst. «Auf den noch harmlosen Kabeljaukrieg zwischen Großbritannien und Island», stellt Wolfgang Harich fest, «zwei NATO-Verbündeten immerhin, ist sehr bald Kissingers Aggressionsdrohung gegen die ölexportierenden arabischen Staaten gefolgt. Die weitere Eskalation dieser Entwicklung kann man sich vorstellen; ich möchte sie nicht erleben. Und mehr Menschen wollen mehr Kabeljau verzehren, mehr Menschen brauchen mehr Erdöl.»[21]

Der marxistische Philosoph und Literaturwissenschaftler Harich verlangt von östlichen und westlichen Regierungen einen Konsumverzicht zugunsten der Entwicklungsländer. Er spricht von der Zersiedelung der Landschaft durch Wohnbauten in Ost und West, vom Verlust riesiger Erholungsgebiete, dem Aussterben von Tierarten, Umweltvergiftung durch Pflanzenschutzmittel, Erschöpfung der Rohstoffe, dem Absinken des Grundwasserspiegels, der Bodenerosion durch das Roden von Wäldern und gefährlichen Klimaveränderungen. Er macht auch darauf aufmerksam, daß Menschen nicht nur ernährt werden müssen. Sie brauchen Wohnungen, Mobiliar, Kleidung, Verkehrsmittel, Straßen, Krankenhäuser, Schulen, Bibliotheken, Radios, Zeitungen. Die Freiheit des einzelnen, seine Kinderzahl zu bestimmen, hält er angesichts des Anwachsens der Weltbevölkerung nicht mehr für gegeben. Harich sieht Lösungen nur in einer internationalen Planung, in sozialistischen Perspektiven. Durch soziale Veränderungen im Weltmaßstab, so hofft er, ließen sich Lösungen für die Überbevölkerungsprobleme finden.

Bei uns in Europa gibt es keine Überbevölkerungsprobleme, heißt es. Aber längst ist sichtbar, daß sich die Europäer nicht von der übrigen Welt separieren können. Sie leben schließlich auch von der Arbeitskraft und den Rohstoffen der Entwicklungsländer. Das Problem der Überbevölkerung betrifft die reichen Länder unmittelbar. Staaten müßten eine klare Konzeption für die Zukunft vorlegen, so lautet Wolfgang Harichs Forderung. Richtlinien für alle müßten erarbeitet werden. Das fordert auch die EKD (Evangelische Kirche Deutschlands) in einem Memorandum. Allerdings fordert sie nur Planungen für das Investitions- und Konsumverhalten, nicht jedoch gegen den Bevölkerungszuwachs. Nach Herbert Gruhl ist dies jedoch das eigentliche Problem der Zukunft. Hoffnungen, es zu lösen, hat er nicht mehr. Zu spät sei es bereits, so schreibt er, um den Verfall der humanen Werte, der Natur, der Menschheit zu stoppen. «Wir müssen leider zu dem Schluß kommen», stellt er fest, «daß das Überbevölkerungsproblem weder durch Freiwilligkeit noch durch menschlichen Zwang lösbar ist. Dies ist eine um so tragischere Erkenntnis, als hier bei einer Wende zur Vernunft die Chance zu einer vollständigen Stabilisierung des Planeten vorhanden gewesen wäre – ‹gewesen wäre›, weil sie gerade in diesen Jahren vertan wird. Es scheint nach allem, was bekannt ist, ein Naturgesetz zu sein, daß sich eine Art so lange vermehrt, bis sie an die Grenzen der Umwelt stößt und dann durch die Natur rücksichtslos dezimiert wird. Die freiwillige Beschränkung scheint auch beim Menschen die Ausnahme zu sein.»[22]

Das Resultat dieser Überlegungen lautet: Eine freiwillige Beschränkung der Kinderzahl ist eine verantwortungsvolle Haltung. Der vollständige Verzicht auf Kinder, die Kinderlosigkeit, kann sinnvoll, human sein. Kinderlosigkeit darf nicht länger als moralisch verwerflich geächtet werden. Verflogen sind die Hoffnungen einer Studentengeneration, die 1968/69 die Gesellschaft erneuern wollte. Kinder und deren Erziehung waren für sie der Schlüssel zu einer humanen Zukunft. Auf pädagogischem Weg sollte der neue Mensch entwickelt werden, der selbstverantwortliche, freundliche, zärtliche Mensch. Heute überwiegen Sorgen und Ängste, sobald das Gespräch auf die Zukunft von Kindern kommt.

Kinderlosigkeit sollte allerdings nicht das Resultat einer allgemeinen Verängstigung und Resignation sein. Sie ist vielmehr eine Antwort auf die Herausforderungen der Zukunft. Ein allgemeines Wachstum, eine Zunahme der Bevölkerung kann nicht mehr unser Ziel sein.

Schon nehmen sich aber auch die Planer der industriellen Zukunft des Themas ‹Kinderlosigkeit› an. Sind kinderlose Paare nicht mobiler als Eltern? «Die superindustrialisierte Gesellschaft», schreibt Alvin Toffler, «die nächste Stufe in der ökotechnischen Entwicklung, erfordert jedoch eine noch größere Mobilität der Menschen. Logischerweise werden viele Leute also in der Zukunft den Prozeß der Familienverkürzung fortsetzen, infolgedessen ganz kinderlos bleiben, und dadurch die Familie auf ihre elementaren Bestandteile – Mann und Frau – beschränken. Zwei Menschen, möglicherweise mit einander ergänzenden Karrieren, werden erfolgreicher durch Ausbildungs- und soziale Untiefen, durch Stellenwechsel und geographische Umsiedlungen steuern als gewöhnliche, mit Kindern überladene Familien. Die Anthropologin Margaret Mead ist der Meinung, daß wir uns unter Umständen einer Gesellschaftsordnung nähern, in der, wie sie es ausdrückt, ‹Elternschaft auf eine kleinere Zahl von Familien beschränkt ist, deren Hauptfunktion im Aufziehen von Kindern besteht›, während die übrigen Menschen ‹zum erstenmal in der Geschichte als freie Individuen funktionieren›.» [23]

Eine neue Situation ist denkbar. Die kinderlosen Männer und Frauen werden als mobile Arbeitssklaven hin- und hergeschoben. Seßhaft bleiben nur Familien mit Kindern. Die Freiheit der Kinderlosen kann zur Vogelfreiheit werden. Solche Alpträume dürfen die nüchterne Erkenntnis nicht verdrängen, daß der Bevölkerungszuwachs zu einer Gefahr von globalem Ausmaß wird. Unfair findet es deshalb Wolfgang Harich, wenn Weltbevölkerungsprobleme bei uns nur an Beispielen der Dritten Welt abgehandelt werden, «ohne sofort hinzuzufügen, daß heute mehr als 80 Prozent der Rohmaterialien und der Weltenergie von den Einwohnern der reichen, industrialisierten Länder verbraucht werden, in denen folglich Bevölkerungsstopp ebenfalls, und obendrein eine drastische Einschränkung des Konsums zugunsten der Dritten Welt, am Platze wäre»[24].

Jedes Kind weniger in unseren Regionen, das heißt eine gewaltige Reduktion an Konsumgütern und Energie. Aber diese Reduktion ist in den von Wachstum und Mehrverbrauch besessenen Ländern nicht erwünscht. Die Vernunft, die Verantwortung für die Zukunft wird tagespolitischen ‹Sachzwängen› geopfert. Ein Blick in die Zukunft aber muß zu der Erkenntnis führen, daß es neben Familien auch kinderlose Paare geben sollte. Verschiedene Lebensformen können sich so ergänzen und dem Wachstumsfetischismus entgegenwirken.

4. Kinder – mißbraucht als psychischer Besitz

Einst war es unwichtig, zu wem ein Kind gehörte, es wurde nicht als Eigentum betrachtet, weil es Eigentum in unserem Sinne noch nicht gab. Nur das zum Leben unbedingt Notwendige schaffte jeder heran. Erst als der Mensch Überschüsse produzierte, konnte er ‹Besitz› ansammeln und seinen Nachkommen vererben. Dazu mußte die Vaterschaft festgestellt werden.

«Dies aber ist genau der historische Punkt», sagt Ernest Bornemann, «der die Machtübernahme des Patriarchats kennzeichnet.»[25]

Bornemanns «Auflösung der Mutterherrschaft» ist eine Hypothese. Fest steht, daß Kinder seit Jahrtausenden als Besitz betrachtet werden. Und seit jeher sorgen Männer sich daher um ihre Vaterschaft. Eine Garantie bietet ihnen nur die absolute Treue der Ehefrau. Sonst besteht Gefahr, daß sie einen Bastard aufziehen und das Kind eines Fremden sie beerbt.

Treue ist nötig, um den Besitz zu erhalten. Automatisch führt das zur Unterdrückung der Frau. Der Mann will sich ihrer Gebärfähigkeit versichern und seine sexuellen Bedürfnisse befriedigen. Außerdem wird die Frau geschmückt und als Statussymbol vorgezeigt, wie die Kinder, die man sich leisten kann. Kinder sind ein Aushängeschild, eine Bestätigung für das Dasein der Erwachsenen. Wichtig war stets nur, was die Kinder den Eltern geben konnten, nicht umgekehrt.

Medea klagte schon im Altertum, daß sie nach dem Mord an ihren Kindern, den sie für unausweichlich hielt, niemanden mehr hätte, der sich um sie kümmert. Und noch 1977 schrieb der Hamburger Pastor Paul Schulz:

«Seit Jahrtausenden ist festgelegt, was Kinder ihren Eltern schuldig sind. Heißt es doch schon im 4. Gebot der Bibel: ‹Du sollst deinen Vater und deine Mutter ehren, auf daß es dir wohl ergehe und du lange lebst auf Erden.› Die Kinder haben zu tun! Die Kinder haben zu gehorchen! Die Kinder haben sich wohl zu verhalten!»[26]

Paul Schulz stellt die These auf, daß wir endlich Gebote brauchen, die den Eltern sagen, welche Verantwortung sie gegenüber ihren Kindern haben. In Schulz' Hamburger zehn Geboten heißt es:

«Eltern können sich in ihren Kindern positiv verwirklichen. Deshalb sollst du dich als Vater oder Mutter so verhalten, daß deine Kinder dich lieben können.»[27]

Im Laufe der Jahrhunderte hat die Stellung der Kinder sich zwar verändert, aber noch immer haben sie wenig Rechte und vor allem keine Lobby, die sie vertritt.

Früher galten die Kinder als kleine Erwachsene. Sie hatten sehr konkrete Pflichten zu übernehmen. Lloyd de Mause schreibt darüber:

«Seit den Zeiten der Römer warteten Jungen und Mädchen ihren Eltern bei Tisch auf, und im Mittelalter fungierten alle Kinder außer den königlichen entweder zu Hause oder bei anderen als Diener. Oft rannten sie mittags von der Schule nach Hause, um ihre Eltern zu bedienen. Ich will hier nicht auf den gesamten Bereich der Kinderarbeit eingehen, aber man sollte festhalten, daß die Kinder – im allgemeinen vom vierten oder fünften Lebensjahr an – einen großen Teil der zu erledigenden Arbeiten taten, lange bevor die Kinderarbeit im neunzehnten Jahrhundert zu einem umstrittenen Problem wurde.»[28]

Kinderarbeit ist auch heute noch üblich, trotz des Jugendarbeitsschutzgesetzes. Wie viele Kinder in der Bundesrepublik zeitweise oder regelmäßig bezahlter Arbeit nachgehen oder gar von den Eltern zur Arbeit gezwungen werden, das wird von keiner Statistik erfaßt. Die Gewerbeaufsichtsämter können nur Stichproben machen, weil es ihnen an Personal mangelt. Sie sind im allgemeinen machtlos gegen amtlich nicht registrierte

Tätigkeiten – und dazu gehört der größte Teil der von Kindern übernommenen Arbeit.

Da wird auf dem Lande mitgeholfen, da werden in Städten im Familien- und Bekanntenkreis die Babies gehütet oder es werden Zeitungen ausgetragen. Es gibt viele Bereiche, in denen das Jugendarbeitsschutzgesetz mit Unterstützung von Erwachsenen unterlaufen wird. Kinder sollen lernen, Geld zu verdienen, lautet die Ausrede.

«Ob es nicht wichtiger wäre, daß Kinder so früh wie möglich lernten, Gemeinschaften zu wählen und darin mitzuentscheiden, welche Aufgaben gestellt, wie sie verteilt und gelöst werden sollen», fragt Bernd Richter in einem Essay über die Kinderarbeit. Er stellt fest, daß solche Fähigkeiten bei der Kinderarbeit nicht entwickelt werden. «Bei den meisten Arbeiten, die Kindern heute zugänglich sind, wenn sie einen Zuschlag zum Taschengeld suchen, finden sie allzuwenig von solchen Bedingungen. Da werden ‹Arbeitskräfte› für untergeordnete, ausführende Tätigkeiten gebraucht, mechanisch funktionierende Zuträger und Mitmacher. Da werden keine mündigen Bürger erzogen.»[29]

Die Kinderarbeit ist seit Jahrtausenden verbreitet. Älter noch als die Kinderarbeit ist der regelrechte Verkauf von Kindern. In Babylon war er legal und im Altertum eine weitverbreitete Sitte. In vielen Gebieten Europas wurde der Sklavenhandel mit Kindern noch bis ins Mittelalter fortgeführt. Kinder wurden auch als Geiseln festgehalten oder als Sicherheit mißbraucht, wenn die Eltern Schulden hatten.

In den unteren Schichten waren Kinder nur eine Last, wenn sie nicht, wie im bäuerlichen Betrieb, früh als Arbeitskraft ausgenutzt wurden. Ohne viel Gewissensbisse setzten Eltern die Säuglinge aus. Kinder kamen schon im Alter von etwa sieben Jahren in die Lehre oder als Diener zu fremden Leuten. Aber bis zum 18. Jahrhundert war es auch üblich, daß wohlhabende Eltern ihre Kinder in den ersten Jahren einer Amme übergaben. Und die Zeit, die für ihre Erziehung aufgewendet wurde, war minimal. Viel Umstände machte man sich nicht mit den Kindern. Emotionale Bindungen zwischen Ammen und Kindern gab es kaum. Kinder waren für sie «genauso eine Ware wie eine termingebundene Kakaolieferung für den modernen Importeur», schreibt Edward Shorter herausfordernd. «Und sie betrieben ihr Geschäft unweigerlich so, daß sie den größtmöglichen Gewinn hatten, wie es jeder Geschäftsmann mit jeder standardisierten, auswechselbaren Ware auf dem Markt macht.»[30]

Ammen gaben zum Beispiel Findelkinder möglichst schnell wieder ab und besorgten sich ein neues Baby, weil das Findelhaus für Neugeborene höhere Beträge als für ältere Kinder zahlte. Die emotionale Bindung an ein Kleinkind war gering. Erst im 19. Jahrhundert empfanden Mütter und auch die Ammen für Kleinkinder ‹mütterliche Liebe›. Die Einstellung zum Kind hatte sich gewandelt. Der bürgerliche Mittelstand kümmerte sich mehr und mehr um das Wohlergehen der Kinder. In den unteren Gesellschaftsschichten hinderte Armut die Menschen anfangs daran, die neuen Erkenntnisse zu übernehmen. Die Zahl der ausgesetzten Kinder blieb weiterhin hoch.

Was aber war die Ursache für den Wandel in der Eltern-Kind-Beziehung? Ein Grund ist sicherlich der Rückgang der Säuglingssterblichkeit. Die Medizin hatte deutliche Fortschritte erzielt. Eltern konnten es sich vorher nicht erlauben, zu sehr an einem Kind zu hängen, da die Kindersterblichkeit außerordentlich hoch war. Die Gefahr wurde nun erheblich geringer. Auch die elterliche Fürsorge weitete sich aus. Die Mutter sorgte sich um das Baby. Sie stillte es. Sie spielte mit ihm. Sie gab es nicht länger in die Hände einer Amme. Sie wickelte es nicht mehr zu einem Paket zusammen wie eine Mumie; es konnte sich jetzt bewegen. Sie liebte das Baby. In diese Liebe bezog sie auch den Ehemann ein. Eine neue häusliche Familiensphäre entstand, die dem Bürgertum als Schutzwall diente: Ein Paradies inmitten einer Welt, in der Überlieferungen, Bräuche und Gewohnheiten zerfielen.

Bis ins 18. Jahrhundert hinein waren Ehe und Liebe sehr verschiedene Angelegenheiten. «Die Eheschließung erfolgte

zum Zwecke des ‹Zugewinns›, des besseren Wirtschaftens»,
schreibt Petra Milhoffer, «erst allmählich scheinen Frauen ihre
passive Rollenzuweisung: Kinderaufzucht und häusliche Tätigkeiten aus Liebe zum Ehemann – als ausschließliche We-
sensbestimmung akzeptiert und bejaht zu haben.»[31]

Durch die Trennung von Stadt und Land, die Ausbreitung
der Märkte und die Industrialisierung konnten ehemals von
den Frauen hergestellte Gebrauchsgüter und Lebensmittel
schneller und rationeller geliefert und produziert werden.
Frauenarbeit, insbesondere in den privilegierten Schichten, re-
duzierte sich nun weitgehend auf Haushaltsführung und Kinderaufzucht. Die soziale Anerkennung der Frau richtete sich
nach der Stellung des Ehemanns. Der häusliche Bereich war
nun vom Arbeitsbereich räumlich isoliert. Zum weiblichen
Ideal wurde die passive, sanfte, zum Dienen bereite Ehefrau,
Hausfrau und Mutter. «Die vorher meist von den Eltern zum
Zwecke des Zugewinns arrangierte Besitzehe wurde durch die
Neigungsehe, den sich auf Liebe gründenden Ehevertrag, zu
dem beide Ehepartner ihr Jawort geben mußten, abgelöst. Die
Chancen von Frauen abhängiger Schichten, von der Dienst-
magd zur Verwalterin eines eigenen Hausstandes aufrücken zu
können, erhöhten sich. Allerdings verlagerte sich der rechtliche
Verfügungsanspruch über ihren Körper und ihre Arbeitskraft
genau besehen vom Grundherrn auf den Ehemann . . . Frauen
armer wie verarmter Schichten trugen durch den Verkauf ihrer
Arbeitskraft wie selbstverständlich zum Lebensunterhalt der
Familie bei . . . Weibliche Lohnarbeit verstand sich nun aber
traditionell als ‹Zuarbeit› zum eigentlichen ‹Lebensberuf› der
Frau in Haushalt und Familie. Geringer qualifiziert und geringer entlohnt standen so Frauen und Kinder der Wirtschaft als
‹industrielle Reservearmee› zur Verfügung, die in Krisenzeiten
noch zur Drückung des Lohnes männlicher Arbeiter benutzt
wurde.»[32]

Brutal wurden Frauen dem Gesetz von Angebot und Nachfrage unterworfen, das im Kapitalismus an die Stelle bäuerli-
cher und handwerklicher Traditionen rückte.

Feindlich, egoistisch, brutal erschien dem Bürger das öffentliche Leben. Er suchte nach seinem persönlichen Glück. Das fand er in der Familie, in der Beziehung zwischen Mann und Frau. Die private Befriedigung wurde ihm wichtiger als das Allgemeinwohl. Der wirtschaftliche Aufschwung im 19. Jahrhundert begünstigte diese Haltung. Es kam Geld in die Kassen der Unternehmer, der Kleinbetriebe und Händler. Frauen sollten nicht länger im Betrieb arbeiten. Sie hatten sich um die Pflege der Kleinkinder zu kümmern. Mit Verzögerung übernahm das Proletariat diese Vorstellung einer idealen Familie. Diese ‹Kernfamilie› umhegte nun ihre Kinder, bis sie das häusliche Nest verließen und selbst eine Familie gründeten. Kinder ‹auf das Leben vorzubereiten› war jetzt Aufgabe der Familie. Sie wußte, was gut und böse ist, sie kannte den Sinn des Lebens.

«Historisch gesehen war das entscheidende Charakteristikum der Kernfamilie gerade diese privilegierte Beziehung zwischen den Eltern (besonders der Mutter) und den Kindern, eine Beziehung, die die ganze Jugend hindurch bis an die Schwelle der Ehe andauerte.»[33]

Besitz und Ansehen wollten die Eltern auf ihre Kinder übertragen. Die Anschauungen und materiellen Werte sollten sie erben. Die gesellschaftlichen Spielregeln wurden in der häuslichen Intimität eingeübt.

Ohne weiter zu fragen, handelten Kinder und Jugendliche so, wie es von ihnen verlangt wurde. Sie waren die Erben. Im 20. Jahrhundert verloren die Eltern viel von ihrem Einfluß als Erzieher und Ratgeber. Kriege und industrielle Entwicklung ließen Zweifel an den überlieferten Werten aufkommen. Die Instabilität der Ehe ist ein äußeres Zeichen dafür, daß die Familie als Lebenszentrum nicht mehr existiert. Die Kinder akzeptieren ihre Eltern allenfalls als Freunde. Vertreter eines Familiengeschlechts wollen sie kaum noch sein.

So reagierte Helmuth H. mit Abwehr, als er begriff, daß er, wie Kinder im 19. Jahrhundert, das väterliche Erbe übernehmen sollte. Er kam sich plötzlich so vor, als hätten seine Eltern ihn von Anfang an als Fortsetzung ihres eigenen Lebens geplant. Er mokierte sich darüber, daß er das Double seines Vaters in der Reederei werden sollte. Schon immer hatte er es gehaßt, in der Firma als Stammhalter vorgezeigt zu werden. Nein, das Spiel wollte er nicht mitmachen. Nach dem Abitur kam es zum Bruch mit den Eltern. Helmuth zog aus. Ihn interessierte das Filmstudium. Sozialkritische Filme wollte er drehen. Er wußte wohl, daß auch Haß gegen seine Eltern ihn bei der Wahl seines Berufs beeinflußte. Er wollte nicht so werden wie sie. Hausbesitzer. Mercedes-Fahrer. Freudlose Fresser. Ihre Gedanken kreisten nur um Betriebserweiterungen und Gelderwerb. Darum, wie sie die Gewerkschaften lahmlegen, das Finanzamt austricksen konnten. Nein, dieses Erbe konnte er nicht antreten. Die Drohung, daß er dann gar nichts bekommen würde, ließ ihn kalt. Was hatten sie denn von ihrem vielen Geld! Er wollte frei sein, frei vom Denken und Leben seiner Eltern. Dies empfand er auch nicht als den üblichen Bruch zwischen den Generationen. Seine Eltern hatten ihn im Grunde mißbraucht. Ihre Freundschaft war nur Mittel zum Zweck, ihn für die Familieninteressen einzuspannen. Das wollte er nicht zulassen.

Diese Abwehrhaltung gegen die traditionelle Vorstellung vom Sohn, der das Erbe anzutreten hat, verband Helmuth H. ganz selbstverständlich mit dem Anspruch, daß die Eltern sein Studium finanzieren müßten. Er sah darin keinen Widerspruch: «Ich verlange allein mein Recht. Wenn meine Eltern mich in die Welt setzen, müssen sie auch die Konsequenzen tragen.» Notfalls wäre Helmuth H. vor Gericht gegangen. Aber die Eltern zahlten freiwillig. Sie begriffen, daß die Familie nicht mehr unbedingt ein Arbeits- und Lebenszentrum für Eltern und Kinder ist. Der Vater machte seinem Sohn allerdings noch moralische Vorhaltungen. Er hätte zumindest ein ‹Brotstudium› wählen sollen, sagte der Vater. «Wieso denn», erwiderte der Sohn, «es ist doch mein Leben. Und wenn dir mein Studium zu teuer ist, hättest du dir früher überlegen sollen, ob du Kinder willst. Jetzt ist es zu spät.»

Familientraditionen und Besitzdenken empfinden viele heute als absurd. Aber immer noch können Kinder als Besitz ‹verschachert› werden, sobald es um Erbschaften geht. Das erfuhr zum Beispiel Regine S., die an böse Geschichten aus alten Märchen dachte, als sie eines Tages einen Brief von den Eltern ihres früheren Freundes erhielt, mit dem sie einen Sohn hat. Sie wurde aufgefordert, den Sohn zur Adoption freizugeben, um der Professorenfamilie zu einem Stammhalter zu verhelfen. «So leicht kann mich nichts umwerfen», beschrieb Regine S. ihre Reaktion auf den Brief, «aber das verblüffte mich doch. Ich hatte den Vater meines Sohnes fast sechs Jahre lang nicht mehr gesehen. Seine Ehe, die er ‹standesgemäß› einging, war offensichtlich unfruchtbar geblieben.»

Regine S. hatte mit zwanzig Jahren geheiratet. Nach fünfjähriger Ehe trennte sie sich von ihrem Mann. Sie ließ sich zur Modellbauerin ausbilden und arbeitete in einem Architektenbüro. Dort lernte sie einen Archäologiestudenten kennen, der manchmal in der Firma aushalf. Da sie in ihrer Ehe keine Kinder bekommen hatte, nahm sie an, daß sie unfruchtbar sei. Sie war sorglos. «Als ich erfuhr, daß ich schwanger war», berichtete sie, «hielt sich mein Freund gerade in Finnland auf. Ich schickte ihm ein Telegramm. Für eine Abtreibung war es zu spät. Ich hatte gedacht, es sei durch eine Reise, durch den Klimawechsel zu Unregelmäßigkeiten gekommen, das war mir schon manchmal passiert. Mit meinem Freund gab es dann eine heftige Auseinandersetzung. Ich erklärte ihm, daß ich das Kind allein aufziehen würde. Wir sahen uns nicht wieder. Seine Eltern zweifelten die Vaterschaft ihres Sohnes an, als es dann um die Alimente ging. Ich mußte die Sache juristisch klären lassen. Der Herr Professor warf mir auch noch vor, ich hätte einen jungen Menschen verführt, um mich in obere Gesellschaftsschichten einzuschleichen. Deprimierend war es. Blöd. Albern. Ich arbeitete weiter im Architektenbüro. Das Kind, einen Jungen, konnte ich nur mit Hilfe meiner Mutter großziehen. Sie siedelte zu mir nach Hannover über. Es war eine Notlösung, aber wir einigten uns irgendwie. Ich hatte ein schlechtes Gewissen, daß meine Mutter nun schon wieder angebunden war – nun, wo sie die Plackerei mit den eigenen Kindern eigentlich hinter sich hatte. Mein Vater ist im Krieg gefallen, und sie hat uns vier Kinder allein durchgebracht.

Über Kindererziehung hatten meine Mutter und ich sehr unterschiedliche Ansichten. Um aus dem ganzen Dilemma herauszukommen, ließ ich mich auf die Ehe mit einem Innenarchitekten ein. Vorschnell, sicherlich, aber wir haben uns einigermaßen zurechtgefummelt. Als wir heirateten, wollte mein zweiter Mann das Kind gern adoptieren. Wir brauchten dazu natürlich das Einverständnis des Vaters. Für ihn antworteten mir aber seine Eltern und kamen mit diesem Vorschlag, ihr Sohn könne sein Kind jetzt ja adoptieren, weil er kinderlos geblieben sei. Das war ein Ding! Erst behandeln sie mich wie den letzten Dreck und dann soll ich ihnen den Erben liefern. Damit der Name der jahrhundertealten Gelehrtenfamilie erhalten bleibt und ihr Geld nicht sonstwem in die Hände fällt. Da werden alle Hemmungen über Bord geworfen, da wird um ein Kind gefeilscht wie auf dem Markt!»

Die Berichte von Helmuth H. und Regine S. zeigen, daß Familientraditionen und Besitzdenken heute kaum noch jemanden einschüchtern können. Traditionen und Besitz zu erhalten sind auch nicht mehr Anlaß zum Kinderkriegen. Ein Begriff wie Blutsverwandtschaft klingt altmodisch. Stammbäume hält man für eine Sache des Adels. Und die wenigsten sehen ihre Familie als eine unendliche Folge von Generationen. Die Großfamilie hat ihre Funktion in den hochindustrialisierten Gesellschaften verloren. Und wenn heute im Zusammenhang mit Kindern die Frage des Geldes aufgeworfen wird, dann nicht unter dem Blickwinkel des Bürgers aus dem 19. Jahrhundert, der das Erworbene vererben wollte.

Die Geldfrage heißt heute: Was kostet ein Kind? Die Freude an Kindern ist nicht billig zu haben, lautet die einfache Antwort. Das vom Staat bezahlte Kindergeld ist für diejenigen, die es wirklich brauchen, nur ein Trostpflaster, eine kleine Aufbesserung der Familienkasse. Fünfzig Mark gibt es in der Bundesrepublik monatlich für das erste Kind, achtzig Mark für das zweite und einhundertfünfzig Mark für das dritte. Aber Kindergeld ist auch nicht als Anreiz zum Kinderkriegen gedacht, sagen Politiker:

«Es handelt sich hier um einen Lastenausgleich zwischen den Familien, die keine Kinder oder wenige Kinder haben und den Familien, die viele Kinder haben. Es gibt für den Staat verschiedene Möglichkeiten, um Eltern und Kindern das Zusammenleben zu erleichtern. Einmal kann man Familien mit Kindern begünstigen durch das sogenannte Kindergeld, das heißt, daß Familien ohne Kinder mitzuzahlen haben für Familien mit Kindern. Zum anderen kann man für eine bessere Wohnungsbaupolitik plädieren. Nach dem Krieg ging es nur darum, daß jeder eine Wohnung hatte – egal, wie groß sie war. Viele Wohnungen sind aber heute für Familien mit Kindern zu klein, so daß Eltern sagen, wir wollen nicht mehr als ein oder zwei Kinder, weil wir auch nur einem Kind oder zwei Kindern ein eigenes Zimmer zur Verfügung stellen können. Alle einigermaßen bewußt planenden Eltern halten sich selbstverständlich an diese Regel.»

Wer sich an diese Regel nicht hält, mehr Kinder als Wohnräume hat, wird schnell in gesellschaftliche Randgruppen abgedrängt. 73 Prozent der bundesrepublikanischen Bevölkerung fordern deshalb auch bessere und billigere Wohnräume.

«Nirgendwo versagt die Marktwirtschaft offensichtlicher als bei der Versorgung der Bevölkerung mit ausreichendem Wohnraum»[34], heißt es in der von Lienhard Wawrzyn herausgegebenen Dokumentation ‹Wohnen darf nicht länger Ware sein›. Die Kosten für den sozialen Wohnungsbau steigen. Die Mieten steigen. Spekulationen mit Bauland, Gewinnsucht der Hausbesitzer treiben die Wohnungskosten in die Höhe. Die Dummen sind die Familien mit Kindern. Sie sind nicht beweglich. Sie können dem Druck nicht so leicht ausweichen wie kinderlose Männer und Frauen. Sie haben feste Kosten und ständig zu kämpfen, um die Familie durchzubringen. Daß farbige Afrikaner hungern müssen, daß kleine Inder keine Aussicht auf Schulbildung haben, daß Kinder in den Ländern der ‹Dritten› und ‹Vierten› Welt in Kriegen umkommen – das sieht der Bundesbürger auf dem Fernsehschirm. Daß aber Kinder täglich in zu kleinen Wohnungen neben ihm gequält werden, daß überreizte Eltern ihre Kinder schlagen, daß Menschen, die den Wunsch nach einem Kind hatten, sich plötzlich überfordert fühlen – das wird nicht gern wahrgenommen.

Gesellschaftliche Anpassung ist immer mit Zwang verbunden. Kinder zu haben gehört zu den grundlegenden moralischen Mustern unserer Lebensordnung. Der Bürger, der dieser und anderen Normen kritiklos folgt, muß früher oder später erkennen, daß er mit den Anforderungen, die sie an ihn stellen, nicht leben kann. Wirtschaftlich, sozial und auch emotional gerät er in einen Engpaß, weil er sich für Kinder entschieden hat. Er wollte doch eine Persönlichkeit sein, ein erwachsener, verantwortlicher Mensch, Liebe wollte er empfangen und geben. Und was ist daraus geworden? Sein ‹Heim› wird zum Schauplatz, auf dem gesellschaftliche Konflikte ausgetragen werden. Und dann sagt man ihm noch schadenfroh: Du bist selbst daran schuld. Du hättest es vorher wissen können; hättest ja nicht unbedingt Kinder in die Welt setzen müssen. Du bist nicht mehr der biblische Patriarch, der seine Töchter für Kühe oder Kamele verkaufte. Du kannst deine Söhne nicht auf die Weide schicken, um die Herde zu hüten. Du verdienst an deinem Nachwuchs keinen Pfennig, du mußt für ihn zahlen. Du hast doch einen Kopf und kannst nachdenken. Der biblische Gott befahl den Menschen, sich zu vermehren, und du erfüllst das immer noch bereitwillig und glaubst doch gar nicht mehr an diesen biblischen Gott. Du produzierst Nachwuchs, investierst dafür und sagst obendrein, daß es eine Freude ist, Kinder zu haben. Sie sind eine Bestätigung des Lebens, sagst du. Aber für dieses Glücksgefühl wirst du bestraft. Je mehr Kinder du in die Welt setzt, um so mehr wird dein Geldbeutel schrumpfen.

Im Vergleich zu einem kinderlosen Ehepaar verringert sich das Einkommen einer Familie mit einem Kind um etwa ein

Drittel, mit zwei Kindern um fast die Hälfte, mit vier Kindern um nahezu zwei Drittel.

Und wie müssen wir auf unsere Kinder aufpassen, könnten die Eltern sagen, damit wir sie überhaupt groß bekommen, damit sie uns nicht auf der Straße wegsterben.

Mit Spielzeug verdienen die Unternehmer Millionen; Spielplätze kosten den Staat nur Geld. Also werden Kinder auf die Straßen getrieben, werden zu Krüppeln gefahren, nicht zuletzt, weil 30000 Spielplätze fehlen.

Die Bauordnung für Berlin zum Beispiel schreibt vor, daß für jede Neubauwohnung dreißig Quadratmeter Autostell- und -wendefläche errichtet werden muß, für Kinder zweieinhalb Quadratmeter Spielfläche. Autos sind wichtiger als Kinder.

Von den Eltern wird erwartet, daß sie Idealisten sind, daß sie sagen: Geld allein macht nicht glücklich, die Familie ist entscheidend, das Gefühl der Gemeinsamkeit lohnt die Plackerei. Wenn die Kinder nicht wären, was sollten sie eigentlich auf der Welt? Das Auto waschen? Immer zum Fußballplatz laufen? Im Betrieb schuften? Ständig nach oben schielen, um beruflich weiterzukommen? Nur das Zusammenleben mit Kindern ist ein wirkliches Leben. Man streitet sich, kämpft täglich um jeden Kleinkram, aber man ‹lebt›. Man ist zusammen. Man hat seine Position gefunden, seinen Angelpunkt.

Eine solche Lebensphilosophie fragt nicht nach Glück oder Liebe, meint die Journalistin Leona Siebenschön, hier wird nur die Werbeweisheit jener Familienverklärer und Familienpolitiker wiedergegeben, «denen ein Schrebergarten-Eden, bevölkert von lauter befriedeten, emsigen Eigenheim-Familien, vorschwebt. Was hat der Mensch an Glück zu denken, wenn es um die Gesellschaft geht? Glück heißt Gebärfreudigkeit, die der Gesellschaft leistungsfähige Individuen garantiert. Glück heißt Familienfreudigkeit, die dem Staat die Ordnung im Staate gewährleisten hilft. Ein Egoist, ein wertloses Individuum, wem Kindersegen und Familienidylle um den Preis einer vergnüglichen Ehe, einer fünfundzwanzigjährigen glücklichen Zeit zu teuer erkauft und zu hoch bezahlt erscheinen.»[35]

Als brutal und menschenverachtend wird es empfunden, wenn jemand davon spricht, was Kinder kosten. Kinder sind noch immer die unschuldigen, blondgelockten, göttlichen Wesen, von denen die deutschen Romantiker sprachen. «Kinder müssen wir werden», sagte der Maler Philipp Otto Runge und meinte damit, daß Kinder dem Erwachsenen den Weg aus dem irdischen Jammertal weisen würden. Vom guten, reinen, gläubigen Kind berichten die Märchen der Brüder Grimm. «Wo Kinder sind, da ist ein goldenes Zeitalter», verkündete Novalis. Kinder verkörpern die romantische Idee vom verlorenen Paradies. Egoismus, kindliche Grausamkeit und Sexualität werden bei diesem Idealbild vergessen. Um so verschreckter reagieren Eltern, wenn ihr Kind nicht im geringsten diesem Wunschdenken entspricht. Geradezu hilflos sind sie, wenn dieses Idealbild zerstört wird und die Umwelt ihnen nun alle Lasten, alle Nöte bei der Erziehung aufbürdet.

Soll der Wunsch, Kinder großzuziehen, plötzlich nur noch Last, nicht mehr Wert und Bestimmung unserer Existenz sein? Dennoch, die Wahl zwischen einer großen Anzahl von Kindern, denen vieles vorenthalten bleibt, und wenigen Nachkommen, die mit Fürsorge und allen Bildungsmöglichkeiten erzogen werden, diese Wahl hat auch der größte Kinderfreund, die begeisterte Mutter zu treffen. «Es ist gewiß kein Zufall», stellen Paul und Anne Ehrlich in einer Untersuchung fest, «daß so viele der besonders erfolgreichen Menschen erste oder einzige Kinder ihrer Eltern sind und daß Kinder aus großen Familien (vor allem solchen mit mehr als vier Kindern), unabhängig von der Vermögenslage der Eltern, im allgemeinen in der Schule schwer vorwärts kommen und in den Intelligenztests eine geringere Punktzahl aufweisen als ihre Altersgenossen aus kleinen Familien. Untersuchungen an sehr jungen Kindern, die an der Harvard University ... durchgeführt wurden, haben diese Feststellungen erhärtet.»[36]

Die Bevölkerungssituation und die ungewisse wirtschaftliche Zukunft der westlichen Industrienationen brachten das

Ehepaar Ehrlich dazu, einen unkonventionellen Vorschlag zu machen. Steuergesetze sollten heute alleinstehende Menschen, berufstätige Frauen und kleine Familien begünstigen. Nur für die ersten zwei Kinder könnten allenfalls noch Steuernachlässe gegeben werden, aber nicht mehr für weitere Kinder. Denn viele Kinder würden gerade von den wohlhabenden Familien gewünscht. Sie sollten eher belastet als gefördert werden. Ein Minimum an Unterstützung müßte aber für minderbemittelte Familien, unabhängig von der Kinderzahl, bleiben.

Diese Pläne lassen sich im Moment kaum verwirklichen, denn die Öffentlichkeit empfindet den Geburtenrückgang als Bedrohung und nicht als Notwendigkeit. Anreize zur Spätehe und Kinderlosigkeit, etwa durch Prämienzahlungen an Frauen, die sich nicht vor dem fünfundzwanzigsten Lebensjahr verheiraten, das alles sind spekulative Ideen des Forscherehepaars Ehrlich: «Prämien könnten auch Paaren ausgezahlt werden, die während der ersten fünf Ehejahre kinderlos geblieben sind, oder Männern, die sich zur Vasektomie bereit finden, nachdem ihre Frauen eine bestimmte Zahl Kinder geboren haben. Lotterien, an denen nur kinderlose Erwachsene teilnehmen könnten, sind ebenfalls vorgeschlagen worden.»[37] Gedankenspiele, sicherlich, Überlegungen nur für eine Gesellschaft, die von der Notwendigkeit niedriger Geburtenraten überzeugt ist, eine Gesellschaft, in der kinderlose Ehepaare, Junggesellen, unverheiratete berufstätige Frauen ohne Kinder den Lebensstil bestimmen. Die Tatsache allerdings, daß in den westlichen Industrienationen auch ohne Prämien, ohne Lotteriespiele und ohne gesetzliche Maßnahmen Tendenzen in diese Richtung weisen, zeigt auf, daß Paare mit Kindern nicht noch zusätzlich ‹bestraft› werden müssen. Denn werden ihnen nicht schon alle Lasten einer kinderfeindlichen Lebensordnung auferlegt, auch wenn von Familienfreundlichkeit und dem ‹Herz für die Kleinen› gesprochen wird?

«Kinder können wir uns nicht leisten», sagen junge Ehepaare, die wissen, was ein Kind vom ersten Schrei bis zum achtzehnten Lebensjahr kostet. Bei einem mittleren Arbeitneh-

mereinkommen sind es bis zu 100000 Mark. Für ein studieren-
des Kind geben Eltern dieser Einkommensstufe in zwanzig
Jahren weit über 100000 Mark aus. Bei Angestellten- und
Beamtenfamilien mit höherem Einkommen schnellt der Betrag
auf Summen bis zu 150000 Mark und mehr. Fest steht also:
Kinder kosten viel Geld. Menschen, die angesichts dieser Erkenntnisse bewußt für eine Zeit – oder auch ganz – auf Kinder
verzichten, sind nicht mehr einfach mit dem Wort ‹Egoisten›
abzustempeln. Sie wehren sich auch und behaupten, wie der
Schlosser Hubert R.: «Wenn ich einem Kind das bieten könnte,
was ich für wichtig und für notwendig halte, dann würde ich
gern ein Kind haben. Aber so, bei meinem Verdienst und der
Gefahr der Arbeitslosigkeit – ich weiß nicht. Lieber nicht.»

«Kinder sind schon fast zu teuer», hieß es in der Hamburger
Wochenzeitung *Die Zeit* über die Ursache für die schwindende
Geburtenrate. Nicht die Emanzipation der Frau oder der ‹Pil-
lenknick› sei der Grund dafür, sondern der finanzielle Druck,
der auf Familien mit Kindern lastet. Festgestellt wurde, daß
nach neuesten Zahlen ein Kind im Monat 470 Mark kostet, eine
Durchschnittszahl, die in der Praxis zumeist übertroffen wird.
Alles ist teuer, alles kostet Geld. Rechnen müssen besorgte
Eltern ihren Kindern beibringen. Sie müssen ihnen erklären,
daß der Staat Investitionen jeder Art honoriert, Investitionsan-
reize gibt, daß er aber Kinder nicht als Investitionen betrachtet.

Ist es in dieser Situation noch verwunderlich, daß Eltern von
ihren Kindern etwas ‹erwarten›? Jahrelang haben sie Entbehrungen auf sich genommen, auf ihr eigenes Weiterkommen
zugunsten der Kinder verzichtet, ihre Möglichkeiten nicht ge-
nutzt, weil sie nicht mobil genug waren. Vielleicht unbewußt,
vielleicht bewußt und zähneknirschend.

Jahrhundertelang ist das Kind ein materieller Besitz gewesen. Es hat den Besitzstand einer Familie oder Gruppe erhalten
und gemehrt. Es war Garantie für Tradition und Geschlechter-
folge, eine Versicherung für das Alter.

Heute sind Kinder nicht länger ein materieller Wert; im
Gegenteil, sie sind eine materielle Belastung. Sie erwarten, daß

die Eltern auch das längste Studium finanzieren und gehen vor Gericht, wenn sie sich weigern. Vater und Mutter haben zu zahlen. Selbst das Recht auf eine zweite Ausbildung versuchen Kinder per Gerichtsbeschluß zu erwirken. Bis ins hohe Alter können die Eltern zu Unterhaltszahlungen herangezogen werden. Auch bei längerer Arbeitslosigkeit der Kinder werden sie wieder zur Kasse gebeten.

Die Eltern-Kind-Beziehung ist in einer an Gelderwerb und Konsum orientierten Gesellschaft problematisch geworden. Denn die unter Druck gesetzten, gedemütigten Eltern rächen sich allzuoft an den Kindern. Väter und Mütter, in ihrer Liebe enttäuscht, fordern von ihnen Ersatz für das nichtgelebte Leben, für Entbehrungen, Ängste, Sorgen. Zunehmend werden Eltern für ihre Kinder eine Last, setzen sie unter psychischen Druck. «Wenn du dich nicht um mich kümmerst, bringe ich mich um», droht eine Mutter ihrem verheirateten Sohn. Er hat keine Kinder, hat sie enttäuscht – Großmutter wollte sie werden. Nach dem Tod ihres Mannes fühlt sie sich allein gelassen, ist ihr Leben leer. Sie hat keine Aufgabe und keine Hoffnung mehr. Die Schuld sucht sie nun bei ihrem Sohn. Er soll ihrem Dasein wieder so etwas wie einen Sinn geben, darauf meint sie, einen Anspruch zu haben.

Die zunehmend negative Eltern-Kind-Beziehung äußert sich in versteckten Forderungen nach ‹psychischem Besitz›. Da Kinder nicht länger materieller Besitz sein können, sollen sie wenigstens die ideellen Wünsche der Eltern erfüllen.

Ihre Träume übertragen die Eltern auf das Kind. Sie ziehen es auf, haben sich alle Lasten aufgeladen, also wollen sie dafür entschädigt werden. Das Kind soll «die Funktion der Konfliktentlastung für die Eltern erfüllen»[38]. Zum erlösenden Idealbild oder zum Sündenbock können Eltern ihre Kinder stilisieren. Horst Eberhard Richter hat gezeigt, daß Eltern von ihren Kindern Selbstbestätigung erwarten und die Erfüllung eigener Wünsche. Sie können es in eine Rolle drängen, die es überfordert. Krankheiten sind die Folge.

Muß die Eltern-Kind-Beziehung zu konfliktreichen Spannungen führen? Sie muß es wohl, solange Kinder als Besitz und Sozialprestige verstanden werden; solange Eltern ihre Kinder ‹psychisch› besitzen wollen und sie nur akzeptieren, wenn sie Erwartungen und Hoffnungen erfüllen.

Aus der Perspektive dieser Eltern haben Kinderlose ein angenehmes Leben, das sie schamlos genießen. Sie müssen endlich als moralisch verwerfliche Wesen öffentlich angeklagt werden. Das Urteil steht bereits fest: Geldstrafe.

«Tatsache ist doch, daß Kinder nur um den Preis von erheblichem Konsumverzicht und zahlreichen anderen Belastungen großgezogen werden, wenn man den emotionalen Aspekt einmal unbeachtet läßt. Tatsache ist aber auch, daß in Familien die künftigen Steuerzahler, Wehrdienstpflichtigen, Rentnerversorger, die Aufzählung läßt sich beliebig erweitern, herangezogen werden, und zwar auch zum Nutzen einer wachsenden Zahl von Leuten, die meinen, sich keine Kinder leisten zu können, wohl aber offenbar der Auffassung sind, ihr bequemes Leben auch im Alter mit allen Ansprüchen und häufig doppelten Renten in einer gut funktionierenden Gesellschaft fortführen zu können – dies alles erwirtschaftet von Kindern, die von Dritten aufgezogen wurden.»[39]

Noch höhere Steuern sollen die Kinderlosen zahlen. Das Geld kann den Familien mit Kindern zufließen. Prämiensparen im Bauch der Mütter? Ist das eine Lösung gesamtgesellschaftlicher Fragen? Gibt es nicht auch die Alternative, daß sowohl Kinderlosigkeit als auch Erziehung von Kindern miteinander in einer Gesellschaft möglich sind und ihr nützen? Es muß akzeptiert werden, daß Männer und Frauen bewußt und aus Verantwortung keine Kinder wollen. Dann wird es möglich sein, daß Kinderlose soziale Aufgaben übernehmen, die Eltern in ihrer ständigen Überforderung nicht leisten können. In einer solchen Zusammenarbeit von Eltern und Kinderlosen wird die Kleinstfamilie durchlässiger, jene Burg, in der Mütter noch immer eingesperrt sind.

5. Kinder – und was dann?

Der Entschluß, Kinder zu haben, ist einer der wichtigsten im Leben. Korrigieren läßt er sich nicht.

Den Beruf können wir wechseln, Freundschaften aufkündigen, eine Ehe kann geschieden werden. Kinder aber sind da. Sie verändern das Leben entscheidend, vor allem das der Frauen. Die guten Vorsätze junger Paare, sich die Arbeit zu teilen, werden selten ausgeführt.

Die traditionellen Rollenvorstellungen gelten noch immer. Eine Umfrage der Bundesanstalt für Arbeit bei rund 20 000 Jugendlichen machte das deutlich.

Die meisten jungen Mädchen zwischen fünfzehn und achtzehn Jahren beabsichtigen, ihrem späteren Ehemann zuliebe ihre beruflichen Pläne aufzugeben. Die meisten Jungen derselben Altersklasse meinen, ihre zukünftigen Ehefrauen sollten überhaupt nicht oder zumindest nur so lange arbeiten, bis das erste Kind da ist.

Ein Kind gebären und stillen kann nur die Frau. Aber alles andere überläßt man ihr ohne triftigen Grund. Der Mann beschränkt sich auf die Zeugung und findet sich mit seiner Gastrolle in der Familie ab. Sich mit den Kindern beschäftigen bedeutet für ihn, gelegentlich mit ihnen zu spielen oder spazierenzugehen. Die Arbeit hat die Frau. Auch den Kontakt mit der Schule muß sie halten. Versagt das Kind, ist es ihre Schuld – besonders, wenn sie berufstätig ist. Fällt der Nur-Hausfrau die Decke auf den Kopf, steht der Mann hilflos vor ihren Problemen.

Kinderlose Ehen galten bisher als verfehlt. Zu spät merken Paare oft, daß ihr Wunsch nach einem Kind von Tradition und

Rollenklischees bestimmt war. Zu spät stellen sie sich die Fragen:

Kann es nicht verantwortungsvoller sein, auf Kinder zu verzichten, in einer Gesellschaft, in der vor allem Frauen die Familienlasten zu tragen haben, aus dem Beruf gedrängt und zu einem unerfüllten Hausfrauendasein gezwungen werden? In einer Gesellschaft, in der Kinder finanzielle Probleme, Wohnungsnot und den Verlust individueller Freiheit mit sich bringen?

Kann es nicht verantwortungsvoller sein, auf Kinder zu verzichten, wenn befürchtet werden muß, daß eine Partnerschaft dadurch zerstört wird?

Kann es nicht verantwortungsvoller sein, angesichts der politischen und wirtschaftlichen Krisen, die immer unüberwindbarer erscheinen, kinderlos zu bleiben?

Kann es nicht verantwortungsvoller sein, unter Umständen bewußt auf Kinder zu verzichten, um in einem größeren Kreis von Menschen soziale Aufgaben zu übernehmen?

Jeder, der sich mit diesen Fragen auseinandersetzt, wird feststellen, daß bewußte Kinderlosigkeit immer noch zum Spießrutenlaufen werden kann. Die prüfenden Blicke auf den Bauch der jungen Frau, der sich gar nicht runden will, können sie schon zur Verzweiflung treiben. So tut man lieber das, was alle Welt erwartet und schafft sich doch ein Kind an – wie die Wohnung und das Auto und was sonst dazu gehört. «Beim ersten Kind», meinte ein Vater, «haben wir uns überhaupt keine Gedanken gemacht, warum wir eigentlich Kinder wollen – aber wer tut das schon in einer normalen Ehe?»

«Ich stelle mir das einfach schön vor, Kinder zu bekommen», sagte eine junge Frau kurz vor der Heirat.

Kinderwünsche sind im allgemeinen höchst irrational. Über die Wahl eines Berufs, den man schließlich wechseln kann, machen viele sich mehr Gedanken als über die Gründung einer Familie. Ein Kind gehört eben dazu.

Die Anschaffung eines Haustiers, wird immer wieder betont, muß gewissenhaft erwogen werden; bei einem Kind ist man da weniger pingelig. Einen großen Hund in der Etagen-wohnung zu halten, wird als Tierquälerei verdammt; ein Kind hat offensichtlich Platz in der kleinsten Behausung. Der Spa-ziergang mit dem Hund ist obligatorisch, dem Kind kann man sagen, daß die Zeit nicht reicht. Gegen Hundegebell gibt es weniger Proteste als gegen Kinderlärm. Den Kindern wird das Betreten des Rasens verboten, Hunde tollen darauf herum.

Als kinderfeindlich ist unsere Gesellschaft wohl zu Recht verschrien. Trotzdem werden viele Wunschkinder geboren. Familienplanung setzt sich durch. Allerdings überläßt man das erste Kind oft noch dem Zufall. Und es scheint auch, als würde nur die Geburt geplant und nicht das Leben mit dem Kind danach. So endet manche Ehe, kaum daß aus dem Paar eine Familie geworden ist. Das rosarote Glück wurde nicht Wirk-lichkeit. Prosaisches überwucherte die Träume.

Mütter erkennen schnell, daß die Anforderungen schon mit der Geburt des ersten Kindes erheblich steigen. Sie fühlen sich überfordert, sind erschöpft, nicht fähig, noch irgend etwas anderes neben ihren Pflichten als Hausfrau und Mutter zu tun. Oder sie versacken einfach in ihrem Haushalt. Spannungen und Konflikte entstehen, sobald eine Frau ihre Situation mit der des Ehepartners vergleicht. Obwohl beruflich angespannt, macht er einen zufriedenen Eindruck. Sie empfindet sich nur als halber Mensch. Immer muß sie für die anderen da sein, kann nie etwas für sich selber tun. Und schließlich rebelliert sie gegen ihren Mann – wie zum Beispiel Frau B.

Mit neunzehn Jahren heiratete sie. Ihr Mann, der Industrie-kaufmann Ronald B., war ein Jahr älter. Eine Tochter wurde geboren. Die Mutter gab ihren Beruf als Angestellte in der Buchhaltung einer Bank auf. Bald kam eine zweite Tochter zur Welt. Frau B. wünschte sich ein drittes Kind. Nach zwei Fehl-geburten hatte sie das Gefühl zu ‹versagen›.

Die Eheleute waren einander schon fremd geworden, als sie sieben Jahre nach der Heirat einen Sohn bekamen. Herr B. hielt sich kaum noch zu Hause auf. Er machte ständig Überstunden, um genug Geld für die Familie heranzuschaffen. Schließlich beschloß er, einen Elektrohandel aufzubauen, er wurde davon völlig beansprucht. Nach zehn Ehejahren kam es zur Krise und man sprach von Scheidung. Frau B. war überzeugt, alles falsch gemacht zu haben.

FRAU B.: Ich wußte nach dem ersten Kind, daß ich keine Kinder mehr haben durfte und habe immer wieder Kinder in die Welt gesetzt. Und hinterher habe ich gewußt, daß es Wahnsinn war.

HERR B. *ironisch*: Woher hast du die denn alle gekriegt?

FRAU B.: Indem ich dich überrumpelt habe. Ich habe so lange auf dich eingeredet, bis auch du eingesehen hast, daß wir noch unbedingt ein Kind brauchen – und eben noch einen Sohn. Und ich muß ganz ehrlich sagen, dieser Sohn hat unsere Ehe doch sehr beeinflußt. Denn du hängst an allen deinen Kindern sehr, aber deinen Sohn liebst du abgöttisch – das ist doch so?

Herr B. brummelt skeptisch.

Ach, hör auf! Du hast dich furchtbar mit deinem Sohn! *Herr B. brummelt.* Hat dir doch nur noch gefehlt in deiner Sammlung. Ich wollte auch gern einen Sohn haben, für dich und auch für mich. Ich kann nichts dafür, ich hab solchen Tick. Es mußte ein Sohn sein, ein männliches Wesen. Ich wollte den eigentlich für mich haben, also, weil die Mädchen – man sagt, Mädchen gehen immer mehr auf den Vater über. Und ich hatte nun gedacht, der Sohn eben, der gehört zur Mutter. Er ist ja nun auch besonders zärtlich und hängt wahnsinnig an mir.

HERR B. *ironisch*: Genau wie der Vater.

FRAU B.: Genau wie der Vater. Nee, ach – ich weiß nicht. Vielleicht war es, ich wollte gern mein Selbstbewußtsein stärken. Ich wollte auch gern einen Sohn.

HERR B.: Das hast du mir aber nicht gesagt damals.

FRAU B.: Das hab ich nie zugegeben. Wie kann ich es auch zugeben, wenn es dann wieder ein Mädchen geworden wäre. Wie konnte ich das? – Und die Ärzte sagten, daß ich meine

Gesundheit mit einem dritten Kind ruinieren würde. Und ich hab es trotzdem geboren. Weil ich damals nur einen Gedanken hatte, das Kind muß leben. Das Kind muß leben in diesem Fall! Das war einfach, weil ich zu angeknackst war, weil mein ganzes Selbstbewußtsein zu sehr gelitten hatte. Und es war mir in dem Fall auch egal, wenn es dann ein Mädchen geworden wäre. Ich wollte nur den Menschen beweisen, daß das Kind lebt.

HERR B.: Wieso den Menschen denn?

FRAU B.: Also der Familie, den Ärzten, die immer sagten, das schafft sie nie.

Bei diesem Gespräch ist Frau B. erschöpft. Schon wochenlang litt sie an Schlafstörungen. Sie redet offen, weil die Beteiligten sich schon lange kennen, keine Geheimnisse voreinander haben. Alle wissen, wie euphorisch das Ehepaar bei der Hochzeit vor zehn Jahren war. Die beiden wollten alles anders machen als die Eltern, sie wollten es besser machen. Jetzt sind sie enttäuscht von sich, vom Partner. Sie müssen erkennen, daß ihre Erwartungen nur Illusionen waren. Frau B. erzählt, wie sie sich an das erste Kind klammerte und es sich so zum Tyrannen entwickelte. Deshalb hatte sie sich ein zweites Kind gewünscht.

FRAU B.: Und da war das nun in mir ausgebrochen, jetzt kannst du sowieso nicht mehr berufstätig sein oder irgendwas schaffen, also: füll dich aus. Und ich hab gedacht, die Kinder würden mich so ausfüllen, daß eben gar kein Platz für den Gedanken bleibt, ich könnte ja auch irgendwas anderes machen, berufstätig sein – vielleicht halbtags. Ich dachte, das ist mein Leben genauso, wie andere eben ihren Beruf haben. Und deshalb wollte ich viele Kinder, die mich ausfüllen. Und die füllen mich natürlich aus, nur sie füllen mich zu sehr aus. Ich schaffe es nicht. Aber ich hoffe, daß ich es schaffe, wenn man mich jetzt im Krankenhaus wieder auf die Beine bringt mit zwei Wochen Tiefschlaf. Ich bin ja sehr glücklich mit meinen Kindern, das darf man nicht vergessen. Sie machen mir sehr viel Spaß.

HERR B.: Der Mann wird ausgeklammert.

FRAU B.: Gar nicht wahr, ich bin auch manchmal glücklich mit dir. Oder ich brauche dich sehr. Ich seh nur nicht ein . . .

HERR B.: Ja, als Ernährer.

FRAU B.: Nein, das ist nicht wahr. Ich seh nur nicht ein, daß du nie – daß du immer das Geschäft vor mich stellst. Aber das soll ja wohl überall so sein. Ich seh's aber nicht ein. Deine Arbeit und dein Beruf waren schon immer wichtiger als ich.

HERR B.: Nein, das stimmt nicht. Genauso bedeutend wie . . .

FRAU B.: Und dann kommt hinzu, was mich so runtermacht . . .

HERR B.: Was denn?

FRAU B.: Ich hab einen Mann, der ein völliger Eigenbrötler ist. Du brauchst eigentlich gar keinen Menschen. Du brauchst ihn nur in der Umgebung – es muß nur irgendwas da sein bei dir!

HERR B.: Du meinst, es genügt ein Tonbandgerät, wo 'n paar Geräusche drauf sind mit Menschenstimmen und so was?

FRAU B.: Genau. Allein das Bewußtsein, daß du eine Familie hast, das genügt dir. Du lebst doch dein Leben, du tust doch das, was du willst.

HERR B.: Du lebst das Leben einer Beamtenfrau.

FRAU B.: Und du lebst das Leben eines Junggesellen.

Herr B. wendet ein, daß seine Frau durchaus Bewegungsfreiheit habe. Ja, meint sie, wenn sie sich einen Babysitter leisten könnten. In der Praxis sähe es doch so aus:

Ihr Mann kümmert sich nicht um die Organisation des Familienalltags. Wenn er abends oder nachts nach Hause kommt, sind die Kinder ‹ruhig und gut versorgt› im Bett. Obendrein bemüht sie sich noch, für ihren Mann da zu sein. Aber oft schläft er dann im Sessel ein.

Frau B. versucht nun, eine Bilanz der zehn Ehejahre zu ziehen und den Grund für ihre Unzufriedenheit herauszufinden.

Frau B.: In den ersten Jahren war es meine Aufgabe, Kinder zu
haben. Weißt du, das war für mich eben genauso wie bei
einem anderen, der einen Beruf lernen muß. Und ich hätte ja
sowieso gern irgendwas mit Kindern gemacht. Und ich hab
gedacht, daß es einen wirklich ausfüllt, ganz und gar. Aber
ich bin doch nicht der Mensch, ich verlang noch zuviel
anderes vom Leben. Und darauf muß ich im Moment verzichten, und das ist natürlich die ganze Unzufriedenheit
dann. Die kommt dann heraus . . . ach, ich weiß nicht. Bezeichnend für die ganze Ehegeschichte hier bei uns, das ist,
daß man tatsächlich nicht so früh heiraten sollte. Das ist es
ganz bestimmt. Das ist so wichtig. Weil es wirklich Wahnsinn ist, weil es auch für die Kinder Wahnsinn ist. Ich finde
unsere Ehe langsam so lächerlich, und es ist auch traurig, daß
es nun so passieren mußte und für die Kinder so traurig –
Herr B. gähnt lauthals – und ist ja auch 'ne Scheiße, daß ich
immer umkippe, und ich weiß ja auch nicht, woran es liegt.
Aber im Grunde genommen ist mein ganzes Leben ein solcher Irrsinn, ein solcher Widerspruch, dieses – es ist so
lächerlich! Da hat man drei Kinder in die Welt gesetzt, ja,
haben wollte man sie gern, und jetzt plötzlich merkt man,
daß man es nicht schafft. Da hat man gekämpft um dieses
Leben von diesem Jungen, jeden Tag gekämpft – immer
wollte er zu früh kommen. Da hab ich gekämpft und gekämpft und jeden Tag diese Angst vor einer dritten Fehlgeburt ausgestanden, und jetzt sag ich, da ist er da und da wird
alles viel zuviel. Natürlich wird mir alles viel zuviel. Das war
ein Wahnsinn, das war ein Raubbau an meinem Körper, weil
ich viel zu jung war, viel zu dumm. Heute bin ich fast
dreißig, heute seh ich das ja alles. Aber Schuld hast auch du.
Herr B.: Ich?
Frau B.: Ich geb dir zu 50 Prozent Schuld, und 50 Prozent
nehm ich auf mich. Und deshalb seh ich auch niemals ein,
daß du die Kinder bekommst, falls wir uns scheiden lassen.
Und teilen kann man die Kinder nicht. Also bleiben wir
zusammen, bis wir alt und grau sind oder wir suchen mit

vierzig 'nen anderen. Dann bin ich aber schon perdu, dann hab ich nicht mehr die Chancen wie heute.

Im 19. Jahrhundert fanden sich die Frauen zumeist mit ihrer Rolle der passiven und ergebenen Ehefrau und Mutter ab. Ihre Lebenserfüllung bestand im Gebären und Aufziehen von Kindern. Im 20. Jahrhundert begannen die Frauen gegen das Bild von der gutmütigen, einfältigen und dummen Mutter zu revoltieren. Sie fragen sich nun, warum sie die ganze Last des Familienlebens auf sich genommen haben; sie fragen sich, ob der Ehemann und Vater nicht überflüssig sei. Aber auch der Mann wird unsicher. Ist er wirklich nur noch der Ernährer? Ist er nur dazu da, das Geld heranzuschaffen, damit die Wohnung und Kleidung, das Essen und Auto bezahlt werden können? Am Sinn des Familienlebens beginnt man zu zweifeln. Kommt es dann noch zu einem Ehebruch des Mannes, wird die Situation äußerst kritisch, besonders in Familien mit Kindern.

Maureen Green schreibt in ihrem Buch ‹Die Vater-Rolle›, daß bei Ehepaaren, die keine Kinder haben oder deren Kinder schon erwachsen sind, diese Spannungen nicht im gleichen Maße auftreten.

«Sie können fortfahren, für ihren Beruf und ihre Interessen zu leben. Sie können Untreue und häusliche Schwierigkeiten besser kompensieren, sei es durch eigene Seitensprünge, sei es durch andere Dinge. Sie können trotz allem ein ausgeglichenes Verhältnis haben. Aber das Paar mit kleinen Kindern, das Paar, für das die Ehe doch ursprünglich ersonnen wurde, findet die Situation immer unerträglicher.»[40]

So war es auch bei dem Ehepaar B. Frau B. wurde dann wegen völliger Erschöpfung ins Krankenhaus eingeliefert, die Kinder konnten in Heimen untergebracht werden. Während dieser Zeit lebte Herr B. mit einer Freundin zusammen. Als seine Frau davon erfuhr, brach sie den Krankenhausaufenthalt überhastet ab.

FRAU B.: Ich hab aber eins gelernt im Krankenhaus: die bringen einem das so bei, wie es weitergehen kann. Die führen einen so, daß man völlig normal denkt, daß man überhaupt mal wieder anfängt zu denken und sich für etwas interessiert. Aber das, was sie mir vorgeschlagen haben, das kann ich noch nicht durchsetzen. Das ist nämlich, daß mein Mann für die Kinder ein Mädchen bezahlt und ich einen Beruf erlerne und täglich arbeite, damit ich mich von seiner Person entferne und aus diesem Wartezustand herauskomme, weil mich das eben wahrscheinlich belastet. Aber das geht alles insofern nicht, weil mit den Kindern viele Schwierigkeiten da sind, die 'ne Fremde gar nicht bewältigt, genausowenig wie ich sie bewältige. Aber die Ärzte wollen eben, daß ich andere Menschen, viele Menschen kennenlerne, damit ich meinen Mann nicht so wichtig nehme. Wenn man Menschen kennenlernen will, ist man gezwungen, etwas zu unternehmen. Und das ist eigentlich sehr gut . . . Und was eben noch hinzukommt durch meinen Aufenthalt im Krankenhaus: Ich war noch nie eifersüchtig. Und das hab ich jetzt mal gelernt. Und das ist 'n ganz neues Gefühl für mich, denn ich hab mir das nie vorstellen können. Und außerdem hat es das gebracht, daß ich mich dabei von meinen Kindern entfernt habe. Das finde ich nun nach einigen Monaten sehr wichtig. Am Anfang war es sogar so, daß ich sie gar nicht mehr mochte nach dem Krankenhaus, da hatte ich eben eine so furchtbare Leere in mir. Ich konnte mit dem Ganzen nichts mehr anfangen, und da wollte ich meinen Mann und die Kinder am liebsten – verschenken meinetwegen, es war ganz irre! Das hat sich natürlich gegeben, aber es ist nicht mehr das wirklich enge Verhältnis mit den Kindern.

Herr und Frau B. zogen nach weiteren zwei Jahren Ehestreit die Konsequenz und trennten sich. Wegen der Kinder verzichteten sie auf eine Scheidung.

FRAU B.: Inzwischen hat man ja auch gesehen, was in anderen Ehen los ist. Und wie langweilig diese Ehen sind! Und die Frauen leben einfach in diesem Trott und erkennen es nicht. Ich bin nun eben so, daß ich unzufrieden werde. Andere haben noch ein viel einfacheres Leben ohne jede Höhepunkte und sie merken es nicht einmal. Sie sind immer zufrieden und dankbar. Und wenn dann alles vorbei ist, dann denken sie: Mensch, wie leer war das alles, was hast du überhaupt von deinem Leben gehabt? Immer nur die anderen waren wichtig. Und daß ich mich dagegen auflehne, das ist eben eine Art Lebenshunger.

Schuldgefühle gegenüber seiner Frau und den Kindern brachten Herrn B. dazu, das allmählich florierende Geschäft auf den Namen seiner Frau zu überschreiben. Er, der mit einer Krankenschwester zusammen lebte, wollte demonstrieren, daß er nur für Frau und Kinder so hart gearbeitet hatte. Die Kinder sollten den Betrieb erben. Sie sollten es besser als er und seine Frau haben. Aber der nächste Konflikt war schon angelegt. Bei einer Scheidung wäre er der Angestellte seiner Frau. Und sie drohte ihm mit der Scheidung. Nach zwei Jahren Trennung wollte er nach Hause zurückkehren. Aber dort wurde er nicht mehr gebraucht. Seine Frau war selbständig geworden, hatte sich Freunde gesucht und genoß ihre Freiheit. Mit den Kindern konnte sie jetzt viel besser umgehen. Aber sie litten dann unter dem erneut aufbrechenden Ehestreit der Eltern. Es kam bei den Kindern zu Kontaktschwierigkeiten, zu Lernunlust und Konzentrationsschwäche in der Schule. Sie verstanden die Mutter nicht, die den Vater nicht wieder im Haus haben wollte. Er war plötzlich ein Fremder, ein Außenstehender, aber es war doch ‹ihr› Vater. Sie verteidigten ihn, fühlten sich hin und her gerissen, wurden bockig der Mutter gegenüber, die auf ihrem Entschluß beharrte. «Dann geht zu eurem Vater», schrie sie die Kinder an.

Nach einer Bedenkzeit von fünf Wochen war Frau B. dann doch bereit, wieder mit ihrem Mann zusammen zu leben. «Es ist nur wegen der Kinder», sagte sie. «Wenn ich noch einmal von vorn anfangen könnte, würde ich keine Kinder haben wollen.»

Eine Krönung der Ehe sollen Kinder sein, doch oft belasten sie die Zweierbeziehung – besonders wenn sie sich noch nicht gefestigt hat. Die Frau fühlt sich überfordert, der Mann beiseite gedrängt. Das Kind könnte ihrem Leben einen neuen Sinn geben, aber dieses Glück stellt sich nicht gleich von selber ein. Wenn die Mutter Beruf und Kollegen vermißt, kann das Kind ihr dies nicht ersetzen. Ein Kind kann schwindende Gefühle der Partner auch nicht wiederbeleben. Erfahrungen beweisen, daß bröckelnde Ehen durch Kinder nicht zu kitten sind, sondern oft endgültig zerbrechen. Mütter oder Väter bleiben dann mit den Kindern allein, als ‹unvollständige Familien›. Sie sind rechtlich schlechter gestellt und werden moralisch diffamiert. Eine traurige Bilanz, so will es scheinen. Trotzdem wünschen sich die meisten Menschen Kinder; sie wünschen sie sich, ohne auf diese Lebens- und Erziehungsaufgabe vorbereitet zu sein. Viele sachliche Gründe für Kinder entfielen im Laufe der Zeit.

Kinderarbeit, die einmal zum Unterhalt der Familie beitragen mußte, wurde verboten. Im elterlichen Betrieb arbeiten Töchter und Söhne nur noch selten. Ein nennenswertes Familienerbe treten Arbeitnehmer im allgemeinen nicht mehr an. Jede Generation muß sich ihre Existenz wieder neu schaffen.

Kinder sind für die Eltern auch keine Altersversorgung, wie in vielen Ländern der Dritten Welt, in denen es noch keine Sozialversicherung gibt. Nur zahlreiche Nachkommen, von denen dann genügend überleben, retten dort die Eltern vor dem Hungertod. Wir müssen die Renten alle gemeinsam aufbringen, der Vertrag zwischen den Generationen regelt das. Wer arbeitet, zahlt, damit der Ruhestand gesichert ist.

Bei ihren Kindern verbringen immer weniger Menschen den Lebensabend. In den engen Wohnungen der Kleinstfamilien ist dafür kein Platz. Aber auch das Eigenheim möchten nur wenige mit den Eltern teilen, und die Eltern ziehen ihre Selbständigkeit vor. Längst hat man sich einander entfremdet, denn die

Industriegesellschaft verlangt Mobilität und früh verlassen die Kinder das Haus.

In den Armen eines Kindes sterben Mütter und Väter kaum noch. Der Tod wurde ins Krankenhaus verbannt. Die Verwandten hören oft erst vom ‹Ableben›, wenn alles vorbei ist. Nur noch selten versammelt sich die Familie am Totenbett. Sie wurde ihrer meisten Funktionen beraubt.

Kinder sind zu einem Luxus geworden. Kinderreichtum können sich nur wenige leisten, sonst droht der soziale Abstieg. Jeder kann heute seine Familie planen, auch wenn zum Beispiel die Frau die Pille nicht verträgt. Man kann sich über empfängnisverhütende Mittel informieren und muß nicht heimlich Bücher aus dem Giftschrank studieren. Auch ein Abbruch der Schwangerschaft ist erreichbar. Und noch nie kannten so viele Menschen Sexualpraktiken, die eine Schwangerschaft von vornherein ausschließen. Frauen haben endlich die Freiheit, Kinder zu gebären, wann und nur wenn sie es wollen. Theoretisch zumindest.

Ungewollte Schwangerschaften sind aber noch längst keine Ausnahme. Eine ‹Panne› ist so manches Kind; es war nicht geplant. Überhastet wird eine Ehe geschlossen.

Zu spät machen viele Eltern sich Gedanken darüber, wie sie überhaupt zu Kindern stehen. Überrascht müssen sie dann feststellen, daß das Kind ihr Leben grundlegend verändert hat und mehr von ihnen fordert als sie gedacht hatten. Sie nahmen sich vor, es gemeinsam zu betreuen, aber nur den wenigsten Eltern gelingt dies. Verzicht steht für die junge Familie an erster Stelle, das Glück läßt auf sich warten. Muttergefühle wollen sich nicht gleich einstellen; der Vater ist durch den Dritten im Bunde irritiert; die Spontaneität zwischen den Partnern schwindet. Trotzdem bekommen viele Paare noch ein zweites Kind. Ein Einzelkind, so glauben sie, kann nicht gedeihen. Egoistisch wird es, lernt nicht zu teilen, seine Kräfte kann es nicht an anderen messen. Zuviel Liebe und Sorge tun ihm nicht gut.

Der Psychologe Professor Peter R. Hofstätter ist anderer

Ansicht. In einem Zeitungsinterview nannte er Argumente, die für ein zweites Kind sprechen, oberflächlich: «Wenn die Eltern gut zusammen leben, haben es Einzelkinder in mancher Hinsicht sogar besser als Geschwister. Es gibt, wenn ich mir's recht überlege, so gut wie keinen Beleg für die oft formulierte These, daß man seinem Kind rechtzeitig – etwa im Abstand von zwei Jahren – ein Geschwisterchen ‹schenken› sollte.»

Manchmal sollen durch ein zweites Kind nur die Schwierigkeiten zwischen den Partnern verdeckt werden. Sie hoffen, endlich das Glück zu finden, das sich nach dem ersten Kind nicht einstellte. Die Frau, vielleicht enttäuscht von ihrer Ehe und zu Hause isoliert, steht als Schwangere wieder im Mittelpunkt. Das zweite Kind soll ihr die ‹Erfüllung› bringen.

Zwei Kinder gelten in der Mittelschicht der Bundesrepublik als ideal. Das haben Hans W. Jürgens und Katharina Pohl in ihrer Studie ‹Kinderzahl – Wunsch und Wirklichkeit› festgestellt. Nur der gehobene Mittelstand und die Oberschicht träumen von einer größeren Kinderzahl, das heißt, «je besser die Soziallage, desto mehr Kinder werden für ideal gehalten»[41].

Ängste, Zwänge und gewisse Lebensmuster stehen hinter dem weitverbreiteten Wunsch nach einem zweiten Kind. Das ‹Brüderchen› soll ein ‹Schwesterchen› bekommen oder das ‹Schwesterchen› ein ‹Brüderchen›. Ein Pärchen ist ja auch ‹niedlich› und eine Bestätigung der eigenen Zweierbeziehung. Und so entschließt man sich zu einem zweiten Kind.

Wie wenig durchdacht das oft ist, zeigte sich auch bei Monika L. und ihrem Mann Klaus. Sie planten eine Vierergemeinschaft, warum, konnten sie allerdings nicht sagen. Nichts sprach für ein weiteres Kind. Monika hatte ihren Beruf und nie die Absicht gehabt, ihn aufzugeben; Klaus fühlte sich schon durch das erste Kind an die Seite gedrängt. Aber auch er redete wie Monika von einem ‹Entschluß›.

Vielleicht lag es an den ständigen Fragen der Eltern und Freunde, daß sie sich zu einem zweiten Kind entschlossen. Auf jeden Fall glaubte Monika, ihrem Mann einen Wunsch zu erfüllen. Sie brauchte nicht unbedingt noch ein Kind. Schließlich hatte sie ihren Beruf als Cutterin beim Fernsehen, fühlte sich ausgelastet. Um die fast dreijährige Tochter Claudia kümmerte sich die Schwiegermutter, die ganz nah bei ihnen wohnte und hin und wieder auch ein wenig im Haushalt half. Monika nahm sich Zeit für die Tochter, sie beschäftigte sich abends in aller Ruhe mit dem Kind. Selbst wenn sie abgespannt war, genoß sie diese zwei Stunden, alles andere mußte eben zurückstehen.

Das Kind schien unter ihrer Berufstätigkeit jedenfalls nicht zu leiden. Auch morgens widmete sie sich ihm. Es wurde zur Gewohnheit, daß sie der Tochter noch eine Geschichte vorlas, sie zu Spielen anregte, bevor die Schwiegermutter eintraf und sie das Haus verlassen mußte. Für das gemeinsame Frühstück mit dem Ehemann, auf das sie früher so viel Wert gelegt hatte, blieb keine Zeit mehr.

Klaus strich sich selbst ein Brot, trank seinen Kaffee allein. Seiner Meinung nach machte seine Frau entschieden zuviel Theater um das Kind. Es mußte sich allmählich zum Tyrannen entwickeln. Er hoffte, das zweite Kind, das sie nun erwarteten, würde alles normalisieren und wäre sogar ein Segen für die Ehe. Es müßte seine Frau wohl auch endlich dazu bringen, den Beruf aufzugeben. Abgesprochen war es nicht, und er scheute sich davor, das heikle Thema wieder anzuschneiden. Nach zermürbenden Diskussionen hatte er kapituliert, aber es bohrte in ihm weiter. Er fühlte sich vernachlässigt, geradezu verplant. Eines Tages, fürchtete er, würde Monika ihn noch wegorganisieren, damit das Leben reibunglos ablaufen konnte. Alles mußte klappen, das war ihr wichtig und nicht, was er empfand. Dabei hätte sie es wirklich nicht nötig gehabt zu arbeiten. Und mit seinem Gehalt als Betriebswirt könnten sie sogar zu viert auskommen, wenn sie sich nur ein wenig einschränkten.

Auf große Urlaubsreisen müßten sie allerdings verzichten. Aber mit zwei kleinen Kindern wäre das Reisen ohnehin kein Vergnügen. Und das Auto konnte man auch ein paar Jahre länger fahren. Manchmal fragte er sich, warum er überhaupt geheiratet hatte. Er sehnte sich nach einem ruhigen Familienleben, ohne seine Mutter, auf die sie ständig Rücksicht nehmen mußten.

Klaus vermied jeden Streit, nahm sich immer häufiger abends etwas vor. Er fing wieder an, Tennis zu spielen und traf im Klub alte Freunde. Sie saßen nach dem Spiel noch zusammen, diskutierten über Politik oder blödelten nur. Weit weg waren die häuslichen Querelen. Er fühlte sich wie befreit. Das konnte seiner Ehe nur nützen, auf die Dauer gesehen jedenfalls.

Aber Monika geriet in Panik. Sie hatte das Gefühl, sich an ihn klammern zu müssen, um ihn nicht zu verlieren. Sie sah die Abhängigkeit, in die sie sich mit dem zweiten Kind begab. Doch es war zu spät; inzwischen hatte sie auch ihre Stellung gekündigt, saß zu Hause und wurde ihrem Mann gegenüber immer mißtrauischer.

Drei Wochen nach der Geburt der zweiten Tochter kam es zu einer Aussprache zwischen dem Ehepaar. Monika fühlte sich allein gelassen mit den Kindern, an eine Rückkehr in den Beruf war gar nicht zu denken. Klaus drehte den Spieß um und warf ihr vor, sie hätte das vorher wissen müssen – er habe das zweite Kind schließlich nicht gewollt! Fast kein Tag verging von nun an ohne Streitereien. Immer häufiger kam Klaus auch nachts nicht nach Hause. Er erklärte, er wolle sich vorübergehend von seiner Familie trennen, im Interesse aller, um Abstand zu gewinnen. Seine Frau verlangte eine Entscheidung – um wieder zur Ruhe zu kommen, wie sie sagte. Zum erstenmal sprach sie von einer endgültigen Trennung; er pochte auf seine Rechte als Vater. Sie forderten sich gegenseitig heraus und spürten die Entfremdung.

Klaus zog zu einem Freund, für ein paar Tage, wie er betonte, um sich Klarheit zu verschaffen. Von einem neuen Anfang murmelte er etwas, aber er glaubte längst nicht mehr daran. Er sah nur eine einzige Lösung.

Zwei Jahre nach der Scheidung einigten Klaus und Monika sich darauf, daß die Kinder übers Wochenende beim Vater bleiben sollten. Monika arbeitete jetzt halbtags als Cutterin. Sie war froh, mal aus dem Haus herauszukommen, obwohl sie es störte, als Aushilfskraft ständig hin- und hergeschoben zu werden und sie an größere Aufgaben nicht mehr herankam. Die Schwiegermutter half ihr wieder und beaufsichtigte die Kinder.

«Es sind alles nur Notlösungen», gestand Monika Klaus ein, als sie die Kinder an einem Sonntagabend bei ihm abholte und sie noch einen Tee zusammen tranken. «Für die Kinder ist es nicht gut.» – «Nein», sagte er, «wir hätten wohl besser auf Kinder verzichtet. Dann wären wir vielleicht noch zusammen. Ich konnte es damals einfach nicht mehr ertragen, daß alles an mir hing. Ich bin regelrecht durchgedreht. Wir haben uns zum Kinderkriegen treiben lassen – weil alle Kinder bekamen. Wie Schafe, die hinter einem Leithammel herrennen.» – «Und nun müssen die Kinder das ausbaden», sagte Monika. «Soll das ein Vorwurf gegen mich sein?» fragte Klaus aggressiv. «Nein – ein Vorwurf, den wir uns beide zu machen haben. Statt unseren Verstand zu benutzen, haben wir irgendwelchen Gefühlen nachgegeben.»

Ohne Kinder hätten die beiden vielleicht eine dauerhafte Beziehung aufbauen können. Als Elternpaar fehlte ihnen Zeit und Kraft, gemeinsame Interessen zu pflegen und sich um die Schwierigkeiten des anderen zu kümmern. Auf ihren Beruf wollte Monika nicht verzichten; aber ständig hatte sie ein schlechtes Gewissen der Tochter gegenüber und übertrieb ihre Sorge um sie. Dem Mann blieb nur noch eine Nebenrolle, er störte häufig sogar, war weit weniger wichtig als die Schwiegermutter, die dringend gebraucht wurde. Bestätigung mußte er sich außerhalb seiner Familie suchen und fragte sich schließlich, was ihn überhaupt noch an sie band, als das zweite Kind erwartet wurde.

Nicht nur Männer ergreifen in solchen Situationen die Flucht. Herausgerissen aus dem Traum von ewiger Liebe und einem erfüllten Leben durch Kinder, verlassen auch Frauen den häuslichen Herd. Die glückliche Mutter, den stolzen Vater, das Bild einer glücklichen Familie – sie erkennen es nicht mehr. Der Alltag hat es weggewischt, schreibt Karin Reschke:

«Windeln waschen, Flasche sterilisieren, Zusatznahrung bereiten, Aletekost für das Kind, Windeln aufhängen, spazierengehen im Frühling, es ist ein Frühlingskind, ein kleines blindes Frühlingskind an meiner Brust, in meinem Arm, unter meinen Fittichen und den Augen der Mütterberatung. Die Mütterberatung hat den Säugling gewogen, gemessen, datiert, registriert, für gut befunden. Mein Säugling! . . .

Ich habe mich dem Kind angepaßt, ohne es zu merken. Ich bin selbst ganz hilflos und blind geworden, liebebedürftig, wärmebedürftig, hungrig, durstig. Niemand kommt und weckt mich auf, niemand nimmt mir das Baby aus dem Arm, fährt es mal herum, gönnt mir von Zeit zu Zeit Erholung. Das Baby und ich sind eine hilflose Einheit.

(Mein Mann) Rames kommt abends nach Hause und ist todmüde. Eine Familie will ernährt sein, sagt er.»[42]

Die Kinder wachsen auf. Sie spielen. Sie werden größer. Sie sind immer wieder krank. Sie brauchen Schutz und Unterstützung durch Erwachsene. Sie haben Forderungen – an die Mutter, denn der Vater ist ja nicht da. Er muß die Familie ernähren und sich zu Hause von den beruflichen Anstrengungen erholen. Er darf von den Kindern nicht belastet werden. Die Kinder werden selbständiger, entfernen sich von der Mutter. Sie beginnt zu zweifeln, ob es richtig war, sie in die Welt gesetzt zu haben. «Jede zweite Mutter bekennt: Nie wieder Kinder!» überschrieb im April 1977 eine Illustrierte ihren Bericht über «das schockierende Ergebnis einer repräsentativen Umfrage»[43]. Mögen diese statistisch ausgewerteten ‹Seelenbefragungen› auch oft spekulative Ergebnisse bringen, so läßt sich dennoch eine Grundtendenz ablesen. Frauen und Männer fragen sich, was das eigentlich noch ist – diese Ehe. Auseinandersetzungen, Fremdheit, der Streit um die Erziehung der Kinder. Er hat seinen Beruf, sie die Familie. Und beide hatten doch am Anfang kein anderes Interesse, als ihr gemeinsames Leben. Und da spricht sie eines Tages über ihren Mann, als wäre er ein Fremder:

«Alles, was er tut, tut er für sich.

Es ist seine Arbeit.

Seine Befriedigung.

Seine Familie.

Sein Geld.

Ich bin mittellos.»[44]

Der Mann könnte die Klagen seiner Frau variieren:

«Alles, was sie tut, tut sie für sich.

Es sind ihre Kinder.

Sie kann sich den Tag einteilen.

Ich zähle nicht mehr.

Ich liefere nur noch das Geld ab.

Damit hat sich das.»

Kinder – und was dann? Sehr oft spüren Paare eine seelische Fremdheit, sobald sie Eltern geworden sind. Sie werden mit Erziehungsaufgaben, Alltagsorganisation, Wohn- und Finanzfragen nicht fertig. Eine Umwelt, die sie zum Kinderkriegen drängte, läßt sie plötzlich mit der Aufgabe des Elternseins allein. Negative Haltungen gegenüber dem Kind machen sich bei Mann und Frau bemerkbar. Sie sind ihnen nicht immer bewußt. Schuldgefühle werden verdrängt und zeigen sich darin, daß das Kind ständig kontrolliert und behütet wird. Die Eltern befürchten, ihm drohten Gefahren, es könne zuwenig essen, zuwenig schlafen, benachteiligt sein, es werde von Lehrern mißhandelt oder nicht genug gefördert. Die Zwangsphantasien, daß das Kind in jedem Moment ein Unglück erleiden könnte, spiegelt die verdrängte gefühlsmäßige Ablehnung wider, die sich insgeheim gegen das Kind richtet. Psychoanalytiker wie Horst Eberhard Richter haben darauf hingewiesen.[45]

Die Erfahrungen zeigen, daß eine direkte, deutliche Ablehnung des Kindes bei Eltern selten zu finden ist. Sie schwanken viel eher zwischen Ablehnung und Zuneigung. Sie sind dem Kind gegenüber ‹ambivalent›. Als hilfloser Säugling kann das Kind somit begrüßt, als motorisch aggressives Wesen aber zwei Jahre später abgelehnt werden. Die Eltern erfahren durch das Kind positive und negative Eigenschaften ihres Selbst. «Aktualisiert das Kind in seiner Entwicklung Merkmale der positiven

Identität der Eltern», schreibt Horst Eberhard Richter, «und stellt sich bejahend dazu ein, erleben die Eltern das Kind als besonders liebenswert. Stellt das Kind aber Merkmale der unbewußten negativen Identität der Eltern heraus, werden die Eltern beunruhigt und können dazu neigen, die Ablehnung auf das Kind zu richten, die eigentlich dem negativen Aspekt des eigenen Selbst dient.»[46]

Individualpsychologisch erklärt Richter die Abneigung der Eltern gegen Kinder. Sie erkennen durch Kinder ihre eigenen Ängste, Verdrängungen, Aggressionen. Weiterführend muß man also sagen, daß Eltern heute durch Kinder die Negativität ihrer Umwelt erleben. So geraten sie unverschuldet in Bedrängnisse, in Sorgen und Abhängigkeiten.

Verständlich ist es da, daß rund 5 bis 8 Prozent aller Ehen in der Bundesrepublik bewußt kinderlos bleiben. Erklärlich ist es somit auch, daß etwa eine Million Paare unverheiratet zusammen leben, sich keine Kinder wünschen bzw. sich gegenüber dem Wunsch nach Kindern abwartend verhalten. (Diese statistischen Daten stammen von Professor Hans W. Jürgens, Leiter des Bundesinstituts für Bevölkerungsforschung, Wiesbaden. Sie wurden mündlich gegeben. 1978 sollen sie in einer Studie publiziert werden.)

«Immer mehr Paare leben unverheiratet zusammen», hieß es im November 1977 im *Zeit-Magazin.* «Auch ohne gesetzlichen Vertrag teilen die meisten wie in einer Ehe Rechte und Pflichten.»[47]

Es wurde in der Zeitschrift nicht erwähnt, daß diese neue Lebensform mit dem Wunsch nach Kinderlosigkeit zusammenhängt. Immerhin war aber zu lesen, daß vorwiegend Frauen eine Beziehung ohne Trauschein anstreben: «Sie möchten die Freiheit behalten, ihren Beruf, ihr Studium nicht an den Nagel hängen zu müssen. Und es sind überwiegend Frauen mit höherer Schulbildung, zu Hause in einer Großstadt. Sie möchten nicht erleben, daß nach einer Hochzeit die Haustür hinter ihnen ins Schloß fällt und die Welt draußen bleibt. Daß sich das Umfeld, in dem sonst Begegnungen mit anderen Menschen stattfanden, auf die paar Schritte zum Kaufmann, zum Kindergarten reduziert.»[48]

Offensichtlich wollte man den naheliegenden Grund für eine Partnerschaft ohne Trauschein nicht nennen: nämlich den, daß der Weg zum Standesamt für diejenigen unwichtig ist, die keine Kinder wollen, und daß Frauen den Verlust ihrer Eigenständigkeit vor allem durch Kinder befürchten. Und das zu Recht, wie alle Erfahrungen zeigen.

Kinderlos bleiben wollen auch immer mehr junge Frauen, die allein leben, obwohl sie Partner haben. Sie möchten ihre Unabhängigkeit bewahren und sich nicht dem Druck der Umwelt beugen, die von zusammenlebenden Paaren erwartet wird, daß sie heiraten und Kinder bekommen; sie widersetzen sich dem Sog, die Mutterrolle übernehmen zu müssen. Wenn sie nicht allein leben mögen, ziehen sie Wohngemeinschaften vor.

Solche Versuche, neue Lebensformen auszuprobieren, beschränken sich meist auf die Großstädte und eine Minderheit mit höherer Schulbildung und einem qualifizierten Beruf. Die überwiegende Mehrheit der Mädchen und Frauen möchte heiraten und Mutter werden. Ihre Freunde und Partner teilen diese Anschauung. In einer unüberschaubaren Welt suchen sie für sich einen konfliktfreien Platz: die Familie mit Frau und Kind.

6. Wie stellen sich Jugendliche ihr späteres Leben vor?

Fast alle Jugendlichen wollen heiraten und Kinder haben. Sie wissen sehr genau, wie ihr Leben verlaufen soll und in welcher Reihenfolge sie ihre Pläne verwirklichen wollen. Zuerst wünschen sie sich ein Auto, dann eine eigene Wohnung, danach einen Ehepartner und schließlich ein Kind. Aber was es bedeutet, eine Familie zu gründen, machen sich die wenigsten klar. Die Realität, die sie täglich im Elternhaus erleben, beziehen sie in ihre Vorstellungen nicht ein.

Jugendliche, die sich um einen Partner ‹fürs Leben› bemühen, erliegen Illusionen. Freuden wie Pflichten möchten sie teilen; die Wohnung putzen und das Baby wickeln, das sich beide wünschen. Kaum einer mag sich später daran erinnern, wenn die Träume an der Wirklichkeit zerplatzt sind. Und mancher Mann ist gewiß froh, daß er sein Versprechen nicht einzulösen braucht. Verliebt wie er war, sah vor der Ehe alles anders aus. Neun- bis vierzehnjährige Schüler und Schülerinnen betrachten ihr zukünftiges Leben allerdings noch realistisch. Sie äußerten sich in Briefen an den Norddeutschen Rundfunk zu dem Thema ‹Ich möchte lieber ein Mädchen (Junge) sein›.

Die Jungen wissen ziemlich genau, was die Mädchen erwartet, sie haben da ihre Erfahrungen. Ein neunjähriger Kölner schildert sie so:

«Daß ich lieber ein Junge bin ist für mich ganz klar. Ich sehe auch Tag für Tag, wie es meiner Schwester geht. Sie wird von meinen älteren Brüdern immerzu geärgert, dabei muß sie alle Arbeit in der Küche und im Haus tun. Sie muß dazu noch einkaufen gehen. Meine Brüder geben ihr höchstens noch Aufträge. Ein Junge hat ein viel freieres Leben als ein Mädchen. Ich glaube nicht, daß sich das mal ändern wird.»

Ein Zwölfjähriger aus Hamburg schreibt:

«Wenn ein Mädchen eine Frau geworden ist und sie hat einen Beruf und Kinder, dann hat sie drei Berufe. Einmal den Beruf, zum Beispiel Lehrerin, dann noch Hausfrau und Mutter. Der Mann hat dagegen nur einen Beruf, und er kann sich gleich nach der Arbeit im Sessel fallen lassen und zum Beispiel Fernsehen sehen. Die Frau muß dann noch den Haushalt machen und Abendbrot und muß die Kinder ins Bett bringen, wenn sie noch jung sind.»

Die Jungen kennen ihre Privilegien, und sie wissen auch, daß sie später den Frauen gegenüber Vorteile haben. Und das ist ihnen selbstverständlich:

«Ich brauche auch nicht, wenn ich verheiratet bin, auf eventuelle Kinder aufzupassen. Ich müßte dann auch nicht abwaschen und wenn, dann auch nur ungern. Meine Frau müßte mich verwöhnen.»

Jungen wollen Jungen bleiben. Gründe dafür gibt es genug: Jungen dürfen sich dreckig machen, haben mehr Abwechslung und ein freieres Leben. Bei der Hausarbeit können sie zuschauen, müssen nicht neben den Schularbeiten noch helfen wie die Mädchen. Sie können unter vielen Berufen wählen und haben Aufstiegschancen und eines Tages natürlich eine höhere Rente. Die Mädchen und Frauen sind zwar zu bedauern, aber die Aufgaben sind nun einmal verteilt – ändern möchte das niemand von den zahlreichen Einsendern der Aufsätze. Sie ziehen es vor zu bleiben, was sie sind – die bevorzugten Knaben:

«Zu Weihnachten habe ich eine Renn- und Teile für eine Eisenbahn bekommen, weil ich es mir gewünscht habe. Meine Mutter hätte mir bestimmt keine Rennbahn geschenkt, wenn ich ein Mädchen wär, dabei spielt meine ein Jahr jüngere Schwester auch gern mit der Rennbahn. Ich habe auch einen Chemiekasten und darf experimentieren, wann ich will. Als meine Schwester auch mal experimentieren wollte, sagte meine Mutter: ‹Sag mal, bringt dir das Spaß? Du bist viel zu gut dafür angezogen.› Als sie sich andere Sachen anzog, war das Experiment zu gefährlich und das sei nur was für Jungen. Ich habe es dann mit ihr zusammen gemacht und sie konnte es genausogut wie ich.»

Der Dreizehnjährige stellt aber doch abschließend fest:

«Im großen und ganzen sind die Mädchen nicht im Nachteil. Denn wenn sie sich eine Puppe wünschen, bekommen sie meistens auch eine.»

Puppen geistern durch fast alle Texte der Mädchen. Mit Babypuppen mögen sie so gern spielen. Schmuck wollen sie tragen und schöne Kleider. Bettenmachen, Kochen, Backen, Häkeln, Stricken, Nähen, Sticken machen ihnen Spaß. Jungen müssen arbeiten, Mädchen haben später ihren Haushalt. Und schließlich gibt es Berufe, die nur Mädchen ausüben können: Säuglingsschwester zum Beispiel.

Die Jungen beobachten, daß fast alles an den Frauen hängenbleibt; die Mädchen sehen es auch, aber finden es offensichtlich erstrebenswert, wie die neunjährige Andrea:

«Wie man aus meinem Namen unschwer erkennt, bin ich ein Mädchen, und ich bin es gern. Ein Junge möchte ich auf gar keinen Fall sein. Gern helfe ich meiner Mutter beim Spülen. Auch bei der anderen Hausarbeit helfe ich gern. Ich bin immer dabei, wenn Mutter oder Oma kochen und backen. Wenn ich dabei gut aufpasse, dann kann ich das auch lernen. Jetzt spiele ich gern noch mit Puppen. Später möchte ich gern ein Baby haben und gut für es sorgen. Ich habe dann mehr Freude, als ein Mann je haben kann.»

Zur idealen Gattin hat man sie schon gedrillt. Zweifel werden da kaum noch entstehen. Aber selbst dort, wo sie auftauchen, wird erst einmal betont, daß es schön ist, kochen und backen zu dürfen. Erst dann kommt die Beschwerde, daß immer die Mädchen helfen müssen. Aber das ist zu ertragen, denn: «Jungen müssen später arbeiten. Mädchen führen meistens den Haushalt.»

Oder wie ein anderes Mädchen es ausdrückt:

«Ich möchte später auch lieber den Haushalt versorgen und

Kinder erziehen, als jeden Tag die gleiche Arbeit verrichten und das Geld verdienen.»

Einige lehnen sich auf gegen die Klischees. Sie wollen sich dreckig machen dürfen, auf Bäume klettern, Fußball spielen und nicht immer nur beim Abwasch helfen. Die neunjährige Cornelie beklagt sich:

«Wenn Jungen auf der Straße Fußball spielen, schicken sie mich weg: ‹Mädchen können doch nicht Fußball spielen!› Ist im Fernsehen eine Sportübertragung, muß ich mich ganz still verhalten. Mache ich eine Bemerkung, ruft sofort mein Bruder: ‹Sei still, davon verstehst du nichts! Du bist doch nur ein Mädchen!› In der Tanzschule sagt auch unsere Tanzlehrerin: ‹Die Jungen dürfen führen, aber die Mädchen müssen sich führen lassen!› Zieht mein Bruder sonntags seine Jeans an, findet niemand etwas dabei. Will ich das gleiche tun, so heißt es sofort: ‹Du bist doch ein Mädchen, du mußt doch wenigstens am Sonntag schick sein!› Dann wünsche ich mir immer, ein Junge zu sein.»

Ungerecht fühlen sich einige Mädchen behandelt, aber betonen dann doch, daß sie gern Mädchen sind. Denn heiraten möchten alle – auch wenn sie Jungen eigentlich scheußlich finden. Dreckig sind sie, faul, ärgern die Mädchen, spucken auf die Straße, sind nicht schön und später kriegen sie auch noch eine Glatze.

Mädchen warten immer noch auf den Märchenprinzen, der irgendwo aus der Versenkung auftauchen wird und für den sie dann ganz da sein wollen:

«Wenn der Mann zu den Mahlzeiten nach Hause kommt, kann er sich an den gedeckten Tisch setzen. Dann verwöhnt ihn seine Frau ganz und gar. Es ist wirklich schön, ein Mädchen zu sein. Ich bin froh, daß ich als Mädchen auf die Welt gekommen bin.»

Das Leben liegt noch vor diesen Schülern, aber sie haben sich bereits ihre Meinungen durch das Elternhaus, durch Verwandte, das Fernsehen und die Schule gebildet. Mit den eingeübten Verhaltensweisen müssen sie sich auseinandersetzen. Oft sind sie im Teenageralter überfordert, glauben, daß die Annahme der erlernten Rollen von Mann und Frau Glück bedeute.

Über Sexualaufklärung wird offen diskutiert. Vorehelicher Geschlechtsverkehr ist kein Tabu mehr. Um so erstaunlicher bleibt, daß junge Paare es immer wieder ‹darauf ankommen› lassen. Ist es ‹passiert›, werden die Konsequenzen gezogen. Die volle Verantwortung für ein Kind kann so nicht übernommen werden. Geraten die Eheleute in Schwierigkeiten, kommt es schnell zu Vorwürfen, Unterstellungen und erbarmungslosen Kämpfen. Schuldgefühle, weil man sich hat treiben lassen, wachsen zu Ängsten an, die sich aggressiv gegen den Partner entladen. Denn in Tausenden von Fällen wird eine ‹Mußehe› geschlossen, obwohl die Jugendlichen ihr ganzes Leben sonst sehr genau planen. Das ergab sich aus einer Jugendstudie*:

«An einigen Beispielen zeigt sich, wie verblüffend genau Vorstellungen über den zeitlichen Ablauf dieser Pläne sind: Zuerst denkt man an das Auto, dann an eine eigene Wohnung, dann an den Ehepartner und schließlich an das Kind.

Einen Beruf, der Freude macht, wünscht sich über die Hälfte der Jugendlichen. Für die Jungen ist dies noch wichtiger als für die Mädchen, was bei der festgestellten Rolle des Mannes als Ernährer der Familie durchaus verständlich ist. Bei den Mädchen steht nach wie vor das Heiraten im Zentrum ihrer Überlegungen. Die spätere Heirat wird von ihnen weit stärker genannt als von den Jungen.

Obwohl insgesamt die Skala der Pläne für das weitere Leben

---

* McCann: Jugendstudie 76. Frankfurt a. M., Februar 1977. Sie umfaßt die Geburtsjahrgänge 1947 bis 1966. Die Ergebnisse wurden aus Querschnittsbefragungen der Jahre 1966 und 1976 gewonnen.
Im Jahre 1966 wurden 1713 Jugendliche im Alter von zehn bis neunzehn Jahren befragt. Diese Stichprobe repräsentierte die 7,82 Millionen Jugendlichen dieser Altersgruppen. 1976 wurden 1140 Jugendliche ebenfalls im Alter von zehn bis neunzehn Jahren (repräsentativ für 9,77 Millionen Jugendliche) befragt. Ergänzend wurde eine repräsentative Stichprobe von 818 Befragten aus der Gruppe der 20- bis 29jährigen gezogen. Diese Befragten waren also zum Befragungszeitpunkt 1966 im Alter von zehn bis neunzehn Jahren.

bei Jungen und Mädchen sehr ähnlich ist, ergeben sich doch einige geschlechtsspezifische Unterschiede. Die Vorstellungen der Mädchen betonen etwas stärker das Häusliche, die Heirat, die hübsche Wohnung und die Familienplanung – gleichgültig, ob man dabei an viele oder wenige Kinder denkt. Die Lebensplanung der Jungen konzentriert sich dagegen stärker auf die berufliche Sphäre, das Geldverdienen und in jüngeren Jahren auf den unspezifischen Wunsch, reich zu sein. Hier zeigt sich eigentlich, daß letzten Endes die alten Rollenvorstellungen für Männer und Frauen doch noch recht gut funktionieren.»

Eine Mehrheit der Jugendlichen ist zwar für ein Zusammenwirken von Mann und Frau in der Familie, sie wollen den Haushalt gemeinsam führen, wenn beide berufstätig sind; aber die Aufgabe des Mannes, so meinen 49 Prozent der Zwanzig- bis Neunundzwanzigjährigen, bestehe immer noch wesentlich darin, dem Beruf nachzugehen und die Familie zu versorgen. Die Rolle der Frau hat sich aus der Sicht der Jugendlichen deutlich erweitert. Berufliche Tätigkeit wird ihr zugestanden, man hält sie sogar für wesentlich, aber ihre Aufgaben im Haushalt werden noch immer als vorrangig angesehen.

«Der kleine Unterschied bleibt erhalten», heißt es in der Studie. «Es gibt bei den Jugendlichen ein verallgemeinerndes Bild vom typischen Jungen, das gegenüber 1966 im wesentlichen gleich geblieben ist. Danach ist der typische Junge vor allem kameradschaftlich, hilfsbereit, höflich und wohlerzogen. Mädchen betonen darüber hinaus Partnereigenschaften wie temperamentvoll, gefühlvoll, zärtlich und romantisch.»

Als Kleinkinder werden Mädchen schon auf die Ehe vorbereitet. Es kann niemanden wundern, daß sie die Eigenschaften entwickeln, die von ihnen erwartet werden. Denn mit Lob, Anerkennung und Belohnungen helfen die Erwachsenen tüchtig nach. Und schon der Säugling kann Beifall und Schelte unterscheiden. Der Knabe wird ermuntert, aggressive Impulse zu entwickeln; das Mädchen lernt, sie zu unterdrücken. Jungen werden kaum zur Hausarbeit angeleitet, Mädchen dagegen sehr früh, also übernimmt später die Ehefrau alles, weil sie es besser und schneller schafft. Das Mädchen muß sich einen abgerissenen Knopf selbst annähen; für den Jungen macht es im allgemeinen die Mutter und später die Frau. Der Knabe soll sich schon wie ein kleiner Mann benehmen, das Mädchen wie eine brave Frau. Beide werden auf ihre Rollen festgelegt, von den Müttern vor allem, denn ihnen überläßt man die Erziehung. Ihre Eignung für diese wichtige Aufgabe wird nicht angezweifelt. Von Natur aus sind sie angeblich dafür begabt, haben den richtigen Instinkt. Allein gelassen im ‹trauten Heim› erziehen sie nach den alten Mustern: die Jungen fürs Leben, die Töchter für die Ehe. Der Teufelskreis ist perfekt. Die Gleichberechtigung endet immer wieder am häuslichen Herd.

In unserer Gesellschaft wird die Chancengleichheit für Mann und Frau propagiert. Die Jugendlichen scheinen sich vor der Ehe als Gleiche unter Gleichen bewegen zu können. Töchterschulen und Pensionate gab es vor dem Ersten Weltkrieg für die Mädchen, höhere Schulen und Universitäten waren den Jungen vorbehalten. Entscheidendes hat sich inzwischen geändert. Die Ausbildungsgänge der Jungen und Mädchen wurden einander angeglichen. Aber die relativ gleichen Bildungschancen eröffnen den Mädchen keineswegs gleiche Lebenschancen. Beim Kampf um Ausbildungsplätze gilt immer noch der Satz: «Ein Mädchen kann eher als ein Junge auf eine qualifizierte Ausbildung verzichten.» Mädchen heiraten ja doch. Und ledig zu bleiben, scheint für die meisten Frauen tatsächlich das Schlimmste zu sein. Die Mutter- und Hausfrauenrolle hat für sie weiterhin Priorität. Sie suchen den ‹überlegenen› Mann, den tüchtigen, im Leben stehenden Mann als Ehepartner.

Der gesellschaftliche Status der Frau richtet sich nach dem Status des Ehemanns. Fast tausend Schülerinnen des zehnten Schuljahrs auf Gymnasien bestätigten bei einer Umfrage diese Grundhaltung. Das Mutterdasein empfinden sie nicht unbedingt als Leitbild, aber als Ehefrau und Mutter, meinen sie, dürfe man sich beruflich nicht allzu stark engagieren. Gertraud Reitz erläutert dieses Ergebnis:

«In der zum Teil widersprüchlichen Einstellungsstruktur

dieser 16jährigen Mädchen zeichnet sich schon deutlich der Rollenkonflikt der Frau ab. Die Mutter darf berufstätig sein, aber sie darf sich im Beruf nicht zu stark engagieren. Die Ehefrau darf berufstätig sein, muß aber immer darauf bedacht sein, durch zu große Selbständigkeit und Unabhängigkeit als Folge von eigenem Einkommen ihre Beziehung zum Partner nicht zu gefährden.»[49]

Die Partnerschaft harmonisch zu gestalten bleibt Aufgabe der Frau. Denn sie hat mehr Gefühl, der Mann ist angeblich rationaler eingestellt.

«Die Basis für die Dominanz des Mannes», schreibt Gertraud Reitz, «für den Wunsch und die Forderung nach der größeren Überlegenheit des Mannes liefert das Geschlechterstereotyp von der größeren Gefühlsbestimmtheit der Frau bzw. der stärkeren Verstandesbetontheit des Mannes, das von über der Hälfte der Mädchen akzeptiert wird. Bei dem Wunsch nach Sicherheit und Schutz durch den Mann sind es sogar über zwei Drittel, die damit ein starkes Abhängigkeitsbedürfnis dokumentieren. Auch in diesem Faktor ist der Einfluß der Weiblichkeitsideologie in den Einstellungen der Mädchen sehr deutlich: Etwa die Hälfte der Mädchen wünscht sich den überlegenen Mann. Die Wahl des Ehepartners mit höherem Bildungsniveau befürworten sogar über die Hälfte aller Mädchen.»[50]

Und hier handelt es sich um Gymnasiastinnen im zehnten Schuljahr. Die Emanzipationsbewegung, der beginnende Aufstand der Frauen in den sechziger Jahren, hat zwar Anstöße gegeben, scheint aber keine Breitenwirkung zu haben. Der Protest gegen die Einengung, gegen die Abhängigkeit vom Mann und den Zwang des Alltagstrotts ist zu einer fast idyllischen Scheinrevolte verkommen.

Etwa ein Drittel der befragten Gynmasiastinnen und ein geringer Teil der Eltern waren bereit, die traditionelle Ehe und Mutterschaft in Frage zu stellen, sie nicht als wichtigstes Lebensziel der Mädchen anzugeben. Sie wollen versuchen, individuelle Lösungen und Alternativen für das herkömmliche Familienleben und die Kindererziehung zu finden. Das Selbstverständnis der Frau, so meint diese Minderheit, sollte durch berufliche Erfahrungen und nicht durch den ‹überlegenen› Mann gewonnen werden.

Es läßt sich nur darüber spekulieren, wie weit solche Zukunftsvorstellungen Ideale und Träume bleiben werden und wieweit sich die Mädchen gegen Tendenzen ihrer Umwelt behaupten können. Im bürgerlichen Mittelstand – und aus ihm stammen die meisten der befragten Schülerinnen – wird zur Zeit die Mutterrolle wieder als eine Fluchtmöglichkeit entdeckt, als ein bequemer Ausweg. Denn den Frauen, die ohnehin noch keine gleichen Chancen haben, droht nun überdies Arbeitslosigkeit. Ihre Benachteiligung im Berufsleben, die endlich abgebaut werden sollte, wächst statt dessen, und das trotz der nun besseren Schulbildung der Mädchen.

Noch 1965/66 kamen in der Bundesrepublik Deutschland mehr als 75 Prozent aller weiblichen Schulabgänger mit oder ohne Abschluß aus Hauptschulen. Nur 16 Prozent der Mädchen gingen aus der zehnten Klasse der Realschule oder des Gymnasiums ab. Rund 6 Prozent machten Abitur. Am Ende des Schuljahrs 1974/75 waren nur noch 57 Prozent Hauptschulabgängerinnen, ein Fünftel davon ohne Abschluß. Verdoppelt dagegen hatte sich die Zahl der Abgängerinnen mit Mittlerer Reife. Das Abitur legten immerhin schon 13,2 Prozent der Mädchen ab.

Aber groß bleibt die Zahl derjenigen, die nicht durchhalten und irgendwann die Schule verlassen. Die verbesserte schulische Qualifikation ist nicht zur Grundlage einer wesentlich verbesserten Ausbildung geworden. Die Mädchen entscheiden sich weiter für die ‹typisch weiblichen Tätigkeiten›. Sie strömen in die Büros, ergreifen medizinische Hilfsberufe, werden Verkäuferin oder Friseuse. Auch an den Fachschulen und Fachhochschulen sowie an den Universitäten konzentrieren Frauen sich auf Erziehungs-, Heil- und fürsorgerische Berufe. Und sie wählen die kürzeren Ausbildungsgänge im Hinblick auf eine Ehe und Kinder. Sie wollen etwas lernen, was sie auch als Hausfrau und Mutter brauchen können, und sie entscheiden sich für schon überlaufene Berufe. Selten zu finden sind Mädchen in den naturwissenschaftlich-technischen Bereichen. Zwar wächst die Bereitschaft bei Mädchen und ihren Eltern, qualifizierte und unkonventionelle Ausbildungsgänge zu wählen, aber es fehlen Informationen und Ausbildungsplätze.

Viele Betriebe sind nur auf Männer eingestellt. Sanitäre Anlagen und Umkleideräume zum Beispiel müßten erst geschaffen werden. Ein Problem dürfte das nicht sein. Aber eine solche Nebensache wird vorgeschoben, um Mädchen abzulehnen. Handwerksbetriebe sind nicht selten prinzipiell dagegen, sie auszubilden. Die Mädchen schrecken aber auch vor allzu ‹männlichen› Berufen zurück, weil sie fürchten, als Frau dann nicht mehr attraktiv zu sein. Lehrer und Berufsberater empfehlen ihnen zudem immer wieder Berufe, in denen vorwiegend Frauen tätig sind. Will ein Mädchen sich lieber an einer Werkzeugmaschine als an der Schreibmaschine ausbilden lassen, benötigt sie ein großes Durchsetzungsvermögen.

Dem Sohn wird selbstverständlich eine bessere Ausbildung zugestanden als dem Mädchen. Ein Vater nannte bei einer Befragung dafür die wesentlichsten Argumente:

«Bei gleicher Begabung soll nur der Sohn studieren. Denn der Sohn muß einen richtigen Beruf haben, der Sohn muß eine Familie später ernähren können. Während die Frau – das ist sicher . . . eine Einstellung, über die man lachen kann – später doch heiratet; irgendwie kommt sie dann schon noch rein in den Beruf. Aber der Sohn baut sich eine Existenz auf, und da kann man meines Erachtens nicht genug Geld investieren, um ihm eine gesicherte Existenz geben zu können. – Der Mann muß die Existenz erst haben, um heiraten zu können, während eine Frau die Existenz des Mannes mitheiratet.»[51]

Der Mann zieht danach die Frau zu sich empor. Bekommt sie keinen Mann ab, genügt auch ein ‹einfacher› Beruf, um die Alleinstehende zu ernähren. Eine abgeschlossene Ausbildung wird als Versicherung für Katastrophenfälle begrüßt, die Berufstätigkeit als Übergang bis zur Heirat betrachtet. Dann hat die Frau die Hauptlast der häuslichen Pflichten zu übernehmen, wie sie es seit jeher tat. Solange das selbstverständlich bleibt, kann sich an der alten Rollenverteilung nichts ändern und die Mädchen verzichten auf eine qualifizierte Ausbildung. Sie finden sich mit einer unbefriedigenden Berufstätigkeit ab und warten, daß die Heirat sie endlich ‹erlöst›. Der bestehende Zustand wird zementiert, die Unselbständigkeit und Abhängigkeit der Frauen dauert an. Gewisse Freiheiten, die sie inzwischen haben, können nicht darüber hinwegtäuschen.

Den Frauen soll die Bildung nicht verweigert werden. Sie müssen mitreden können, Partnerinnen des Mannes sein, aber nicht unbedingt im Beruf, wird argumentiert. Mehr Kinder können den Konsum anheizen, heißt es, die Nachfrage schüren, die Wirtschaft gesunden lassen und neue Arbeitsplätze schaffen. Viel hängt von den Frauen ab. Wie werden sie neuerdings wieder gehätschelt, bewundert, geliebt für ihre Weiblichkeit! Fast schon vergessene Klischees werden hervorgeholt und aufpoliert. Für die Frau gilt demnach eine andere Wertordnung als für den Mann. Sie ist ein Wesen ganz besonderer Art. Nach Schutz sehnt sie sich, möchte behütet werden wie ein kleines Kind und sich dem Ehemann anvertrauen.

Längst überholt geglaubte Rollenklischees tauchen wieder auf, Klischees, an denen viele Frauen scheiterten. Typisch dafür ist die Geschichte der Bärbel H. Wie viele ihrer Freundinnen erwachte sie schnell aus ihren Teenagerträumen, aber es war ein langer Weg, bis sie nach fünfzehn Jahren Ehe die Konsequenz daraus ziehen konnte.

Mit siebzehn betrachtete sie die Welt durch einen Schleier seliger Gefühle. Sie erwartete von ihrem vierundzwanzigjährigen Freund, dem Taxifahrer Bernhard Z., ein Kind. Er war ‹bereit›, sie zu heiraten. Sie versprach ihm ein ‹gemütliches Zuhause›. Jeden Wunsch wollte sie ihm von den Augen ablesen. Das war nicht immer leicht. Bernhard hatte seine Launen und seine ‹Macken›. Der unregelmäßige Taxendienst, die häufige Nachtarbeit – schließlich mußte er jetzt für drei verdienen – verstärkten sein aufbrausendes Temperament. In überraschenden Wutausbrüchen schaffte er sich Luft.

Bernhard verstand die junge Ehe als Selbstbedienungsladen. Ohne es direkt zu verlangen, erwartete er, daß Bärbel alles so machte, wie er es sich vorstellte. Wann gespart wurde, bestimmte er. Wieviel ausgegeben werden durfte, das wußte er. Die preisgünstigsten Geschäfte kannte er. Sein Geschmack war maßgebend beim Kauf der Wohnungseinrichtung. Bärbels Ideen nannte er Kinkerlitzchen. Wollte er Mayonnaise, so kaufte Bärbel selbstverständlich seine Lieblingsmayonnaise, die teuerste. Hatte er schlecht verdient, beklagte er sich über die Lebensmittelpreise und beschimpfte Bärbel, daß sie nicht haushalten könne. Wollte er am nächsten Tag schon wieder Eisbein mit Sauerkraut essen, bereitete Bärbel sein Leib- und Magengericht zu. Bernhard bestimmte. Und Bärbel wollte, daß ihr Mann bestimmte. Alles. Jede Einzelheit. Er sollte ihr das Haushaltsgeld zuteilen. Für ihn führte sie Buch über die Ausgaben. Er kontrollierte es, lobte sie auch mal für ihre Sparsamkeit und lud sie mit ihrem ‹dicken Bauch› ins Kino ein.

Nachdem die Tochter geboren war, konnte Bärbel nicht mehr mit Bernhard ins Kino gehen. Er machte seine abendlichen Exkursionen allein. Aber sie hatte ja das Kind. Glücklich war sie, wenn Bernhard das Neugeborene wickelte, mit ihm spielte. So wie das Kind wollte sie auch selber sein. Klein und abhängig von Bernhard. Er war der große, starke Mann, bei dem man sich geborgen fühlte. Er war es, der wußte, wie das Leben so lief. Er kannte die Welt draußen. Sie bewunderte Bernhard, wenn er von Kautionen, Verträgen, Gewinnchancen in der Nachttour, vom harten Konkurrenzkampf sprach. Ein Unternehmer war er mit seinem Taxi. Manchmal erzählte er ihr von seinen Fahrgästen: Dem reichen Hotelbesitzer oder dem nervösen Vertreter, den er immer zum Flugplatz fuhr. Sie hörte aufregende Geschichten von Huren, Zuhältern, Homosexuellen, Betrunkenen, von Schlägern, deren er sich erwehren mußte und von dem biederen Kleinstädter, der etwas erleben wollte.

Bernhard war der Herr im Haus, er bestimmte sogar, wann

Bärbel ein neues Kleid brauchte. Sie kaufte, was ihm gefiel, denn das mochte auch sie. Er legte die Urlaubsreise fest, er war für Einladungen und Besuche zuständig, er managte das Familienleben.

Zehn Jahre lang waren Bernhard und Bärbel mit ihrem Leben zufrieden. Dann löste sich die Tochter Ulrike mehr und mehr aus dem Elternhaus. Sie hatte ihren eigenen Freundeskreis. Ihre Eltern fand sie «ziemlich doof», reagierte aufsässig und trotzig. Bärbel konnte mit ihr kaum noch etwas anfangen. Auch ihre Aufgaben für die Realschule erledigte Ulrike nun allein, denn die Mutter hatte nur die Volksschule besucht und war nicht mehr fähig, ihr zu helfen. Bärbel fühlte sich überflüssig. Ihrem Mann warf sie vor, er käme fast nur noch zum Schlafen nach Hause, dächte nur ans Geldverdienen.

Ungeplant kam nach über zehnjähriger Ehe ein zweites Kind. Anfangs hatte Bärbel das Kind nicht gewollt, und auch Bernhard meinte, sie sollten sich das mal überlegen mit einer Abtreibung, es sei vielleicht das Vernünftigste. Aber Bärbel schob die Entscheidung dann so lange vor sich her, bis es ohnehin zu spät war.

Durch das Baby blieb sie abhängig, konnte sich weiterhin vom Mann steuern lassen. Sie hatte Angst, selbständig zu werden. Dennoch, das gestand sie später ein, fühlte sie sich nicht wohl. Sie «war innerlich nicht frei». Als der Junge ein Jahr alt war, arbeitete sie zweimal in der Woche als Aushilfe in einem benachbarten Lebensmittelgeschäft. Es war für sie ein neuer Anfang, wie sie sagte. Nicht die Tätigkeit an sich, aber daß sie sich zum erstenmal gegen ihren Mann durchgesetzt hatte. Das Kind konnte sie mitnehmen, es blieb solange bei der Familie ihres Chefs. Also brauchte Bernhard sich keine Sorgen zu machen. Und warum sollte er immer allein verdienen? Vielleicht könnte er sich nun endlich ein größeres Taxi kaufen.

Bärbels Verselbständigung machte Bernhard argwöhnisch. Sie konnte jetzt unkontrolliert irgendwo hingehen, war häufiger unterwegs, weil sie für den Lebensmittelhändler alles Mögliche erledigte. Sie schien sich da unentbehrlich zu machen.

Und er merkte, daß sie diese Freiheit genoß. Seine Besorgnis schlug in Wut um, die er eines Tages, beim Mittagessen, nicht länger beherrschen konnte. Er schlug Bärbel ins Gesicht. Bärbel wehrte sich nicht. Sie sah Bernhard mit aufgerissenen Augen an. Ihr Stillhalten verstärkte seine Wut. Er schrie und geiferte. Solche Ausbrüche kamen nun häufiger vor. Bärbel meinte, sie müßte die Schläge ertragen. Sie dachte an die Kinder, an die Nachbarn, sie schämte sich, an eine Scheidung wagte sie kaum zu denken. Als Bärbel das Angebot des Lebensmittelhändlers auf Halbtagsarbeit akzeptierte, den dreijährigen Jungen vormittags in den Kindergarten brachte, als sie außerdem abends noch Volkshochschulkurse in Englisch besuchte, war Bernhard gänzlich irritiert.

Bärbel hatte gelernt, ihre Wünsche zu äußern. Bernhard konnte seine Frau nicht länger bevormunden. Er schwieg, sprach nur noch über die notwendigsten Dinge. Um die Kinder kümmerte er sich überhaupt nicht mehr. «Unser ‹Carolus Magnus› ist da», spottete die Tochter, wenn Bernhard mit einer Cognacfahne nach Hause kam.

«Ich konnte das alles nicht auffangen», erklärte Bärbel Z. dem Scheidungsanwalt. «Ich habe neue Bekannte durch die Arbeit bekommen. Ich verdiene selber Geld und habe dadurch zum erstenmal in meinem Leben das Recht, meine ich, so zu sein, wie ich bin. Mein Mann will alles so haben wie am Anfang unserer Ehe. Das geht aber nicht mehr. Ich habe mich verändert und meine Angst vor ihm und anderen Menschen überwunden.»

Bärbel fühlte sich durch die Scheidung von einem Alpdruck befreit. Sie erkannte, daß sie und Bernhard die Ehe mit einer Illusion begonnen hatten. Unabhängigkeit vom Elternhaus, eine eigene Wohnung: das erschien ihnen damals wichtig. Tatsächlich aber verkrampften sie sich in den Jahren ihrer Ehe ineinander, machten sich gegenseitig abhängig. Bernhard war nicht bereit, sich damit auseinanderzusetzen. Für ihn blieb Bärbel die Kindfrau, die auf ihn angewiesen war. Er wollte weiterhin seinen Platz als alles regierender, alle Probleme lösender Ehemann einnehmen. Er wußte doch besser als Bärbel, was draußen gespielt wurde. Was wollte sie sich in den Dreck des Alltags einmischen? Ihre Veränderung verstand er nicht. Er begriff nicht, daß sie – sehr verspätet – ihre Angst vor dem Erwachsenwerden ablegte, ein Prozeß, der allen Jugendlichen Mühen bereitet. Bärbel war diesen Ängsten lange Zeit ausgewichen, indem sie die Rolle der Kindfrau akzeptierte. Ihre Berufserfahrung befreite sie aus dieser Haltung, aber nun verstand der Mann die Entwicklung seiner Frau nicht mehr, er wollte sie auch nicht verstehen. Je sicherer sie wurde, um so unsicherer wurde er. Sie habe sein Leben ruiniert und auch das der Kinder, warf er ihr vor. Die Ehe wurde für beide zur Qual. Es kam zur Scheidung.

Diese Konfrontation zwischen den Wünschen des Mannes und den Erwartungen der Frau gefährdet besonders Frühehen, in denen sich die Partner unterschiedlich entwickeln. Die Leidtragenden sind die Kinder, die sich unerwünscht vorkommen und in die Konflikte ihrer Eltern hineingezogen werden. Seelische Schäden sind die Folge. «Es wäre verantwortlicher gewesen», gestand Bärbel einer Freundin, «wenn wir keine Kinder gehabt hätten. So sehe ich jeden Tag, was wir unserer Tochter und unserem Jungen angetan haben. Die müssen doch später voller Angst vor einer Partnerschaft sein.»

Die Konflikte einer Frühehe können heute Jugendliche durch die ‹Ehe ohne Trauschein›, auch ‹Probeehe› genannt, vermeiden. Was vor zehn oder zwanzig Jahren noch für unmoralisch gehalten wurde und sich nur einige Privilegierte leisten konnten, ist heute weitgehend anerkannt, auch von Eltern. Zumindest in den Großstädten ist es kein Problem mehr, das Zusammenleben erst einmal auszuprobieren. Man kann auch ohne Trauschein eine gemeinsame Wohnung beziehen.

Silke Q. und Hans P. bestätigen das. Der Vermieter habe überhaupt nicht nach ihrer Heiratsurkunde gefragt, und als sie ihn informierten, nur gesagt: «Hauptsache, die Miete wird pünktlich bezahlt.» Silke, achtzehnjährig, besucht noch die Schule. Monatlich erhält sie von ihren Eltern einen Scheck. «So viel», sagt Silke, «wie ich sonst auch kosten würde.» Die Eltern haben sich auf das Experiment ihrer Tochter eingelassen, wenn auch widerstrebend, um sie nicht in die Ehe zu treiben. Und mit Silkes Freund Hans, dem zweiundzwanzigjährigen Exportkaufmann, sind sie durchaus einverstanden. Bestimmt und selbstbewußt erklärt Silke, daß sie eine abgeschlossene Schulausbildung und einen Beruf haben muß, bevor sie an eine Heirat denken könnte. Die Frage nach Kindern schiebt sie in weite Ferne. «Vielleicht will ich auch keine Kinder», meint sie. «Ich sehe so viele Ehen, in denen die Frauen mit Kindern nicht zurechtkommen. Ich muß mir das noch sehr genau überlegen, ehe ich mich dafür entscheide.» Selbständigkeit und ihre Ausbildung hält sie im Moment für wichtiger als Planungen für eine Zukunft, von der sie jetzt schon eingeengt würde.

Hans unterstützt sie darin. Er wünscht sich eine Partnerin, die ihre Unabhängigkeit bewahrt. Die beiden haben ihre Pläne miteinander abgesprochen. Falls sie einmal heiraten sollten, will auch Silke im Beruf bleiben. Erst nach mehrjähriger Tätigkeit möchten sie sich ‹die Kinderfrage› überlegen. «Wir wollen abwarten», sagt Hans, «wir haben ja noch viel Zeit.»

Die Ehe auf Probe ist nichts Außergewöhnliches mehr. Viele Paare gehen erst zum Standesamt, wenn ein Kind unterwegs ist. Nach Meinung des Bevölkerungswissenschaftlers Professor Hans W. Jürgens wird sich diese Entwicklung in den nächsten Jahren verstärken, weil mehr Paare kinderlos bleiben wollen. In einem Rundfunkinterview regte er darum eine rechtliche Absicherung der «Ehe ohne Trauschein» an.[52] Für die Auflösung einer Verlobung gibt es Regelungen; für die Trennung von Partnern, die oft viel enger zusammen gelebt haben, nicht. Da ist die Wohnung, die womöglich nur einer gemietet hat, statt daß beide den Mietvertrag unterschrieben. Das gemeinsam bezahlte Auto läuft auf einen Namen. Für viele Anschaffungen wurde das Geld zusammengelegt. Bei einer Trennung kann es zu höchst unangenehmen Auseinandersetzungen kommen. Der Wissenschaftler forderte darum so etwas wie einen «Formularvertrag für Partnerschaften», den man wie andere Musterverträge in jedem Papiergeschäft kaufen kann. In einem solchen Vertrag müßten die materiellen Ansprüche des einzelnen festgehalten und Regelungen für eine mögliche Trennung vereinbart werden. Wörtlich sagte Professor Jürgens: «Beide Partner erhalten so eine gewisse, notfalls einklagbare Sicherheit vor möglichen Willkürmaßnahmen des anderen, und sie vermeiden gleichzeitig den staatlichen Zwang bei der Auflösung ihrer Partnerschaft.»

Einen solchen Vertrag populär zu machen, dürfte schwierig sein. Wer zusammenzieht, mag nicht gleich an Trennung denken und dem anderen unterstellen, daß er sich eines Tages unfair verhalten könnte. Als Mißtrauen würde allzuleicht ausgelegt, was doch nur Nüchternheit ist. Verliebte junge Paare treffen deshalb keine schriftlichen Abmachungen. Aber Anwälte und Notare berichten über steigende Zahlen privater Ehekontrakte, die Wohlhabende abschließen. Meist soll damit das neue Scheidungsrecht der Bundesrepublik unterlaufen werden. Im Falle einer Trennung aber würde sich so ein Kontrakt fatal für den schwächeren Teil auswirken – das ist im allgemeinen noch die Frau.

Über eine andere Art Vertrag, wie er in Amerika abgeschlossen wurde, informierte die Wochenzeitung *Die Zeit*. Heiratswillige Paare legen vor dem entscheidenden Schritt in allen Einzelheiten fest, wie ihr zukünftiges Zusammenleben aussehen soll. Die Zahl solcher vorehelichen Verträge nimmt zu. Ein Beispiel wurde angeführt:

«Harvey Sadis und Harriet Cody . . . vereinbarten in ihrem Vertrag, sich die Hausarbeit zu teilen. Er macht die Wäsche, sie verwaltet das Haushaltsgeld, und beide führen Buch darüber, wer wann kocht. Sie teilen alle Ausgaben, den Raum in ihrer Wohnung und die Verantwortung für die Geburtenkontrolle. Harriet behielt ihren eigenen Familiennamen, und Harvey gab sein Recht auf, ihren gemeinsamen Wohnort zu bestimmen.»[53] Auch daß zu ihrer Ehe nicht unbedingt Kinder gehören müssen, wurde im Vertrag festgelegt. Zum Zeitpunkt des Abschlusses jedenfalls waren sie nicht der Auffassung, Kinder haben zu wollen. Ein Hamburger Rechtsanwalt, versiert in Ehe- und Familienfragen, meinte zu einem solchen «bei uns absolut unüblichen» Vertrag: «Da haben wir doch eine natürlichere Einstellung.» Neues, da mag er recht haben, versucht immer nur eine Minderheit.

Jugendliche behaupten, daß sie Experimenten gegenüber aufgeschlossen seien, es anders und besser machen wollten als die ältere Generation. Die Antworten auf konkrete Fragen beweisen manchmal das Gegenteil.

Eine Umfrage der Bundesanstalt für Arbeit in Nürnberg ergab, daß jedes zweite Mädchen zwischen fünfzehn und achtzehn Jahren den Wunsch äußerte, später einmal, wenn die Kinder erwachsen sind, nur noch Hausfrau zu sein.

Schüler, die sich für die Berufstätigkeit der Frau aussprechen, meinen, daß ihre eigene Frau möglichst überhaupt nicht oder allenfalls bis zur Geburt des ersten Kindes arbeiten sollte. Die Gleichberechtigung endet am heimischen Herd. Das ist uns allen vorzuwerfen.

Unsere Gesellschaft läßt es nicht zu, daß Mann und Frau sich die häuslichen Pflichten teilen. Der Versuch stößt schnell an Grenzen, wie bei einem Studentenpaar, das stolz verkündete: «Wir sind schwanger.»

Miteinander bereiten sie sich auf das Kind vor, lesen Bücher, besuchen einen Kursus, diskutieren darüber, wie ihr Familienleben aussehen soll. Der frischgebackene Vater steht der jungen Mutter bei der Versorgung des Babys nicht nach. Beide beenden ihr Studium, steigen kurz nacheinander ins Examen ein. Er besteht es, sie sogar mit Glanz. Unter mehreren Stellenangeboten kann sie wählen, eine berufliche Karriere sagt man ihr voraus. Die macht aber schließlich doch er, denn einer muß beim Kind zu Hause bleiben. Und das ist sie.

Mit dieser Rollenverteilung finden sich die meisten noch ab. Männer gestehen Frauen die Berufstätigkeit zu, einen beruflichen Aufstieg allerdings halten sie für übertrieben und unweiblich und meinen, den Frauen läge so etwas auch nicht.

Nur Kinderlosigkeit gibt den Frauen gleiche Chancen im

Beruf wie dem Mann; ermöglicht ihnen das gesellschaftliche und politische Engagement.

Junge Frauen erkennen die Aussichtslosigkeit, Kinder und Beruf zu vereinen. Wollen sie auf Kinder nicht verzichten, flüchten sie in die Ehe und einen neuen Mutterschaftskult; als Trost für alles, was sie nicht erreichen oder fürchten, nicht erreichen zu können. Manche Eltern sehen die sich daraus entwickelnden Probleme allerdings klarer voraus als die Jugendlichen. Sie haben ihre Erfahrungen.

Der Vater einer Studentin, Besitzer einer Drogerie, hatte sich über seine Tochter aufgeregt und sprach im Laden darüber: «Erst macht sie ihr Examen und dann wird geheiratet. Zwingen kann ich sie nicht, aber das ist meine Meinung. Sie wollte unbedingt Jura studieren – gut, ich hab sie gelassen. Aber nun im vorletzten Semester aufhören, heiraten und womöglich gleich ein Kind kriegen, da bin ich dagegen. Und wenn die Ehe schiefgeht, steht sie mit ihrem Kind bei uns vor der Tür. Ohne abgeschlossene Ausbildung, ohne Beruf. Ihr Freund sagt, als Arzt kann er sie ernähren. Gut. Aber er hat sein Studium beendet, warum soll meine Tochter das nicht auch? Die beiden können ja so zusammen leben. Heute geht das doch, im Gegensatz zu früher. Meine Frau sieht das nicht so gern, aber ich meine, heute hat es keiner mehr nötig, ins kalte Wasser zu springen, mit einem Kind dazusitzen, ehe man den anderen richtig kennt.»

Eine junge Frau war inzwischen in den Laden gekommen, hörte interessiert zu. Als der Drogist sie bedienen wollte, wehrte sie ab, meinte, sie habe ja Zeit. Das Kind an ihrer Hand lutschte selbstvergessen auf seinem Daumen. «Ich finde, ihre Tochter sollte den Beruf dann aber auch eine Weile ausüben», sagte die Mutter. Sie sprach von ihrer qualifizierten Ausbildung zum Grafik-Designer, von der sie keinen Gebrauch gemacht hatte. Das Jahre zurückliegende Examen nützte ihr nichts, praktische Erfahrung wurde verlangt. «Ich möchte wieder arbeiten», erklärte sie, «Kontakt mit Erwachsenen haben. Mein Mann ist als Generalvertreter dauernd unterwegs, und ich sitze da mit dem Kind. Es ist mir zuwenig, und das bekommt uns beiden nicht.»

Nur selten sprechen sich Jugendliche grundsätzlich gegen Kinder aus. Eher warten sie ab, wie die zwanzigjährige Renate S., die einen für ein Mädchen ungewöhnlichen Beruf erlernte: Gas- und Wasserinstallateur. «Ich hab nie große Rosinen im Kopf gehabt», sagt Renate S., «aber ich hab immer gemacht, was ich wollte.» Sie weiß auch sehr genau, wie es weitergehen soll – zumindest, was ihren Beruf betrifft:

«Ich habe vor, meine Meisterprüfung abzulegen und mich dann in den nächsten drei, vier Jahren selbständig zu machen. Mein Freund wird mich dabei unterstützen, der findet das gut. Wenn ich ein Kind wollte, müßte ich all diese Pläne aufgeben, das hab ich bei so vielen erlebt. Ehrlich gesagt, ein Kind würde mich nur stören. Und ich fühle mich jetzt auch wirklich noch zu unreif für ein Kind. Natürlich ist es möglich, daß ich später, so um die Dreißig herum, noch eins haben möchte. Das kann ich jetzt nicht genau sagen.»

Ähnlich abwartend antwortet ihr Freund, der sechsundzwanzigjährige Facharbeiter Peter M., auf die Frage nach der Ehe und Kindern. «Heiraten – warum?» fragt er. «Wir haben eine hübsche Zwei-Zimmer-Wohnung, leben da ohne Trauschein zusammen und niemanden stört es.» Peter M. ist der Meinung, daß seine Freunde nur deswegen Kinder hätten, weil sie ihr Leben «irgendwie wertvoller» gestalten wollten. «Im Grunde sind das Egoisten», sagt er. «Sie erwarten vom Kind, daß es ihrem Leben einen Sinn gibt. Aber eigentlich müßten sie an das Kind denken und sich fragen, was sie für das Kind machen könnten, wie sie für das Kind einen Lebenssinn finden.»

Peter und Renate kennen den Vorwurf, daß sie nur auf beruflichen Erfolg aus sind und an ihren eigenen Luxus denken. An das neue Auto. An Reisen, an Freizügigkeit überhaupt. Auf solche Vorhaltungen entgegnen sie, Kinderkriegen sei nur eine andere Form des überall herrschenden Egoismus. Nur habe man dafür bessere Ausreden, nenne es Verantwortung für die Allgemeinheit und so. «Dabei benutzen viele Eltern die Kinder nur als eine Art Schutzwall», behauptet Peter, «sie fühlen sich zu nichts anderem mehr verpflichtet. Hinter diesem Schutzwall lauert der Egoismus. Wie Fernseher, Auto und Waschmaschine schafft der Bundesbürger sich auch Kinder an. Sie gehören dazu. Angeblich sollen sie das Leben der Eltern bereichern. Das klingt doch verräterisch. Als ob Kinder eine gute Anlage wären, eine gewinnbringende Aktie. Und dann kommt's zu Auseinandersetzungen, weil die Rechnung nicht aufgeht, nicht aufgehen kann. Die Kinder wollen nämlich ihre eigene Persönlichkeit entwickeln und nicht das Produkt ihrer Eltern sein.»

Von der Beschuldigung, sie seien egoistisch, lassen sich junge Leute nicht einschüchtern. Sie leben in einer Welt, die Egoismus von ihnen verlangt. Konkurrenzdenken wird bereits in der Schule eingeübt. Die bessere Zensur schafft Überlegenheit; Zeugnisse entscheiden über die Berufsaussichten, auch wenn sie mit der Begabung für einen bestimmten Beruf nichts zu tun haben. Und in unserer Gesellschaft versucht einer den anderen zu übertrumpfen. Wer nicht mithalten kann, bleibt auf der Strecke. Menschlichkeit ist kaum gefragt.

Angst macht Jugendlichen die wachsende Instabilität des Zusammenlebens. Seit Mitte der sechziger Jahre ist die Scheidungsquote in fast allen europäischen Ländern angestiegen. Es wird früh geheiratet, die jungen Ehen scheitern relativ schnell, das ‹verflixte siebte Jahr› erleben viele Paare gar nicht mehr. Leichter als früher entschließen sie sich zur Trennung. Aber trotz aller Kassandrarufe bricht die Familie darum noch nicht zusammen. Obwohl die Zahl derer steigt, die unverheiratet leben, steht die Ehe noch hoch im Kurs. Nur glaubt man nicht mehr unbedingt daran, das ganze Leben mit einem Partner verbringen zu müssen. Die Familie ist deshalb auch nicht mehr der sichere Hort, in dem Kinder warm und geborgen, geschützt vor der ‹bösen Welt draußen›, wie in einem Nest aufwachsen. Frohgestimmt mit seinen Lieben beim gemeinsamen Abendessen sitzen und vereint zum Sonntagsspaziergang aufbrechen – das ist es nicht, was junge Leute vom Zusammenleben mit ihren Kindern erwarten können. Sie selbst haben sich der elterlichen Fürsorge ja auch früh entzogen. Das Leben mit Gleichaltrigen erschien ihnen wichtiger. Wieso sollte das anders sein, wenn sie selbst Kinder haben?

Skeptisch und kritisch müßten Jugendliche ihre Zukunft als Vater oder Mutter betrachten. Dennoch steht bei vielen von ihnen hinter dem Wunsch nach einem Kind das vage Bild einer heilen Welt. Sie erwarten, daß sie als Eltern einen Sinn in ihrem Dasein finden, einen Sinn, der mehr ist als die allgemein propagierten Werte von Wohlstand und Sicherheit. Eine Minderheit von Jugendlichen nimmt sich jedoch vor, den Wunsch nach einem Kind hinauszuschieben und erst einmal ein Zusammenleben ohne Trauschein und ohne Kinder zu versuchen.

7. Das alltägliche Elend der Hausfrau

«Sie ist Mitproduzentin von Milliardenwerten», «sie ist für das Kind das Wichtigste im Leben», «sie ist ein Genie der Krisenbewältigung», heißt es großspurig über die Hausfrau und Mutter, wenn in Schlagzeilen die industrielle Reservearmee der Bundesrepublik gepriesen wird, damit sie Ruhe bewahrt, stillhält, dort, wo man sie jeweils braucht. Wenn die Wirtschaft keine Verwendung mehr für die Frau hat, muß das Heim ihr wieder schmackhaft gemacht werden. Sie wird zur übermächtigen Gralshüterin stilisiert. Zauberin darf sie nun sein, die gute Fee der Familie. Gelobt wird ihr Talent als Diskussionspartnerin, auch in politischen Fragen. Rationalisierungsfachmann nennt man sie in ihrem kleinen Bereich, auch Betriebsleiter mit der Verantwortung für einen teuren, aufwendigen Maschinenpark. Obendrein darf sie sich noch als Buchhalterin und Vermögensverwalterin verstehen, als eine mit allen Tricks und Kenntnissen ausgerüstete Einkäuferin, als phantasievolle Köchin und verantwortungsbewußte Erzieherin.

Wie Hohn klingt es, was den Frauen in Zeiten der Arbeitslosigkeit als ‹weibliches Talent› angedichtet wird. Tatsächlich sind sie oft hausfrauliche Dilettanten, mehr oder weniger begabt für die Aufgaben. Kaum eine Mutter weiß etwas über die Probleme der Erziehung. Eigene Erfahrungen werden ausgewertet, irgendwann einmal Gehörtes fließt in die pädagogischen Versuche ein, und Vorurteile behaupten sich zäh. Die Hausfrau und Mutter hält die Kindererziehung für ihre wichtigste Aufgabe und übernimmt sie doch ungeschult.

Zu beobachten ist, daß viele Frauen ihren Haushalt ohne Plan und Überblick versorgen. Das trifft auch für diejenigen zu, die in einem qualifizierten Beruf gelernt haben, Arbeitsabläufe zu organisieren. Im geschäftigen Hin und Her verdrängt die Hausfrau Gefühle der Einsamkeit, die sie nach einigen Ehejahren regelmäßig überfallen. Und so ergibt es sich, daß ihre Arbeitszeit weit über der von Berufstätigen liegt. Auch abends und am Wochenende kommt sie nicht zur Ruhe, weil sie den Mann zu umsorgen hat. Sie arbeitet länger als früher, aber in der Haushaltskasse befindet sich wesentlich weniger Geld als zu Anfang der Ehe. Da verdienten noch beide. Und Kinder aufzuziehen ist teuer. Vergleiche mit dem Berufsleben drängen sich auf, in das die Frau einmal zurückkehren möchte, wie viele Mütter, die nur vorübergehend zu Hause bleiben wollen. Sie müssen sich irgendwann fragen, ob sie nach Jahren des Hausfrauendaseins überhaupt wieder Anschluß an das Berufsleben finden können. Vielleicht beneiden sie die Berufstätigen nicht, schon gar nicht die Mütter unter ihnen, aber trotzdem entwickeln nicht wenige Minderwertigkeitskomplexe. Denn ihnen kann nicht verborgen bleiben, daß die Öffentlichkeit, eine in den Werten des Geldes denkende Umwelt, ihre Tätigkeit mißachtet – und daß die publizistische Aufwertung der Hausfrau und Mutter zum Rationalisierungsfachmann, zur Buchhalterin und Vermögensverwalterin nichts weiter ist als zynisch.

Soziale Konflikte sollen rhetorisch verschleiert werden. Öffentliche Aufgaben schiebt man in die Privatsphäre ab, bürdet sie im wesentlichen Frauen auf. In der Familie muß besonders in der Kindererziehung schwerste gesellschaftliche Arbeit geleistet werden – unbezahlt. So kommt es, daß im Familienkreis nach Lösungen gesucht wird. Eine Welle von punktuellen Systemveränderungen hat eingesetzt, die wohl nicht länger für ein privates Phänomen zu halten sind.

Einer dieser Lösungsversuche ist die Kinderlosigkeit. Sie ist eine Weigerung, öffentlich anerkannte und gesellschaftlich notwendige Aufgaben als privates Glück aufzufassen. Abgelehnt wird der schöne Schein vom Mutter- und Vaterdasein. Gefragt wird, wer denn Eltern unterstützt, wer ihnen hilft, sobald sie Kinder haben. Eltern fühlen sich allein gelassen, desorientiert. Natürlich nicht im ersten Moment, denn die Geburt eines Kindes ist ein glücklicher Augenblick. Gefühle werden bestätigt, die Sinnlichkeit bekommt Inhalt, Vater und Mutter erfahren, daß sie gebraucht werden und ihr Leben eine neue Bedeutung hat. Aber bald kommen die Stoßseufzer der Eltern: «Ein vernünftiges Zusammenleben kann man mit Kindern nicht aufbauen», sagt der Mann. Seine Frau gesteht: «Ich bin oft unheimlich verzweifelt und weiß nicht, wie ich mich einkriegen soll.» Ungewollt kann die Frau beispielsweise zum Putzteufel werden, den Mann und die Kinder tyrannisieren. Ungewollt kann der Mann den starken Ernährer spielen und vor Überforderung zum Nervenwrack werden. Frustrationen und Ängste entstehen häufig, wenn Kinder und Familienglück gleichgesetzt werden. Die Ehepartner, die sich selbst und ihre Stellung im Leben noch nicht gefunden haben, denen noch Selbstvertrauen fehlt, steigern sich in ihrer jugendlichen Unbeholfenheit in Abhängigkeiten hinein. Sie sehen ihre Hoffnungen scheitern, sobald die Frau mit dem Kind nicht zurechtkommt und der Mann berufliche Schwierigkeiten hat. Das Wohlergehen der Frau hängt von dem Erfolg ihres Mannes ab – und der Mann hängt von der Zufriedenheit seiner Frau ab. Sie versuchen, die Konflikte zu lösen, lesen Ratgeber für ein glückliches Familienleben, verfolgen Zeitungsberichte, hören Rundfunksendungen, sitzen vor dem Fernsehschirm und wissen keinen Ausweg. Da liegt ein Baby und schreit. Jemand muß sich um das Neugeborene kümmern. Da krabbelt ein Kind durch die Wohnstube und muß beaufsichtigt werden. Da hat ein Kind Hunger. Jemand muß dem Kind zu essen geben. Da hat ein Kind Fragen. Jemand muß sie beantworten. Die Mutter?

«Trotz allen unbezweifelbaren Glücks», schreibt Sinah Walden in dem Zeitungsartikel ‹Machen Kinder unfrei?› resignierend, «trotz allen Glücks, das lachende Augen und entgegengestreckte Ärmchen der Mutter bringen können: Es ist doch eine unartikulierte, vegetative Liebe, die kein Äquivalent für alle

Möglichkeiten menschlichen Daseins darstellt. Außerdem nimmt die Liebe des Kindes proportional zu seinem Wachstum ab, je mehr es nämlich seinen Zugriff auf die Welt erweitert. Die aus der Mutterliebe abgeleiteten Pflichten sind aber so umfassend, daß sie das Eigenleben der Frau unter sich begraben. Man verwehrt ihr mit Hinweis auf diese Pflichten jede Verwirklichung eines eigenen Lebens.»[54]

Aber allzuoft verdrängen Frauen diese düsteren Zukunftsaussichten. Sie täuschen sich über ihre tatsächliche Lage hinweg und wünschen sich ein Kind. Sie überreden gelegentlich sogar ihren Mann, wie etwa die siebenundzwanzigjährige Heidi H. Ihr gleichaltriger Ehepartner Wolfgang wehrte sich gegen den Wunsch seiner Frau. Er sagte: «Ein Kind? Nur, wenn sonst die Ehe in die Brüche geht.» Heidi H. behauptete, die Ehe würde ohne Kind kaputtgehen. Freunden gegenüber gestand sie:

«Ich mag meinen Beruf eigentlich gern, hab mich fortgebildet, Kurse belegt und leite in unserer Firma jetzt immerhin den Export. Ich steh meinem Mann, der in der Datenverarbeitung tätig ist, da nicht nach. Ich verdiene gut und kann mich nicht beklagen. Aber das füllt mich trotzdem nicht aus. Es ist keine Lebensaufgabe, denn ich glaube: die Verantwortung, einen Menschen großzuziehen und für ihn dazusein, ihn zu entwickeln, das ist schon etwas sehr Wichtiges. Ich möchte nicht aus meinem Beruf rausgehen. Aber da ist eben dieses Gefühl, ein Kind haben zu wollen. Vielleicht möchte ich dadurch auch meine eigene Kindheit noch einmal nachvollziehen.»

Wolfgang H. malte alles in den schwärzesten Farben: «Heutzutage helfen doch nur Ellbogen, zählt nur Durchsetzungsvermögen. Das zählt doch. Und wie soll ich ein Kind erziehen, das sich durchsetzen muß, egal wie? Ich kann ihm aber nicht sagen, daß es ein guter Mensch sein soll. Dann wird es von allen zum Blödling erklärt. Man sieht ja, was in Kindergärten los ist. Wenn Kinder brav sind, sich nicht wehren, dann werden die gleich von anderen zusammengeschlagen.» Wolfgang H. ließ sich dennoch zu einem Kind überreden. Nach zwei Ehejahren kam die Tochter Julia zur Welt.

Überall begegnete Wolfgang H. dann ‹Leidensgenossen›, die an dem Sinn ihrer Vaterrolle zweifelten. Sie hatten sich eine Freundin als Frau gewünscht und nicht so sehr nur eine Mutter für die Nachkommenschaft. Aber mit der Geburt des Kindes verändert sich das Verhältnis zwischen Mann und Frau radikal. Kinder in einer jungen Ehe erschweren die Bindung zwischen den Eltern, erkannte Wolfgang H. Dieses Gewöhnen an den Menschen, mit dem man da verheiratet ist, dieses Vertrautwerden, dieses allmähliche Sichnähern, das Abtasten und Ausprobieren der Gefühle ist nicht mehr möglich. Die erotische Spannung erschöpft sich, verliert sich, verschwindet. Natürlich, Wolfgang H. hatte nicht nur die Sexualität im Sinn, wenn er an seine Frau dachte. Verändert hatte sich aber doch das ganze Zusammenleben, seitdem Julia da war. Es gab keine nächtelangen Diskussionen mehr, keine spontanen Kinobesuche, keine ungeplanten Ausflüge übers Wochenende, keine Improvisation. Pünktlich forderte das Baby seine Rechte. Fünfmal mußte es am Tag die Flasche haben. Die Forderungen des Babys wuchsen von Monat zu Monat. Die eheliche Spontaneität verwandelte sich in häusliche Gewohnheiten mit festen Essenszeiten, organisiertem Tagesablauf, eingeengten Vergnügungen. Das Familienleben trieb Wolfgang H. in eine depressive Stimmung. Ständig mußte er Interesse für Belanglosigkeiten heucheln, mußte da sein, helfen, Heidi unterstützen und hätte sich doch lieber verdrückt und verkrochen. «Das hättest du dir früher überlegen müssen», antwortete ein Kollege auf seine ewigen Klagen. Nun war er ein etablierter Bürger, der sich beim Arbeitgeber die soziale Sicherheit erkaufen mußte – durch Wohlverhalten. Seine Unabhängigkeit, seine Lebenslust, seine Wildheit war gezähmt. Er wunderte sich über Heidi. Sie schien seine Verzweiflung nicht zu bemerken. Sie konzentrierte sich auf das Kind. Erst in einigen Jahren wollte sie in den Beruf zurück. Ihr Chef hatte ihr versprochen, einen gleichwertigen Posten freizuhalten. Sie sei eine wertvolle Arbeitskraft und habe das Geschäft ja sozusagen mit aufgebaut. Nur – zwei

Jahre später litt die Exportfirma unter den Auswirkungen der Wirtschaftskrise. Heidi konnte nicht an ihren alten Arbeitsplatz zurückkehren. Sie war enttäuscht. Obendrein mußte sie noch vor Wolfgang die zufriedene Mutter spielen. Sie fühlte sich mit dem Kleinkind allein gelassen, da Wolfgang ihr vorhielt: «Es ist dein Kind. Du hast es gewollt.»

Wolfgang begann sich auf ein Familienleben wie zu Großvaters Zeiten einzurichten. Trickreich spielte er sein Unbehagen gegen seine Frau aus. Familiäre Belastungen gehörten nach seiner Meinung in ‹Mutters Ressort›. Also mußte Heidi sich den Vorstellungen des sich entwickelnden Patriarchen fügen. Ihr Mann machte sie für die Ehemisere, für alle Schwierigkeiten verantwortlich. Ihre Bitte, daß auch Wolfgang das Kind gelegentlich einmal versorgte, wurde mit einem ironischen Lächeln beantwortet. Heidi hatte stets da zu sein, gleichgültig, ob die Party bis zum Morgengrauen währte, gleichgültig, ob die erkrankte Tochter immer wieder die Nachtruhe störte oder das schreckhafte Kind nach Angstträumen beruhigt werden mußte. Wolfgang nahm auf all das keine Rücksicht. Er dachte auch nicht daran, sich dem Rhythmus des Familienlebens anzupassen. Er wollte sein vermeintliches Recht dem Recht des Kindes nicht unterordnen. Der Familienalltag mit seinen ständigen Pflichten machte ihn ungeduldig.

Heidi begann zu trinken. Sie verschaffte sich Entlastung, aber war nicht mehr imstande, die Aggressionen gegen ihren Mann zu zügeln. Ein unverhüllter Kampf setzte nach ungefähr drei Ehejahren ein.

Wolfgang und Heidi verrannten sich in Vorwürfe, verstrickten sich in sinnlose Diskussionen über die ‹Kinderfrage›, die für sie keine Frage mehr war. Im engen Rahmen der Kleinfamilie fanden sie keine Möglichkeit, aus dem Teufelskreis auszubrechen. Sie wurden ihrer Umwelt gegenüber unsicher, taten so, als ob sie ohne ernsthafte Konflikte miteinander lebten. Das erhöhte die häuslichen Spannungen. In einer freudlosen Atmosphäre wuchs das Kind auf. Als es sechs Jahre alt war, stahl es in einem Kaufhaus Kugelschreiber, einige Buntstifte und einen billigen Ring. Ein Psychologe erklärte den Eltern, daß Kinder in diesem Alter nur stehlen, weil sie einen Liebesersatz suchen. Fehlende Liebe im Elternhaus sei im allgemeinen der Grund.

«Aber ich schaffe es einfach nicht», sagte Heidi, in Tränen ausbrechend, «ich bin da überfordert. Manchmal hasse ich meine Tochter sogar.»

Der Psychologe riet, Abstand vom Familienalltag zu gewinnen, eine Bestätigung außerhalb des Hauses zu suchen. Vielleicht, meinte er, könnte ihr eine berufliche Tätigkeit helfen. Erfahrungen zeigten, daß eine halbtags arbeitende Mutter ihre Zeit mit einem schulpflichtigen Kind sinnvoller verbringe als manche Ganztagsmutter.

Früher oder später gleichen zahlreiche Ehen einem Schlachtfeld. Die Kinder werden zum Störfaktor. Der Mann fühlt sich vernachlässigt, die Frau eingesperrt. Sie möchte in den Beruf zurück, er ist oft dagegen. Selbst wenn der Mann keinen Widerstand leistet, ist die Frau kaum in der Lage, Beruf und häusliche Pflichten zu vereinen – es sei denn, sie nimmt eine ständige Überforderung in Kauf. Auch das gefährdet das Zusammenleben.

«Man kann eben nach wie vor nur das eine oder das andere. Es ist schrecklich, das immer so zu sagen, dann denken alle Frauen, die Kinder haben, na, weißt du, du machst einem vielleicht Mut», sagte die Politikerin Helga Schuchardt in einem Gespräch und fügte hinzu, daß eine solche Meinung Wählerstimmen kosten könnte. Eine kurze Frage des Interviewers in einer Fernsehsendung brachte sie darum in Verlegenheit. «Haben Sie Kinder?» erkundigte er sich, obwohl sie gebeten hatte, das Thema doch nicht anzuschneiden. «Nein – bis jetzt jedenfalls noch nicht», kam sehr zögernd die Antwort. Sie wußte, wie lächerlich das klingen mußte bei einer Frau von Mitte Dreißig. Die Entscheidung gegen Kinder hatten sie und ihr Mann längst getroffen, die Entscheidung für den Beruf und die Politik. Im Gespräch kam sie auf den Vorfall und das Problem zurück:

«Frauen sind erst dann in der Politik, wenn sie ihre Kinder

aus dem Gröbsten raus haben. Das sieht man am Altersquerschnitt der Männer im Bundestag, der unter dem der Frauen liegt. Man wird als Frau, davon bin ich fest überzeugt, nur ernst genommen, wenn man einen Mann hat. Am besten auch Kinder. Inzwischen weicht sich das ein bißchen auf – es braucht nicht unbedingt ein Ehemann zu sein und man braucht auch nicht unbedingt Kinder zu haben.»

Frauen mit kleinen Kindern sind im Bundestag die große Ausnahme. Sie bleiben in den Landesparlamenten hängen und fühlen sich auch dort gehandikapt. Wenig flexibel, wie sie notgedrungen sind, können sie nur bestimmte Aufgaben übernehmen und geraten den Männern gegenüber rasch ins Hintertreffen. Nur eine Möglichkeit scheint es bisher zu geben, dieses Problem zu lösen, meint Helga Schuchardt:

«Das geht dann nach dem Motto: Kinder kriegen und bei Oma abliefern. Das klappt natürlich, wenn man noch rüstige Eltern hat. Aber auch die wollen natürlich nicht mehr unbedingt auf die Enkel aufpassen, noch mal mit Kindern anfangen. Also, bei der Oma abliefern, ist an sich ein unehrliches Verfahren. Ich mache keinen Hehl daraus, ich hätte gern Kinder, aber es tut mir leid, ich könnte das nicht verantworten. Ich versuche in der Politik etwas für Frauen mit Kindern zu tun.»

Eine große Ausnahme sind Ehemänner von Politikerinnen, die wegen ihrer Frau auf eine eigene berufliche Entwicklung verzichten, eventuell halbtags arbeiten, um die Kinder zu versorgen. Es sind inzwischen zwar mehr Frauen politisch tätig, treten in die Parteien ein, melden sich in Versammlungen und Ausschüssen zu Wort – das ist ein Fortschritt. Aber nicht die Arbeitsteilung mit dem Mann ermöglicht das. Diese Frauen kommen meist aus der Schicht der ‹Bildungsbürger›, aus freien Berufen und haben die finanziellen Mittel, Haushaltshilfen zu bezahlen. Der Konflikt der Mütter, die berufstätig bleiben möchten, ist damit nicht gelöst. Denn die meisten Männer lehnen ein starkes berufliches Engagement der Mutter weiterhin ab und meinen, die Frau gehöre in erster Linie ins Haus. Es

sei denn, sie muß aus finanziellen Gründen unbedingt mitverdienen. Jedoch, so meint ein Frauenarzt, Beruf und Kinder
dürfen sich nicht ausschließen:
«Ich würde jeder Frau nur raten, einen Beruf und Kinder zu
haben aus einem – vielleicht abstrusen Grund. Eine Frau, die
nichts gelernt hat, außer Kinder zu kriegen, wird für den
Partner, den Mann schwierig. Das ist sicherlich sehr subjektiv.
Ich glaube, daß für eine Partnerschaftsverbindung der intellektuelle Status der Frau wichtiger ist, als Kinder zu haben. Ich bin
überzeugt davon, daß die Kinderzahl an der Beständigkeit
einer Verbindung nichts ändert, aber die intellektuelle, die
geistige Ausstrahlung – das ist jetzt ein dummes Wort, aber ich
weiß nicht, wie man das besser ausdrücken soll – die geistige
Ausstrahlung, die eine Frau hat, daß die den Mann veranlaßt,
mit dieser Frau zusammen zu leben. Und das ist natürlich viel
besser ausgeprägt, wenn die Frau irgend etwas gelernt hat. Und
das kann alles sein: Sekretärin, Kindergärtnerin, Beamtin –
irgendein Interessenpotential soll sie mitbringen. Sie soll den
Beruf, wenn es irgend geht, auch noch ausüben, und wenn es
nur ein paar Stunden sind, einfach weil der Mann es schön
finden muß, wenn die Frau nach Hause kommt und erzählt,
was bei ihr stattgefunden hat.»
   Der Arzt sieht durchaus, wie schwierig es ist, das zu erreichen. Aber er meint, es lohne sich, das durchzusetzen. Auch
sonst hält er viel von berufstätigen Frauen:
   «In allen Situationen, die ich im Hospital erlebe, verhalten
sie sich viel besser als Frauen, die keinen Beruf haben, das hat
nicht sehr viel mit dem Intelligenzquotienten der Leute zu tun.
Deswegen würde ich wünschen, daß Frauen Kinder und Beruf
hätten.»
   Das geht zur Zeit nur, wenn die Männer helfen. Das mögen
und können sie heute aber kaum. Nur in den seltensten Fällen
kann der Mann sich im Beruf frei nehmen mit der Begründung,
er müsse die Kinder hüten. So versacken die Frauen im Haushalt, reden abends über die Kinder – was die wieder angestellt
haben. Der Mann bleibt allein mit seinen Interessen und sucht

sich den Ausgleich anderwärts.

Diese Schwierigkeiten werden durch eine neue Entwicklung verstärkt, die Frauen von dem Versuch abschreckt, Kinder und Beruf zu vereinen. Arbeitslosigkeit bedroht vor allem sie. Da bleiben sie nach der Heirat lieber gleich zu Hause. Denn der berufliche Aufstieg ist für die meisten ohnehin blockiert. Wenig Hoffnung läßt ihnen Helga Schuchardt:

«Von der Karriere können Frauen nur träumen. In der Wirtschaft findet die gewiß nicht statt, weil doch immer damit gerechnet wird, daß die Frau demnächst für ein paar Jahre ausfällt. Ich verstehe das auch. Wenn ich entscheiden müßte, ob da ein Mann oder eine Frau Abteilungsleiter wird – würde ich auch auf der sicheren Seite sein.»

Sie sieht keine Lösung im sogenannten Babyjahr:

«Ich bin definitiv dagegen, daß Frauen für ein Jahr vom Beruf freigestellt werden können, wenn sie ein Kind bekommen haben. Das führt zur Zeit ganz klar zum zweiten Rang im Beruf. Natürlich würden dieses Babyjahr nur Frauen in Anspruch nehmen, auch wenn wir ganz progressiv tun und das für ‹einen Ehepartner› fordern. Na schön, das machen dann 99,9 Prozent Frauen und 0,01 Prozent Männer – und der arme Kerl muß sich was anhören! Vielleicht ist das ein bißchen zynisch, was ich sage, wenn man an die Kinder denkt. Aber das Babyjahr wird ja auch im Hinblick auf die Emanzipation der Frau vertreten, und das ist absoluter Quatsch – es wird genau das Gegenteil bewirken.»

Babyjahr, Hausfrauengehalt oder Erziehungsgeld werden als Lösung für die Probleme berufstätiger Mütter angepriesen. Sie sollen die Chance haben, sich eine Zeitlang ganz den Kindern zu widmen. Aber nicht die Sorge um ihr Wohl steckt in erster Linie hinter diesen Vorschlägen und einigen Modellversuchen, eine größere Rolle spielen die sinkenden Geburtenzahlen und die Arbeitslosigkeit. Die Frauen, als verfügbare Masse mißbraucht, sollen ins Haus zurückgeschickt werden. Überlastet wie sie sind, scheinen sie nicht abgeneigt zu sein, dem Vorschlag zu folgen.

Das Bundesministerium für Jugend, Familie und Gesundheit ermittelte 1975, daß ungefähr die Hälfte der 500000 berufstätigen Frauen mit kleinen Kindern bereit wäre, ihren Arbeitsplatz zu räumen, wenn man ihnen mindestens 500 Mark im Monat zahlte. Den Staat würde das immerhin rund 1,4 Milliarden Mark im Jahr kosten. Eine Summe, von der keiner genau sagen kann, wie sie aufgebracht werden soll. Und die Folgen für die Frauen wären verheerend, ihre Berufschancen würden weiter sinken. Welcher Arbeitgeber böte ihnen überhaupt noch einen befriedigenden Arbeitsplatz an, wenn er mit ihrem längeren Ausscheren rechnen müßte? Darüber hinaus ist es äußerst zweifelhaft, ob Männer die frei werdenden Arbeitsplätze einnehmen würden; und wenn, gewiß nicht zu den niedrigen Löhnen und Gehältern der Frauen. Schnell könnte also der Ruf nach den billigen weiblichen Arbeitskräften wieder laut werden und die ‹Sorgen um das Wohl der Kinder› beiseite schieben. Ein Babyjahr – oder wie immer man es nennen will – ist sicher nicht prinzipiell abzulehnen. Von der Arbeitsgemeinschaft sozialdemokratischer Frauen wurde ein akzeptabler Vorschlag gemacht:

Nach der Geburt des Kindes kann ein achtzehnmonatiger Elternurlaub gewährt werden, den Mutter und Vater je zur Hälfte antreten müssen, um sich die Familienpflichten zu teilen. Der Lohn wird fortgezahlt und der Arbeitsplatz garantiert, wenn sie sich zur Rückkehr in den Beruf verpflichten.

Eine solche Lösung würde die Frau nicht diskriminieren und die Gleichberechtigung um einen entscheidenden Schritt vorantreiben. Aber der Vorschlag der sozialdemokratischen Frauen ist vorerst nicht zu realisieren. Sie sind in ihrer Partei nur eine Randgruppe und im Parlament und in der Regierung allenfalls als verschwindende Minderheit vertreten. Auch Genossen werden ihre Privilegien nicht ohne weiteres aufgeben, und zu wenige Frauen sind bereit, sich gleiche Rechte zu erkämpfen.

Der Rückzug ins Haus löst ihre Probleme nicht. Hinter der versuchten Aufwertung der Hausfrau und Mutter verbergen sich handfeste patriarchalische Interessen. Je wichtiger ihre Aufgaben genommen werden, um so skeptischer sollte sie sein. Das ihr besonders aus konservativen Kreisen gezollte Lob ist im besten Fall ein Trostpflaster, aber häufiger ein Täuschungsmanöver, damit der Mann seine Vormachtstellung behält. Er verdammt die Berufstätigkeit von Müttern, weil er sich nicht um die Kinder kümmern will. Kinder fesseln fast immer die Frau ans Haus. Gleiche Chancen wie der Mann hat sie im allgemeinen nur, wenn sie sich gegen Kinder entscheidet – trotz all der Bedenken, die auch Helga Schuchardt hatte:

«Es ist doch eigentlich schön, Kinder zu haben. Wir haben oft überlegt, ob wir das nicht irgendwie einrichten können, haben mit Freunden darüber gesprochen. Viele Mütter sagten, ich würde natürlich nicht auf unsere Kinder verzichten mögen, das ist ganz klar – aber wenn ihr mich fragt, ich würde es nicht noch mal machen. Und das sind Mütter, von denen ich weiß, daß sie sich auf ihre Kinder gefreut haben. Und die wollten gern aufhören zu arbeiten, hatten sowieso die Nase voll, die blieben mit Vergnügen zu Hause. Die Männer verdienen auch genug, so daß sie sich's leisten können. Sie haben aufgehört zu arbeiten, und nun sagen sie, das war ein Fehler, und sagen auch zu den anderen, hört bloß nicht auf zu arbeiten!»

Frauen geben ihren Beruf auf und vermissen ihn, fühlen sich als halbe Menschen. Frauen bleiben im Beruf und leiden unter der Doppelbelastung, träumen davon, nur Hausfrau und Mutter zu sein. Der Zwiespalt bleibt bestehen. Lassen sie sich in die Hausfrauen- und Mutterrolle drängen, verzichten sie auf ihre Selbständigkeit. Arbeiten sie, leiden sie unter Schuldgefühlen gegenüber ihren Kindern. Frauen sehen heute, daß ihnen die Kinderlosigkeit fast als einziger Ausweg bleibt, um dem Dilemma ihrer gesellschaftlichen Situation zu entgehen. Haben Frauen jedoch Kinder geboren, fragen sie sich bald, ob sie als alleinstehende Mütter nicht besser zurechtkommen. Über zwei Drittel aller Scheidungen werden in der Bundesrepublik von Frauen eingereicht, viele von ihnen sind Mütter.

8. Mütter ohne Ehemänner

Sie sind ledig, geschieden oder verwitwet, die rund 650000 alleinstehenden Mütter in der Bundesrepublik. Eine andere Statistik nennt die Zahl von 750000 Frauen mit 1,2 Millionen Kindern unter achtzehn Jahren. Nicht die Zahlen interessieren hier an erster Stelle, sondern die Probleme der alleinstehenden Mütter. In einer Fernsehsendung sagte eine von ihnen:

«Man gehört nicht mehr dazu – zur sogenannten Gesellschaft; man fühlt sich als Außenseiter der Gesellschaft, das kann man wohl sagen, weil man eben keine Familie mehr ist.»

Halbe Familien heißen sie, Teilfamilien, Rumpffamilien oder unvollständige Familien. Denn Vater, Mutter und mindestens ein Kind gehören zu einer ‹richtigen Familie›. Sie steht unter dem besonderen Schutz des Staates. Weniger Schutz genießen diejenigen, die ihn dringender brauchen. Alleinstehende werden immer noch an den Rand der Gesellschaft gedrängt, obwohl sie sich nicht mehr in einer Ausnahmesituation befinden. Jede fünfte Ehe wird heute geschieden. Die Verwitweten eingerechnet, sind 30 Prozent der Erwachsenen an irgendeinem Zeitpunkt ihres Lebens ohne Partner. Kaum einer gerät dadurch nicht in Schwierigkeiten.

Etwas toleranter sind wir geworden. ‹Teilfamilien› werden ins Licht der Öffentlichkeit gezogen, im Fernsehen kommen sie vor, das Kindertheater zeigt sie. «Erzieht eure Frauen zu Witwen», forderte der Deutsche Gewerkschaftsbund seine männlichen Mitglieder auf.

Alleinstehende Mütter sind keine geschlossene Gruppe. Es kommt auf die finanzielle Situation an und darauf, ob die alleinstehende Mutter verwitwet, geschieden oder ledig ist.

Eine ledige Mutter zum Beispiel kann eine verlassene Frau sein oder eine selbstbewußte, die ihre Unabhängigkeit verteidigt und genießt; eine Frau wie Hannelore P. zum Beispiel, die das Kind wollte, obwohl sie wußte, daß sie mit dem Vater nicht zusammenbleiben würde. Es ist eine Lebensgeschichte, wie sie nicht allzu häufig vorkommt, aber die doch eine Entwicklung zeigt, die sich verstärkt; eine Geschichte nicht ohne Probleme.

Hannelore P. hatte ein Jahr in London als Aupair-Mädchen gearbeitet. Als nun Zwanzigjährige wollte sie auch noch Frankreich kennenlernen, wollte Französisch lernen. Sie fand eine Stellung als Kindermädchen in Paris, bei einer vierköpfigen Familie. Die Hausfrau nutzte sie aus. Hannelore hütete die Kinder, kochte das Essen, putzte, wusch ab und ärgerte sich, daß sie trotz ihrer Mühen keine Ordnung in den Haushalt brachte. Allmählich stumpfte sie ab, wurde nachlässiger. Auch die ihr zu Hause eingebleuten Moralvorstellungen gab sie auf, fand aber doch, sie vergammle äußerlich und innerlich. Wie anders sollte sie sich erklären, daß sie sich ganz dem Willen ihres Freundes Jean-Marie unterordnete. Er arbeitete in einer politischen Gruppe und trat als Protestsänger auf. Hannelore interessierte sich nicht für Politik. Ihr war es egal, ob Jean-Marie für die Linken oder die Rechten kämpfte. Ihr war es nur nicht egal, daß er alle zwei Wochen zu Schulungskursen aufs Land fuhr und erst nach drei Tagen zurückkam. Einmal blieb er sogar mehrere Wochen weg und war hinterher ein völlig anderer Mensch. Er verheimlichte ihr irgend etwas. Endlich gestand er, daß er für längere Zeit untertauchen müßte. Hannelore wollte ihren Job aufgeben und bei ihm bleiben. Das lehnte er ab, ohne Begründung. Er dürfe ihr nichts sagen, wehrte er weitere Fragen ab.

Nur noch wenige Tage blieben ihnen. Hannelore setzte heimlich die Pille ab. Sie wollte ein Kind von ihm, wollte aber zugleich ihr eigenes Leben mit diesem Kind beginnen. Sie kam sich vor, als sei sie durch diesen Entschluß ganz frei und selbständig geworden. Auf eine naive Art fühlte sie sich heroisch. Tatsächlich wurde sie schwanger. Ihren Freund sah sie niemals wieder.

Hannelore P. kehrte zurück zu ihrer geschiedenen Mutter in die Bundesrepublik. In der kleinbürgerlichen Umgebung brauchte sie Mut und Selbstbehauptungswillen. Sie mußte sich zwingen, neugierige Fragen ohne Aggressionen abzuwehren, denn die hätte man ihr als Eingeständnis eines Fehltritts vorgehalten. Dazu wollte sie es der Mutter erleichtern, die mit dem Entschluß ihrer Tochter nicht fertig wurde. Doch als der Nachwuchs da war, ein Mädchen, vergaß die Mutter die Vorbehalte, alle Angst vor Nachbarn, Freunden und Bekannten. Sie unterstützte ihre Tochter mit Geld und Ratschlägen, half ihr im Haushalt. Gemeinsam erzogen die beiden Frauen das Kind. Zu Schwierigkeiten und Streitereien kam es erst, als Hannelore abends länger wegblieb. Sie hatte sich einen Freundeskreis aufgebaut. Sie spielte in der Tischtennisgruppe der Versicherungsgesellschaft, in der sie als Fremdsprachenkorrespondentin tätig war. Sie wurde in den Betriebsrat gewählt. Sie ging zu Parties. Die Mutter machte sich Sorgen um die Moral ihrer Tochter. Sie sei kein Kind mehr, das sich bevormunden lasse, sagte Hannelore. Die Mutter wies auf das Baby hin. Es brauche eine ‹Bezugsperson›. Leichtfertig sei Hannelore, vielleicht sogar keine richtige Mutter.

Bei jedem Mann, den Hannelore kennenlernte, hoffte die Mutter, daß ihre Tochter endlich vernünftig werden könnte und heiraten würde. Aber Hannelore kümmerte sich nicht um diese Erwartungen. Sie hatte sich entschlossen, ‹ihr› Leben zu führen. Egoistisch sei sie, ja, das gab sie zu, so egoistisch, daß sie nur heiraten würde, wenn sie dazu Lust hätte. Sie erklärte ihrer Mutter, daß das Kind ohne Vater groß werden sollte. Hannelore empfand es nicht als Nachteil, ein Kind gemeinsam mit der Mutter zu erziehen. Ihr selbstsicheres Verhalten, ihre beruflichen Erfolge zerstreuten die Zweifel der Mutter und die Vorurteile der Umwelt. Das Baby wuchs zu einem aufgeweckten Kind heran. Mit sechs Jahren kam Sabine in die Schule. Sie lernte ohne Schwierigkeiten. Im Frauenhaushalt hatte man sie weder zum Jungen noch zum Mädchen gedrillt. Das Verhalten von Männern beobachtete sie an Hausbewohnern, aber nie war sie von einem Vater auf eine Tochterrolle fixiert worden. Sehr früh hatte sie schon begriffen, wie wichtig der Beruf für ihre Mutter war. Das Kind hatte nicht unter ihm zu leiden, die Großmutter war ja da.

Viele alleinerziehende Elternteile müssen ihre Probleme auf diese Weise lösen. Oft bleibt es ein Notbehelf. Die ‹Omas› werden wie Dienstboten ausgenutzt, solange man sie braucht und dann möglichst schnell wieder abgeschoben. Nur selten sind sie in das Familienleben voll integriert, leben mit der jüngeren Generation zusammen.

Im Gegensatz zu geschiedenen Frauen und Witwen hat eine ledige Mutter wie Hannelore P. in einer Hinsicht weniger Probleme. Aus der meist nur kurzen Verbindung zum Vater ihres Kindes kann sie sich leichter lösen. Und dem Kind bleibt der Schock des Verlustes erspart.

Ledige Mütter mit mehreren Kindern sind heute selten geworden. Aufklärung, Beratung und die Möglichkeit eines Schwangerschaftsabbruchs verhindern es, daß eine unverheiratete Mutter mehr als ein Kind hat. Dieses uneheliche Kind ist nicht selten ein Wunschkind. Aber kaum eine Frau kann alle Konsequenzen ihres Entschlusses übersehen:

«Denn wie schwer es ist, Kinder ohne Vater großzuziehen, erweist sich erst im Laufe der Jahre und im Zuge vielfältiger Erfahrungen. Keiner ledigen Mutter gelingt es, sich und ihr Kind abzuschirmen gegen jedwelchen Druck.»[55]

Gertrud Stetter, Mutter von zwei unehelichen Kindern, kennt die Schwierigkeiten aus eigener Erfahrung:

«Das Problem der unvollständigen Familie ist vor allem ein Problem des alleinstehenden Elternteils. Die Bedürfnisse und Ansprüche einer Familie zu erfüllen, alle Entscheidungen letztlich allein zu treffen, immer die einzige Instanz zu sein, ist für einen einzelnen eine große Last. Die Verteilung der vielfältigen Aufgaben auf zwei Menschen ist nicht von ungefähr die übliche, die ‹gültige› Grundlage der Familienexistenz. Sie tarnt zudem und schützt vor lästiger Neugier der Mitmenschen und amtlichen Einbruch in den persönlichen Lebensbereich. Die gesellschaftliche Sonderstellung der unvollständigen Familie will, selbst wenn sie nicht unmittelbar angefochten wird, unentwegt behauptet und gefestigt sein.» Die freiberuflich tätige Autorin hat selbst einen bitteren Lernprozeß durchgemacht:

«Jahrelang habe ich mit so bezwingender Abweisung, in herzlichem Umgangston, über mich geschwiegen, ich meine über alles außer über mich geredet, daß niemand mehr wagte, eine Bemerkung zu machen oder eine Frage zu stellen. Weder Feind noch Freund, noch Angehörige. So gelang es mir über Jahre hinweg, auch meine Verlassenheit vom Vater der Kinder totzuschweigen. Ich feierte es als Triumph über den gesellschaftlichen Zwang, dem ich mich doppelt entzog. Zuerst durch das Ausscheren aus der Familienstruktur, indem ich die Kinder der Liebe gebar und allein mit ihnen zu leben begann. Lange bevor mir eine Identifikation mit dieser Rolle gelungen war, ließ mich die Liebe, und ich lebte von nun an ‹in Scheidung›. Ich hatte nicht einmal mehr den Trumpf in der Hand, der mir vorher wenigstens eine Art traumwandlerischer Sicherheit verliehen hatte.»

Der Status einer geschiedenen Frau schien Gertrud Stetter geradezu eine gesellschaftliche Auszeichnung. Im natürlichen Tod des Ehegatten sah sie wenig Grund zum Trauern; sah sie nur einen Schicksalsschlag, mit dem man fertig werden kann. Frei und unbeschwert fühlte sie sich allerdings mit ihren Kindern nur dort, wo sie niemand kannte, im Urlaub lebte sie auf. Es wollte ihr nicht gelingen, sich mit der selbstgewählten Außenseiterrolle abzufinden:

«Mir gelang die Identifizierung erst, nachdem ich in eine noch krassere Außenseiterposition geraten war. An den äußersten Rand der Gesellschaft gedrängt, unter denen, die von allen Randgruppen das geringste Verständnis finden: den psychisch Kranken in der Nervenheilanstalt, da fand ich unversehens Zugang zu meiner wahren Rolle. Da fand ich im Zuge der Erholung meine sogenannte Identität; konnte mich fortan, nun ungeachtet allen Vorbehalts und jeglicher Unstimmigkeit, mit meiner Lebensrolle einigen. Nie mehr hatte ich danach Bedenken oder Hemmungen, den Personen- und Familienstand aufzudecken.»[56]

Gesellschaftliche Ächtung oder nur die Furcht, geächtet zu werden, hat erschreckende Folgen:

Die Säuglingssterblichkeit nichtehelicher Kinder liegt doppelt so hoch wie die ehelicher. Wesentlich höher liegt auch die Zahl der Totgeburten sowie der Früh- und Fehlgeburten bei ledigen Frauen. Bei ihnen kommt es auch zu einer größeren Müttersterblichkeit. Besonders die Unterschicht ist davon betroffen. Die unvollständige Familie ist nicht in die Gesellschaft integriert. Handelt es sich jedoch um prominente Bürgerinnen oder gar Weltstars, liefern sie als ledige Mutter reichlich Stoff für die Klatschspalten und wecken das Interesse an der besonderen Situation.

«Lieber zwölf Kinder als einmal heiraten»[57], überschrieb der *Spiegel* einen Artikel seiner Redakteurin Ariane Barth. Sie befaßt sich darin auch mit jenen ledigen Müttern, die gesellschaftlicher Glanz umgibt.

Da ist die Schauspielerin Uschi Glas, die darauf baute, «daß ein Vater ohne Trauschein ein besserer Vater sein kann». Und Gerhart Hauptmanns Enkelin Antja wollte «besser uneheliche Mutter sein als unglückliche Ehefrau». Oriana Fallaci, weltbekannte Journalistin, entschied sich für das uneheliche Kind, verlor es im vierten Monat wieder und schrieb ein Buch über ihre Erfahrungen. Jedermann weiß, daß die Tochter der norwegischen Schauspielerin Liv Ullmann Ingmar Bergman zum Vater hat. Dagegen rätselt man darüber, wer es wohl sein könnte, von dem Etta Schiller, ein Jahr nach der Scheidung vom früheren Wirtschaftsminister Karl Schiller, einen Sohn bekam. Die Regierungsdirektorin sagte: «Ich bin glücklicher geworden, auch erfüllter, wie es altmodisch heißt.» Sie nannte Vorbedingungen für eine Mutterschaft ohne Ehe: «Das steht und fällt mit der wirtschaftlichen Unabhängigkeit. Wer die hat, der kann zum Mann eher sagen, ja geh, wie er auch ja zum unehelichen Kind sagen kann.» Ohne diese wirtschaftliche Unabhängigkeit sind die Aussichten für eine ledige Mutter eher trübe.

Sozial und rechtlich ist die Teilfamilie immer noch benachteiligt, sie ist eine Familie zweiter Klasse. Zwar macht es vom Ansehen her einen Unterschied, ob die Mutter nicht verheiratet oder nicht *mehr* verheiratet ist. Aber auch bei der geschiedenen Frau fragen viele sich, ob sie nicht schuld an der Scheidung sei. Selbst wenn der Mann sich eine Freundin nahm. Irgend etwas wird ihn schon in deren Arme getrieben haben. Wenn er fremdgeht, kann mit ihr nicht allzuviel los sein. Zerbricht eine Ehe so wird die Schuld fast immer bei der Frau gesucht. Sie hat sich anzupassen, schon wegen der Kinder, denn die sind schließlich die Leidtragenden.

Das sind sie in der Tat. Die Gesetzgebung und unsere Gesellschaft gehen nämlich von der Normalfamilie aus: der Vater ist berufstätig, die Mutter betreut die Kinder. Die meisten alleinstehenden Mütter müssen aber berufstätig sein, um den Lebensunterhalt der Familie zu sichern. Sie haben keine Wahl. Die oftmals durch den Verlust des Vaters geschockten Kinder müssen auch noch die Mutter entbehren, weil die Witwenrente zu niedrig ist oder die Unterhaltszahlungen nicht reichen und häufig auch ganz ausbleiben.

Insgesamt haben die alleinstehenden Mütter im Durchschnitt das niedrigste Nettoeinkommen in der Bundesrepublik.

Wohnungsprobleme kommen hinzu und Schwierigkeiten, die Kinder in Krippen und Tagesstätten unterzubringen. Oft ist die Einweisung in ein Heim nicht zu umgehen.

70 Prozent der Kinder, die in Heimen leben müssen, sind Kinder Alleinstehender, die aber nur 5 Prozent der Bevölkerung ausmachen. Auch Erziehungsschwierigkeiten der Mütter führen zu Heimeinweisungen. Die überlasteten Frauen werden mit den Kindern nicht fertig. Es fehlt an Beratungsmöglichkeiten in Erziehungsfragen; die Wartezeiten bei geeigneten Psychologen sind zu lang. An manchen Orten betragen sie zehn bis

zwölf Monate. Das bedeutet für die Mütter eine große seelische Belastung neben der Sorge ums tägliche Brot.

Für 600000 von den 1,2 Millionen Kindern Alleinstehender wird der Unterhalt nicht regelmäßig oder überhaupt nicht gezahlt. Besonders die Väter drücken sich. Bis Anzeigen wegen Unterhaltsverletzung zum Erfolg führen, vergeht oft eine lange Zeit. Oder der Zahlungspflichtige ist nicht aufzutreiben, hat den Wohnort und den Arbeitsplatz wieder einmal gewechselt. Den Frauen bleibt dann nur der Weg zum Sozialamt.

Staatliche Unterhaltsvorschußkassen wurden gefordert. Der Stadtstaat Hamburg machte damit einen Anfang. Vom Januar 1977 an wurden für jedes neugeborene Kind 140 DM im Monat gezahlt, wenn die Mutter nicht oder nicht mehr verheiratet war. Bei den Vätern muß das Geld wieder eingetrieben werden – was gewiß nicht immer gelingt, aber vom Staat doch leichter zu erreichen ist. Den Unterhaltszahlungen hinterherzulaufen, ist für die Mütter oft eine wahre Odyssee.

Der «Verband alleinstehender Mütter und Väter» stellte fest: «Jede Mutter, jeder Vater, der ein Kind allein aufzieht, hat ein Recht auf staatlich verbürgten Unterhalt vom anderen Elternteil, weil er eine gesellschaftlich wichtige Aufgabe erfüllt.»

Schwierigkeiten entstehen aber nicht nur durch finanzielle und berufliche Probleme. Über mangelnde private Kontakte, über ihre Isolierung klagen ledige, geschiedene und auch verwitwete Frauen.

Beim Tod des Mannes ist der Witwe das Mitleid der Umgebung sicher. Trotzdem ziehen Freunde und Bekannte sich dann oft zurück. Aus Rücksicht auf die Trauernde, wie sie gern betonen. Egoismus ist es, Angst vor Verpflichtungen und eine Flucht vor der Nähe des Todes. Nur selten werden die Verbindungen wieder angeknüpft. Die Witwe wird als Gefahr für andere Ehen betrachtet. Wenn es ihr gelingt, sich ein neues Leben aufzubauen, gerät sie schnell in den Verdacht, eine ‹lustige Witwe› zu sein. Sie verscherzt sich alle Sympathien. Vorsichtig und zurückhaltend hat sie zu sein, sie kann nicht tun, was ihr gefällt, strenge Maßstäbe werden bei ihr angelegt.

Eine neue Ehe darf sie – nach einer gebührenden Frist – allenfalls eingehen, einen Liebhaber gesteht man ihr nicht zu.

Keinen Gesprächspartner mehr zu haben, empfinden viele alleinstehende Frauen als das Schlimmste. Berufstätige fürchten sich vor dem Wochenende, sind froh, wenn am Montag die Arbeit wieder beginnt. Die Hetze zwischen Kindergarten und Arbeitsplatz, die Haushaltspflichten am Abend, die Kinder, die zu ihrem Recht kommen sollen – das alles hindert sie wenigstens am Grübeln.

Zum Nachdenken kommen, heißt besonders für frisch Geschiedene, sich mit ihrem Versagen zu beschäftigen. Die geglückte Partnerschaft macht heute für viele den Sinn des Lebens aus, sie hat Vorrang vor allem anderen. Scheidung muß so zum Makel werden. Sie zerstört das Selbstbewußtsein in einem Augenblick, wo es dringend gebraucht wird. Es gilt, das Leben neu zu organisieren, bis hin zum Tagesablauf, der durch die Bedürfnisse des Mannes bestimmt wurde. Nur für sich und die Kinder zu kochen, bedeutet für manche Frau schon eine Hürde, die sie nehmen muß. Es ‹lohnt› sich nicht mehr, wenn der Mann am Eßtisch fehlt. Bis zur Scheidung hatte sie nur an Ruhe gedacht, sich danach gesehnt, jetzt vermißt sie den täglichen Trott, selbst die Streitereien und Kämpfe – nur Leere empfindet sie. Schuldgefühle den Kindern gegenüber beginnen sie zu quälen; ihr schlechtes Gewissen läßt sie oft aggressiv werden. Feindseligkeit, ja sogar Haß können Mütter ihren Töchtern gegenüber entwickeln, wenn sie von ihrem Leben enttäuscht sind.

Marie Cardinal schildert in ihrem 1977 auf deutsch veröffentlichten Buch ‹Schattenmund›, dem sie den Untertitel ‹Roman einer Analyse› gab, wie ihre Mutter auf einem Spaziergang deutlich erklärte, daß sie, die Tochter Marie, ihr unwillkommen gewesen sei. «Stell dir vor, schwanger!» schleuderte die Mutter dem Mädchen entgegen. «Und das mitten während der Scheidung! Ist dir klar, was das heißt?»[58] Jahrzehntelang mußte sich Marie Cardinal mit den Vorwürfen der Mutter auseinandersetzen. In einer sieben Jahre dauernden Analyse konnte sie sich von ihrer Mutter emanzipieren, sich von den Schuldgefühlen befreien, daß sie zur Welt gekommen war. Denn ihre Mutter hatte sie geradezu angeklagt, ihr vorgehalten, wie sie, die Mutter, mit dem Fahrrad übers Land fuhr, über Felder, über Äcker, über Steine, wie sie über Hindernisse sprang, in brütender Hitze Tennis spielte, Aspirin und Chinin schachtelweise schluckte, aber das Kind, Marie, wurde sie nicht los:

«Jetzt hör mir gut zu, wenn sich ein Kind erst einmal eingenistet hat, kriegt man es da nicht mehr weg. Und so 'n Kind, das schnappt man sich in ein paar Sekunden. Verstehst du? Verstehst du nun, warum du aus meinen Erfahrungen lernen sollst, verstehst du, wie schnell die Falle zuschnappt? Verstehst du, warum ich dich warnen will? Na ja, nach mehr als sechs Monaten Roßkur war ich ja wohl gezwungen, mich mit der Schwangerschaft abzufinden, mit der Tatsache, noch ein Kind zu bekommen. Außerdem sah man's ja. Ich habe einfach resigniert.»[59]

Marie Cardinal wurde 1929 in Algier geboren. Sie studierte Philosophie in Paris, wurde Lehrerin und heiratete. Sie hat drei Kinder. 1960 gab sie ihren Beruf auf und arbeitete freiberuflich als Journalistin. Das Trauma ihrer Mutter, das Trauma einer geschiedenen und hilflosen Frau, hat sie mühsam überwinden müssen. Öffentliches Engagement braucht eine Frau, sagt sie deshalb, und gibt ihre Erkenntnisse in einer Frauenorganisation und durch ihre Arbeiten als Autorin weiter. Sie versucht, alleinstehenden Müttern zu helfen, die von der Gesellschaft noch immer diffamiert werden. Und – sie versucht Frauen zu warnen, allzu unbekümmert Kinder in die Welt zu setzen.

Die Zahl der alleinstehenden Mütter wird durch das neue Scheidungsrecht der Bundesrepublik steigen, das erwartet der Bevölkerungswissenschaftler Professor W. Jürgens.

Am 1. Juli 1977 trat das neue Familienrecht in Kraft, zu dem auch das reformierte Scheidungsrecht gehört. Die unterschiedlichen Meinungen dazu spiegelten die Schlagzeilen wider: «Der Kampf um die Kinder wird heftiger denn je.»[60] «Scheiden tut weh.»[61] «Die Scheidung wird menschlicher.»[62] «Neues Scheidungsrecht: Dreimal zahlen.»[63] «Jetzt lassen die Frauen die Männer sitzen.»[64]

Vom gestraften Mann ist die Rede und daß es für ihn besser sei, nicht zu heiraten. Das meint ein Anonymus, der seine Geschichte am 1. September 1977 im *stern* zur Diskussion stellte:

«Als ich vor einigen Monaten von einer längeren Geschäftsreise aus Ostasien zurückkam, leider zwei Tage früher als angekündigt, fand ich meine Frau mit einem gemeinsamen Freund in unserem Schlafzimmer. Den ‹Freund› habe ich gleich hinausgeworfen, meiner Frau habe ich verziehen, schließlich bin ich auch nicht immer ein Heiliger gewesen. Sie sehen, ich bin keiner, der nur für den Mann alle Freiheiten beansprucht. Aber meine gelegentlichen ‹Freiheiten› haben unserer Ehe jedenfalls nicht geschadet. Ich bin seit etwas mehr als 23 Jahren verheiratet, Prokurist einer großen Handelsfirma, 63, meine Frau 42, unsere beiden Söhne (23 und 21) studieren. Und nun zeigt sich, daß ich die Rechnung ohne meine Frau gemacht habe: sie will sich scheiden lassen und mit dem Freund zusammen leben. Vor acht Wochen ist sie ausgezogen . . . Wir haben unser Haus, dazu eine Eigentumswohnung, die für unseren ältesten Sohn gedacht war, einiges Ersparte, eine Lebensversicherung und die Versorgungszusage meiner Firma. Das alles soll ich nun mit meiner abhanden gekommenen Frau teilen.»

Er wird es teilen müssen, denn nach der Schuld wird im neuen Scheidungsrecht nicht mehr gefragt. Und die Frau, die in diesem Fall nicht einmal einen Beruf erlernt hat, versorgte während der langen Ehe den Mann, den Haushalt und die Kinder. Gütertrennung wurde nicht vereinbart.

Es ist verständlich, daß Männer dem alten Recht nachweinen, und in der meist männlich bestimmten Presse kommen vor allem sie zu Wort. Wie das neue Recht sich in der Bundesrepublik auswirken wird, ist wahrscheinlich erst in Jahren zu übersehen. Die wichtigsten Punkte sind folgende:

Die Ehe muß geschieden werden, wenn die Partner es beide wollen und seit einem Jahr getrennt leben. Auch gegen den

Willen des anderen wird sie geschieden, aber erst nach drei Jahren. Nur in seltenen Ausnahmefällen ist eine längere Frist gesetzt. Der gesamte Scheidungsprozeß findet jetzt vor einem Richter statt, dem Familienrichter. Er regelt auch das Sorgerecht gegenüber den gemeinsamen Kindern, den Versorgungsausgleich, das heißt die gerechte Verteilung der während der Ehe erworbenen Alterssicherung, und er entscheidet über Unterhaltszahlungen, wenn ein Partner Bedürftigkeit anmeldet. Erst wenn alle ‹Folgesachen› geregelt sind, kann die Ehe geschieden werden.

Das neue Eherecht sieht vor, daß nach der Trennung jeder für sich selbst aufkommt. Es setzt also – im Prinzip wohlgemerkt – voraus, daß die Partner alle Lasten gerecht verteilen und beide berufstätig bleiben. Da die Wirklichkeit aber anders aussieht, wurde der Begriff der ‹Bedürftigkeit› eingeführt. Ein Partner kann vom anderen Unterhalt verlangen, wenn er die gemeinsamen Kinder betreut, wegen Alter oder Krankheit keine Erwerbstätigkeit mehr aufnehmen kann, oder bis zur Erlangung einer angemessenen Erwerbstätigkeit. Angemessen ist sie, wenn sie der Ausbildung, den Fähigkeiten, dem Alter und Gesundheitszustand entspricht. Auch der in der Ehe erreichte Status muß berücksichtigt werden.

Der geschiedenen Frau des Direktors kann also nicht zugemutet werden, als Verkäuferin ihr Geld zu verdienen – auch nicht, wenn sie es vor der Ehe tat. Der Lebensstandard, zu dem sie in der Ehe ihren Teil beitrug, soll erhalten bleiben. Der Mann muß zahlen.

Unterhalt kann der jeweils Bedürftige beanspruchen, und zwar: zum Zwecke oder zur Fortsetzung einer Ausbildung, zur Fortbildung oder Umschulung mit dem Ziel, ins Erwerbsleben zurückzukehren.

Findet er dann eine ‹angemessene Tätigkeit›, ist der frühere Partner keineswegs aller Sorgen ledig. Eine Krankheit kann die Unterhaltsansprüche wiederaufleben lassen. Auch behalten die Ansprüche aus der ersten Ehe stets Vorrang vor jedem Anspruch eines neuen Ehepartners.

Bei einer Scheidung sind die Eltern gegenüber ihren Kindern zu gleichen Teilen unterhaltspflichtig. Bekommt die Frau das Sorgerecht, erwirbt sie damit zugleich einen Unterhaltsanspruch. Dies wird vorerst der normale Ablauf bleiben. Und eventuell hat der Mann lebenslang zu zahlen: Erst sorgt seine geschiedene Frau für die Kinder, solange die ihre Anwesenheit brauchen – zehn bis fünfzehn Jahre könnten das sein. Dann bereitet sie sich auf die Rückkehr in den Beruf vor, findet aber nicht gleich eine ‹angemessene Tätigkeit›. Inzwischen ist sie auch nicht mehr die Gesündeste und schließlich zu alt für eine zumutbare Arbeit.

Absolut gesichert ist so die Frau, die eine ‹gute Partie› gemacht hat. Sie braucht nicht mehr in einer kaputten Ehe auszuhalten, um leben zu können. Gewiß sind Männer mit Hilfe des neuen Gesetzes zu ‹schröpfen›. Gutsituierte werden es verschmerzen können, wenn die Ansprüche ihrer geschiedenen Frauen jetzt besser geregelt sind und sie mit ihnen teilen müssen.

Für die Partner einer Normalfamilie, die sich scheiden lassen wollen, sieht es schlecht aus. Abgesehen von den gestiegenen Scheidungskosten muß das ohnehin nicht Reichliche geteilt werden, und das bei zwei Haushalten, die mehr Geld verschlingen als der ehemals gemeinsame Haushalt. Besonders bitter ist es für denjenigen, der die Scheidung nicht wollte, wie zum Beispiel Roswitha N.

Sie hat ihrem Mann das Studium bezahlt, auch nach der Geburt des Kindes weitergearbeitet. Sie verzichtete auf jegliche Fortbildung, obwohl ihr die als Einkäuferin in der Damenoberbekleidung sehr zugute gekommen wäre. Er versprach ihr, wenn er erst Geld verdienen würde, könnte sie das alles nachholen. Kurz nachdem sich ihm die Chance geboten hatte, in eine Anwaltskanzlei einzusteigen, erklärte er ihr, daß er eine Freundin habe und sich scheiden lassen wolle. Für das Kind muß er Unterhalt zahlen, seine Frau bekommt nichts. Und da sie eine Hilfe für das Kind braucht, muß sie scharf kalkulieren. Von den Rentenansprüchen, die sie während der Ehe erwarb, gehört ihm überdies die Hälfte.

Trotz solcher Ungerechtigkeiten werden berufstätige und damit wirtschaftlich unabhängige Frauen immer weniger bereit sein, in brüchigen Ehen auszuharren. Auf die etwas fadenscheinige Sicherheit, die sie ihnen bietet, verzichten sie gern. Der Preis ist ihnen zu hoch. Im neuen Scheidungsrecht wird die Ehe als Partnerschaft unter Gleichberechtigten betrachtet. Aber spätestens nach dem ersten Kind kann von Gleichberechtigung meist nicht mehr die Rede sein, darüber täuschen auch veränderte Gesetze nicht hinweg.

1957 wurde der Frau, wie es der Artikel 3 des Grundgesetzes bestimmt, endlich die Gleichberechtigung im Erwerbsleben und der Zugang zu allen Berufen garantiert. Das Leitbild der Hausfrauenehe blieb aber unangetastet. In § 1356 hieß es nämlich:

«Die Frau führt den Haushalt in eigener Verantwortung. Sie ist berechtigt, erwerbstätig zu sein, soweit dies mit den Pflichten in Ehe und Familie vereinbar ist.»

Und in § 1360: «Die Ehegatten sind einander verpflichtet, durch ihre Arbeit und mit ihrem Vermögen die Familie angemessen zu unterhalten. Die Frau erfüllt ihre Verpflichtung, durch Arbeit zum Unterhalt der Familie beizutragen, in der Regel durch die Führung des Haushalts; zu einer Erwerbstätigkeit ist sie nur verpflichtet, soweit die Arbeitskraft des Mannes und die Einkünfte der Ehegatten zum Unterhalt nicht ausreichen.»

Das heißt, die Frau sollte eigentlich nicht arbeiten, aber konnte dazu gezwungen werden. Der Gesetzgeber bürdete ihr und nicht dem Mann eine Doppelbelastung auf. Mit der Reform des Familienrechts änderten sich diese beiden Paragraphen. Seit dem 1. Juli 1977 heißen sie:

«Die Ehegatten regeln die Haushaltsführung im gegenseitigen Einvernehmen. Ist die Haushaltsführung einem der Ehegatten überlassen, so leitet dieser den Haushalt in eigener Verantwortung. Beide Ehegatten sind berechtigt, erwerbstätig zu sein. Bei der Wahl und Ausübung einer Erwerbstätigkeit haben sie auf die Belange des anderen Ehegatten und der Familie die gebotene Rücksicht zu nehmen» (§ 1356).

«Die Ehegatten sind einander verpflichtet, durch ihre Arbeit und mit ihrem Vermögen die Familie angemessen zu unterhalten. Ist einem Ehegatten die Haushaltsführung überlassen, so erfüllt er seine Verpflichtungen in der Regel durch die Führung des Haushalts» (§ 1360).

Beide Ehepartner haben nun die gleichen Rechte und Pflichten, aber vorerst nur auf dem Papier. Gleichberechtigung wird erst möglich sein, wenn die Benachteiligung der Frau im Erwerbsleben überwunden ist. Nicht zuletzt steht dem die Selbsteinschätzung der Frau entgegen. Zum ‹schwächeren Geschlecht› meint sie zu gehören; ihre Lage empfindet sie als ‹natürlich›, weil sie ihrem ‹weiblichen Wesen› entspricht. Sie strebt die Ehe und Mutterschaft an und hat wenig Hilfen von der Gesellschaft zu erwarten. Sicherheit erhofft sie sich durch die Heirat, Erfüllung durch das Kind. Zerbricht die Ehe, wird es für viele alleinstehende Mütter zur Last. Natürlich möchten nur wenige auf ihr Kind verzichten, aber stünden sie noch einmal vor der Entscheidung, ein Kind zu bekommen, fiele die vielleicht anders aus. Heute, wo praktisch fast jede Ehe geschieden werden kann, ist die Notwendigkeit noch größer, das ‹Ja› zum Kind gründlich zu überdenken.

Die Zahl der unvollkommenen Familien wird steigen, auch die der alleinstehenden Väter.

9. Die verlassenen Väter

Der «Verband alleinstehender Mütter» benannte sich auf Grund aktueller Entwicklungen in «Verband alleinstehender Mütter und Väter» um. Nach seinen Schätzungen gibt es in der Bundesrepublik 60000 geschiedene oder von ihren Frauen getrennt lebende Männer, die ihre minderjährigen Kinder bei sich haben. Ihre Zahl wächst schneller als die der alleinstehenden Mütter.

Immer häufiger reichen Frauen die Scheidung* ein und verzichten auf die Kinder; auch ohne daß ein anderer Mann dahintersteckt. Sie nehmen den Makel der weggelaufenen Ehefrau und Mutter, die ihre Kinder im Stich läßt, in Kauf. Immer mehr Männer sehen sich plötzlich mit der Aufgabe konfrontiert, neben ihrem Beruf noch den Haushalt und die Kinder zu versorgen.

Überraschend brach für den Graphiker Klaus M. die Katastrophe herein: seine Frau hatte ihn verlassen. Überall galten sie bis dahin als eine glückliche Familie. Mit den beiden Kindern hatten sie nicht mehr Sorgen als andere Eltern mit ihren auch, es waren die üblichen Schulprobleme. Finanziell ging es ihnen gut. Klaus M. war Chefgraphiker in der Werbeabteilung einer Möbelfabrik.

Dann mußte der alleingelassene Vater, der inzwischen achtunddreißig Jahre alt war, wieder freiberuflich arbeiten, damit er die Kinder und den Haushalt versorgen konnte. Seine Einnahmen sind rund um ein Viertel geschrumpft; die Ausgaben

---

* 106829 Scheidungen 1975. Kläger: 30657, Klägerinnen: 76172. Siehe Statistisches Jahrbuch für die Bundesrepublik Deutschland 1977.

höher als früher, obwohl sie ja nur noch zu dritt sind. Aber mit der Bügelwäsche kommt er zum Beispiel nicht zurecht. Und Kinderkleidung hat seine Frau oft selbst geschneidert. Gar nicht zu reden von seiner Doppelbelastung. Was sie ihm da angetan hat, scheint sie wenig zu kümmern. Klaus M. fühlt sich aber auch als Mann blamiert. Und mit seiner Karriere ist es natürlich vorbei. Eine Position, wie er sie hatte, bietet sich kaum ein zweites Mal. Wenn die Kinder ihn nicht mehr brauchen, wird er ohnehin zu alt sein, um wieder fest angestellt zu werden. In der Werbebranche muß man ‹jung und dynamisch› sein – oder schon ganz oben auf der Leiter. Kreativität traut man Älteren sonst nicht mehr zu. Natürlich könnte er wieder heiraten, aber im Moment hat er dazu nicht die geringste Lust. Über seine Situation macht er sich keine Illusionen, und im Grunde ist er froh, daß er keine Zeit zum Nachdenken hat.

Sein Leben ist eine einzige Hetze. Der beste Plan hilft da nicht weiter, irgend etwas schmeißt ihn immer wieder um. Alles muß er nun selber machen: mit den Lehrern reden, zu Behörden laufen, tagelang hinter Handwerkern hertelefonieren und aufgeschlagene Knie verbinden. Schulaufgaben, bei denen er fast täglich helfen muß, halten ihn von der eigenen Arbeit ab; oder auch nur ein Turmbau, der unbedingt bewundert werden soll. Erst wenn die Kinder im Bett sind, kann er sich richtig konzentrieren und sitzt dann die halbe Nacht am Zeichentisch. Freunde sieht er nur noch höchst selten, die Beziehungen haben sich merklich abgekühlt. Zuerst bot man ihm von allen Seiten Hilfe an, aber viel wurde dann nicht daraus.

Etwas empfindet er als positiv, er hat mehr Kontakt zu seinen Kindern. Sie sehen ihren Vater zum erstenmal bei der Arbeit. Früher wußten sie nie, was er im Betrieb eigentlich macht. Erstaunlich schnell begreifen sie, daß sie Rücksicht nehmen müssen. Sie bemühen sich, vorsichtig zu gehen, weil der Fußboden sonst vibriert und der Vater nicht sauber zeichnen kann. Sie kommen sich wichtig vor, weil sie ihm helfen können. Klaus M. beginnt, diesen Kontakt mit den Kindern zu genießen, auch wenn er sie manchmal zum Teufel wünscht. Nicht reibungslos, aber doch besser als er anfangs erhoffte, läuft alles ab. Den Haushalt bekommt er in den Griff. Perfektion strebt er nicht an; daß die nötig ist, hat ihm glücklicherweise niemand eingebleut. Er kocht mit Begeisterung, und den Kindern schmeckt es.

Das Schlimmste ist für Klaus M. nach wie vor, daß er nicht begreifen kann, warum seine Frau – seine frühere Frau, denn sie sind nun geschieden – warum sie ihn und die Kinder verlassen hat.

Es war eine Flucht. Zwei Kinder, ein netter Mann, eine schöne Wohnung, das genügte ihr nicht. Von morgens bis abends war sie auf den Beinen und wurde doch von Langeweile geplagt. Nie hatte sie Zeit und fühlte sich völlig unausgefüllt. Sie brauchte Anregung und war abends zu müde, um auch nur in Ruhe die Zeitung zu lesen. Der Beruf fehlte ihr. Zum Putzteufel war sie geworden, um nur nicht zum Nachdenken zu kommen.

Schließlich machte sie den Versuch, in den Beruf zurückzukehren. Den Sohn und die Tochter konnte sie im Kindergarten unterbringen – alles ließ sich leidlich gut an. Die Anfangsschwierigkeiten im Betrieb hatte sie schon fast überwunden, die Arbeit begann ihr Freude zu machen, aber da bekamen beide Kinder die Masern. Für Wochen fesselte sie das ans Haus, sie mußte ihren Jahresurlaub nehmen.

Mit schon etwas angeknackstem Elan versuchte sie dann weiterzumachen. Ihr Mann ermutigte sie, aber war beruflich so eingespannt, daß er ihr praktisch nicht helfen konnte. Ob es um Handwerker ging oder um eine Mieterversammlung, ob das Auto zum TÜV mußte oder der Elternrat tagte, immer kostete es ihre Zeit und Nerven. Sie mußte im Betrieb um Urlaub bitten. Sie vernachlässigte den Beruf und die Familie. Und was sie auch tat, sie tat es mit schlechtem Gewissen, wurde das Gefühl zu versagen überhaupt nicht mehr los. Die Spannung schien ihr unerträglich. Sie war ständig gereizt, was sich natürlich auf die Kinder übertrug, und mit ihrem Mann begann sie immer häufiger Streit; um Lappalien, wie sie hinterher zugeben mußte. Die Freunde fanden, sie mache sich völlig kaputt, nur weil sie unbedingt berufstätig sein wolle. Was sie nun wirklich nicht nötig hätte. Im Grunde sah sie das ein. Kurz vor der endgültigen Resignation brach sie dann aus. Ohne einen besonderen Anlaß. Es gab da nur ein vages Gefühl, daß ihr Leben zu Ende sei, wenn sie jetzt nicht endlich an sich denken würde. Mit zwei Koffern zog sie in ein möbliertes Zimmer – nach reiflicher Überlegung, wie man in solchem Fall gern sagt. Als nächstes reichte sie die Scheidung ein.

Als man sie später fragte, warum sie das eigentlich tat, wußte sie es ganz genau: Sie wollte ihre Selbständigkeit, wollte endlich erwachsen werden, versuchen, ein ganzer Mensch zu sein und nicht nur Hausfrau und Mutter. Ihr Mann versteht das immer noch nicht. Es würde sein Selbstbewußtsein auch arg strapazieren. Das braucht er nun dringend, um mit seinen Problemen fertig zu werden.

Trotz aller Schwierigkeiten ist Klaus M. in einer besonders günstigen Situation. Ein Arbeiter oder Angestellter, der nicht zu Hause bleiben kann und niemanden hat, der ihm hilft, wird sich schwer tun, auch nur ein Kind zu versorgen. Eine Wirtschafterin können sich nur Reiche leisten. Hat ein alleinstehender Vater sein Kind irgendwie untergebracht, lebt er mit denselben Problemen wie die berufstätige Mutter.

Sehr früh muß er aufstehen, um die Wohnung in Ordnung zu bringen und sein Kind in die Schule zu schicken oder im Kindergarten abzuliefern. Am Arbeitsplatz ist er immer in Sorge, ob nicht irgendwas passiert, wenn das Kind allein zu Hause ist. Gehetzt muß er nach Feierabend Einkäufe und kleinere Besorgungen erledigen und steht immer wieder vor verschlossenen Türen. Aus Zeitmangel kauft er zu teuer ein, Preisvergleiche sind ihm nicht möglich. Für berufstätige Mütter und Väter schließt auch der Kindergarten zu früh. Die Angestellten dort sind ärgerlich, sie wollen auch Feierabend machen; die Kinder sind unglücklich und quengeln, weil man sie solange warten läßt.

Der berufstätige Mann, der auch Haushalt und Kinder versorgt, muß zurückstecken. Sonderschichten, Feiertagsarbeit und Überstunden sind für ihn nur im Ausnahmefall möglich. Mit seinem ewigen Nein macht er sich beim Arbeitgeber und bei den Kollegen unbeliebt. Auf Weiterbildung muß der alleinstehende Vater verzichten, seine häuslichen Pflichten lassen ihm dafür keine Zeit. Es geht ihm nicht anders als der alleinstehenden Mutter. Sein sozialer Abstieg ist nicht selten unvermeidlich. Aber, für den Mann kommt noch eine neue Erfahrung hinzu: Familienpflichten.

Familienpflichten überfordern den Mann, denn sie werden ihm kaum übertragen. An der Kindererziehung beteiligt er sich so gut wie nie. Als strafender Gott greift er gelegentlich ein, wenn die Frau verlangt, daß er endlich mal ein Machtwort spricht. Verläßt sie ihn, stolpert er völlig unvorbereitet in seine neue Aufgabe hinein. Er hat um die Kinder gekämpft und steht nun hilflos vor Erziehungsproblemen. So hat er sich das alles nicht vorgestellt. Der bisherige Freizeitvater muß manches erst lernen, er wird unter diesen Bedingungen mit dem Leben schlecht fertig, wie eine amerikanische Untersuchung über geschiedene Väter zeigt.[65]

Im Gegensatz zu fast allen bisherigen Untersuchungen über die Folgen von Ehescheidungen befassen die Wissenschaftler sich hier mit der Lage des Mannes:

«Wir fanden heraus, daß die Probleme des täglichen Lebens für die geschiedenen Väter im ersten Jahr besonders schwierig waren. Männer, deren Frauen nicht berufstätig gewesen waren, quälten sich besonders mit der Hausarbeit. Sie schlängelten sich so durch und entwickelten einen chaotischen Lebensstil.»

Sie aßen selten zu Hause und sehr unregelmäßig. Sie hatten Schwierigkeiten mit dem Einkaufen, Kochen, Saubermachen und mit der Wäsche. Aber abgesehen von diesen praktischen Dingen, kommt der geschiedene Mann auch sonst nicht zurecht. Ihm fehlt der ruhende Pol, eine tiefere Beziehung zu einem anderen Menschen kann er nicht aufbauen. Die so ersehnte Unabhängigkeit weiß er nicht recht zu nutzen. Zwar staffiert er sich jugendlich heraus, sitzt in Lokalen herum, macht Bekanntschaften und geht mit häufig wechselnden Partnerinnen ins Bett. Aber das alles befriedigt ihn nicht. Er entwickelt Schuldgefühle, weil er in der Ehe versagte und Angst hat, eine neue einzugehen.

Bei einer Scheidung werden die Kinder heute nicht mehr auf jeden Fall der Mutter zugesprochen. Und immer häufiger kämpfen die Väter um sie. Es ist ein Märchen, daß sie ihnen keine Geborgenheit geben können, daß darum die Mutter bei den Kindern bleiben muß.

Frauen, die ihre Kinder verlassen, gelten als verabscheuungswürdig; Männer, die ihre Vaterschaft leugnen, begehen allenfalls ein Kavaliersdelikt. Die traditionellen Mutterpflichten werden von den meisten Frauen widerspruchslos akzeptiert. Bis die Kinder aus dem Haus sind, glauben sie, müßten sie für sie da sein. Germaine Greer, englische Schriftstellerin und Universitätslehrerin, analysiert diese Haltung:

«Die meisten Frauen, die eine bestimmte Vorstellung ihrer Rolle als Gebärerin und Erzieherin der Kinder verinnerlicht haben, schrecken vor dem Gedanken zurück, Mann und Kinder zu verlassen, doch gerade hier muß die Lage brutal und klar neu überdacht werden. Zuerst einmal sind es nicht ‹ihre› Kinder, sie sind nicht ihr Eigentum, obwohl die meisten Gerichte die Ansprüche der Mütter bei Sorgerechtsfällen über die des Vaters stellen. Es ist viel schlimmer für die Kinder, wenn sie in einer leidvollen Atmosphäre heranwachsen, als wenn sie sich an einen Regimewechsel gewöhnen. Ihre Anpassungsschwierigkeiten sind selbst schon ein Zeichen für die antisoziale Verfestigung der Nabelschnurideologie, und es ist vermutlich auf lange Sicht besser für die Kinder, wenn sie lernen, daß sie keinen Anspruch auf die Mutter haben. In jedem Fall sollte ihnen die Situation erklärt werden, denn sie sind unzufriedener und bedrückter, wenn sie sich auf Vermutungen verlassen müssen und nicht mit Tatsachen konfrontiert werden. Wenn eine Frau sich darüber im klaren ist, daß sie nach der Trennung von ihrem Mann ihre Kinder nur in Armut großziehen kann, während sie sich allein ernähren könnte, muß sie eine vernünftige Entscheidung treffen, und sie muß auf der Stelle das tiefsitzende Vorurteil gegen die weggelaufene Ehefrau ablegen.»[66]

Der Mann muß sich allmählich mit dem Gedanken vertraut machen, daß er die Kinder, die er zeugt, womöglich allein aufziehen muß. Ein Wandel hat sich angebahnt. Während früher die meisten Klagen von den Männern eingereicht wurden, weil sie sich mit einer neuen Partnerin verheiraten wollten, sind heute viele Männer verzweifelt über die Trennungsabsichten ihrer Frauen. Sie tun alles, um sie zu halten und scheuen auch nicht davor zurück, die Kinder als Druckmittel zu benutzen.

Die Verzweiflung verlassener Männer übersteigt oft die verlassener Frauen. Inzwischen schreiben auch Männer bei häuslichen Schwierigkeiten an die Leserbriefredaktionen von Zeitungen und Zeitschriften.

Ihre Hilferufe dokumentieren, daß das Aufbegehren der Frauen in einzelnen Fällen zu radikalen Entwicklungen führt. Der Mann wird jetzt in die Rolle gedrängt, die der Frau unerträglich wurde. Er wird nun zum Mädchen für alles und muß begreifen, daß jemand sich nicht mehr aufrichten kann, wenn man ihn nur genügend schwer bepackt. Mit Gleichberechtigung hat das nichts zu tun. Die Rollen sind nur vertauscht.

Männer erleiden ein typisches Frauenschicksal, eine gänzlich neue Erfahrung für sie. Bezeichnend dafür ist folgender Leserbrief eines Mannes:

«Meine Frau nimmt ihren Beruf wichtiger als mich und auch ihre Kinder! Ich bin acht Jahre verheiratet und liebe meine Frau sehr. Trotzdem habe ich Angst, sie eines Tages zu verlieren, denn sie zeigt mir nie, daß sie mich liebt. Ich leide sehr darunter, daß sie von sich aus nicht zärtlich ist. Wenn ich sie darauf anspreche, sagt sie, zwischen uns sei doch alles in Ordnung – und dann seien ja auch die Kinder da, die uns beide brauchen. Aber ich kann es nicht in Ordnung finden, wenn eine Frau niemals Verlangen nach ihrem Mann hat, wenn sie es ganz selbstverständlich findet, daß man für sie da ist. Mache ich ihr

Vorwürfe, dann sagt sie mir, daß sie mich durchaus mag – aber das genügt mir nicht.»

Sie ist beruflich stark engagiert und hat wenig Zeit für die Familie. Mit den Kindern befaßt er sich mehr als sie, und er tut es sogar gern. Er wartet abends auf sie und klagt über Mangel an Zärtlichkeit. Sie stellt nüchtern fest, daß man nicht mehr in den Flitterwochen ist. Er bezeichnet sich als romantisch und sensibel und möchte von ihr hören, daß sie ihn liebt. Sie spricht gern über ihren Beruf; er findet, über seinen gibt es nicht viel zu reden und möchte ihn nach Dienstschluß vergessen können. Sie ist mit der Ehe soweit zufrieden, ihn hat sie enttäuscht.

Männer klagen darüber, daß ihre Frauen mit dem Beruf verheiratet seien. Männer halten in kaputten Ehen aus, weil sie Angst vor dem Alleinsein haben. Sie reagieren mit seelischen und körperlichen Leiden auf Konflikte.

Die Sozialpädagogin in einer Beratungsstelle für Ehepaare und Verlobte wurde in einem Jahr mit rund 1200 Ehekrisen konfrontiert. Auffallend häufig lag Untreue der Frau vor. Früher suchten fast nur Frauen die Beratungsstelle auf. Und es war äußerst schwierig, mit beiden Partnern gemeinsam zu sprechen, der Mann weigerte sich meist, in die Beratungsstelle zu gehen. Nun kommen immer häufiger verzweifelte Männer, um sich über ihre Frauen zu beklagen. Es stellt sich heraus, daß bei Paaren unter vierzig Jahren die Frauen genausooft Seitensprünge machen wie die Männer. Aber nicht nur die größere sexuelle Freizügigkeit, die ihre Ehefrauen nutzen, treibt die Männer in die Beratungsstelle – sie fühlen sich einfach unverstanden.

Der Herr im Haus ist unsicher geworden, in seiner alten Rolle nicht mehr ganz wohl. Wird sie allerdings ernstlich in Frage gestellt, pocht er auf seine Rechte. Er traut sich nicht, sein eingeübtes Verhalten zu ändern, denn er fürchtet um seine Männlichkeit. Die sexuellen Ansprüche seiner Frau, ihre Selbstsicherheit und Aktivität jagen ihm Angst ein. Mit diesem Problem befaßt sich Horst Eberhard Richter in seinem Buch ‹Lernziel Solidarität›:

«Der Mann hat im Grunde große Angst, die Frau könnte an ihn höhere sexuelle Ansprüche stellen, als er zu erfüllen imstande wäre. Das aber wäre mit seiner Selbstsicherheit unvereinbar. Denn er glaubt, daß er sich nur als Träger einer ganz fabelhaften Potenz wohl fühlen darf. Er verhält sich nun so, daß seine Frau frigide bleibt oder daß er sich zumindest den Eindruck seiner sexuellen Überlegenheit bestätigen kann. Kommt es dennoch dazu, daß die Frau ihre sexuellen Gefühle zu befreien vermag, wird der Mann oft prompt unsicher und reagiert mit einer vorübergehenden Impotenz.»[67]

Die Ärzte registrieren seit Jahren einen rapiden Zuwachs von Sexualstörungen. Impotenz wurde zu einem Kongreßthema. Überall wimmelt es nur so von Anzeigen, in denen angeblich potenzstärkende Mittel angeboten werden. Und die Apotheken, sonst sehr auf Seriosität bedacht, können auf diesem Gebiet Rekordumsätze verbuchen.

Den Supermann gibt es zwar nur im Film, aber so mancher frustrierte Gatte eifert ihm nach. Dragees, Salben, Wässerchen und Tropfen sollen ihn fit machen fürs Bett. Der Versuch, ein ‹richtiger Mann› zu sein, bringt ihn aber nur in Schwierigkeiten und ruiniert seine Beziehungen zur Frau. Denn nach den Männlichkeitsklischees muß er die Frau ‹erobern›, ständig seine Potenz beweisen – und wehe, wenn ihm das nicht gelingt. Obendrein kann die Frau noch enttäuscht sein, daß sie nicht erlebt, was man überall liest, und wird ihm kaum aus seiner Misere helfen. Schließlich muß er noch fürchten, daß sie ihn sitzenläßt – mitsamt den Kindern.

Frauen verlassen ihre Männer, weil sie von der Liebe und Ehe enttäuscht sind. Sie verlassen Wohnung und Kinder, um wieder berufstätig zu werden – oder weil sie die Doppel- und Dreifachbelastung nicht mehr ertragen. Männer sitzen dann mit den Kindern da und fragen sich, ob es nicht verantwortungsvoller gewesen wäre, auf Kinder zu verzichten.

10. Man trägt wieder Bauch

Kinder bedeuten nicht unbedingt Glück. Sie sind kein Liebespfand. Sie sind eine Aufgabe, eine pädagogische Herausforderung. Versagen die Eltern, zerbricht die Ehe, und leiden die Kinder unter der Scheidung, bleiben den Müttern und Vätern oft nur Schuldgefühle. Die Kinder sind vorbelastet durch das zerrüttete Elternhaus. Schwer wird es ihnen gemacht, später einem Partner Vertrauen entgegenzubringen.

Blind waren die Eltern. Sie haben die überall sich auftürmenden Schwierigkeiten nicht gesehen; sie haben nicht geglaubt, daß sie davon betroffen sein könnten. Nun fragen sie sich, wieso sie derart unvernünftig gegenüber den Kindern handeln konnten. Sie wünschten sich Kinder, sie gaben ihren Gefühlen nach.

Eine solche Gefühlswelle hat sich zur Zeit in Teilen der Frauenbewegung ausgebreitet. Mutterschaft wird dort zur Ideologie. Auch Frauen der oberen Mittelschicht, die sich nicht zu den Feministinnen zählen, propagieren die Mutterschaft. Das Kind soll sie von allen Schwierigkeiten befreien. Ein angebliches Recht auf das Kind wird als neue Weiblichkeit modisch verbrämt. Oft sind Enttäuschungen im Beruf vorausgegangen. Die Gleichstellung mit dem Mann wurde nicht verwirklicht, sie ist eine Hoffnung geblieben.

Entscheidendes veränderte sich auch nicht im privaten Bereich. Über die als Partnerschaft getarnte Nicht-Gleichberechtigung schreibt die Journalistin Marlis Gerhardt in einem Essay:

«Die bürgerlichen Frauen der Mittelschicht haben die, wenn auch noch so anfechtbaren und fragwürdigen, Privilegien ihrer Großmütter verloren, ohne dafür neue gewonnen zu haben.»[68]

Unverdrossen führt die Frau weiter den Haushalt und muß nun auch noch ihren von Schuldgefühlen geplagten Ehemann trösten. Inzwischen aufgeklärt über die Unterdrückung der Frau im Patriarchat, erkennt er die Probleme einer Ehe, die Ungleichheit, die er allein nicht ändern kann. Er ist ‹sensibilisiert›, aber möchte andererseits die Vorteile seiner Stellung nicht missen. Noch etwas erstaunt betrachtet er sein Innenleben und spricht offen von seinen Fehlern und Schwächen. Für Mißerfolge im Beruf macht er nicht mehr andere verantwortlich, er bekennt sich zu seinem Versagen. Er leidet, auch körperlich, fühlt sich vom Herzinfarkt bedroht. Die Migräne hält er nicht mehr allein für ein Frauenleiden und mit vierzig hat er seine *midlife crisis* und verlangt, daß die Wechseljahre des Mannes ernst genommen werden. Mode und Kosmetik nennt er nicht mehr Weiberkram, denn auch er braucht sie für sein seelisches Gleichgewicht. Das ist leicht zu stören. Darum sucht er eine Frau, die bereit ist, ihn zu stützen. Er erpreßt sie mit seiner Schwäche. Und vormals weibliche Privilegien nimmt er für sich in Anspruch, ohne seine herzugeben.

Marlies Gerhardt schildert den ‹progressiven› Gatten, der gut geföhnt im Samt, Halskettchen überm Seidenhemd rumläuft, während die ‹emanzipierte› Gattin, mäusekurz geschoren oder zottelhaarig, die alten Jeansklamotten aufträgt, «weil's so praktisch ist»:

«Der Rollentausch in bezug aufs Dekor bedeutet allerdings noch lange nicht die Annäherung, sondern allenfalls die Auseinanderentwicklung von Pfau und Graugans. Die Dumme dabei ist die Graugans, der eingeredet wird, ein Defizit, nämlich der Verzicht auf bunte Federn, bedeute Befreiung und Identitätsfindung. Dies ist nicht etwa komisch, sondern besagt: Während Männer sich dahin ‹emanzipiert› haben, ihre narzißtischen Bedürfnisse nicht mehr zu verdrängen, sondern sie ‹zur Schau zu stellen›, sind die weiblich-narzißtischen Wünsche gerade bei den um Emanzipation bemühten Frauen, die sich der Schwierigkeit ihrer weiblichen Rolle bewußt sind, der Verdrängung und Tabuisierung zum Opfer gefallen.»[69]

Die Frauen sind aus ihrem Dornröschenschlaf erwacht, haben sich von ihren alten Vorrechten getrennt und sehen nun, wie der Mann sie für sich beansprucht.

Völlige Gleichstellung von Mann und Frau in allen Bereichen des Lebens war das Ziel der Emanzipationsbewegung. Die Frau sollte lernen, sich auf ‹männlichen› Gebieten zu behaupten. Der qualifizierte Beruf sollte sie vom Mann unabhängig machen. Als Irrgarten erwies sich für viele der Weg in die Selbständigkeit. Die Einübung fand nicht statt, die Grundlage fehlte in einer Gesellschaft, die ganz auf den Mann zugeschnitten ist. Weder wurden die Frauen zu gleichberechtigten Partnerinnen noch zu Mannweibern wie viele prophezeiten. Sie strandeten. Als Ausweg entdecken sie nun plötzlich ihre ‹wahre weibliche Natur›. Die wollen sie verwirklichen. Die Erforschung des ‹weiblichen Wesens› beginnt. Gefühl, Sinnlichkeit und Lebensfreude soll es auszeichnen. Spontan reagiert danach die Frau, hat eine enge Beziehung zu ihrem Körper. Emanzipation der Frau zur Frau heißt die Parole.

Eine Gruppe von Frauenbefreierinnen sieht die Erfüllung des Lebens in der Mutterschaft, eine andere in der lesbischen Liebe. Gemeinsam verachten beide den Mann als ‹Unnatur›. Er ist das Symbol für die technische und verwaltete Welt; die Frau ist den kosmischen Kräften verwandt, sie verkörpert die Ewigkeitswerte, die Ganzheit, das Leben schlechthin – während der Mann in der Geschichte verhaftet bleibt.

Die Frau wird hier mit der Natur identifiziert, einer Natur, die von Männern zerstört wurde. ‹Häutungen› heißt ein Buch von Verena Stefan, das viele Frauen kritiklos aufnahmen. Die Grundformel, Frau gleich Natur, wurde bereitwillig akzeptiert. Über ihre ‹Selbsterfahrung› schreibt Verena Stefan:

«Ich beginne mich beim namen zu nennen.

Ich füge die einzelteile zu einem ganzen körper zusammen. ich habe brüste und ein becken.

Die beine laufen in rundungen falten und lippen zusammen.

ich gleite und sinke mit Fenna durch wiesen von lippenblüten (nur ein mann konnte diese erotische frauenblume aus der art der lippenblütler *löwen*mäulchen nennen).

– Wir nennen sie jetzt einfach schamlippler, überlegt Fenna.

Ich inszeniere: guten tag, ich hätte gerne einen strauß schamlippler –.»[70]

Keineswegs soll mit einer Kritik an Verena Stefans Buch die lesbische Liebe lächerlich gemacht werden. Zurückgewiesen werden muß nur der Anspruch, die Nachfolge der Frauenbewegung aus den sechziger Jahren anzutreten. Leben auf dem Land, die Abwendung von heutigen politischen Geschehnissen: das ist keine neue Form von Emanzipation, kein sinnvoller Kampf gegen die verachteten ‹männlichen Werte›.

Parallel zu der Flucht in die lesbische Liebe hat sich der Mutterkult entwickelt. Die Frauen haben ihre Hoffnungen auf Emanzipation in einer Männerwelt begraben. Sie sind enttäuscht und verbittert. Sie sind irritiert. Nach Jahren des mutigen Aufbruchs, der Überzeugung, es werde sich manches ändern, war nichts geschehen. Kälte empfanden die Frauen. Die Männer konnten wieder sicher sein, daß ihre Stellung nicht angetastet wurde. Ernsthaft gefährdet war sie nie, die heutige wirtschaftliche Krise hat sie endgültig gefestigt. Kein Protest erhebt sich, wenn das Recht auf Arbeit zuerst den Männern zuerkannt wird.

Das Zukunftsbild einer ‹autonomen Frau› wird vom romantischen weiblichen Wesen abgelöst, Naturschwärmerei als neue weibliche Erkenntnis ausgegeben. Es ist ein Rückzug ins Unverbindliche.

Ein Teil der feministischen Literatur bedient sich dieses Schemas. Sigmund Freud sitzt auf der Anklagebank. Er soll schuld sein am Verlust des Mutterglücks. Marielouise Janssen-Jurreit analysiert das in ihrem Buch ‹*Sexismus*›:

«Die Selbsterfahrung der Frau, ihr unbefangener Umgang mit dem Kind wurde konfrontiert mit unbewiesenen Theorien über die lebenslangen negativen Folgen dieses Mutter-Kind-Verhältnisses – eine gewaltige Quelle von Schuldgefühlen und neue Möglichkeiten der Erpressung der Frau wurden so geschaffen.»[71]

Daß sich Frauen gegen die wissenschaftliche Bevormundung durch Männer wehren, daß sie einen mit Meßgeräten, Notizbuch und Literatur ausgerüsteten Mann beim Wickeln ihres Babys nicht brauchen können, ist verständlich. Aber es klingt nach Sektengründung, wenn sie sich auf ein neues Mutter-Kind-Gefühl berufen, von ‹biogenetischer Geburtsvorbereitung› und Hausgeburten schwärmen und den Kenntnissen der Ärzte grundsätzlich mißtrauen. Sekpsis ist angebracht gegenüber dem «ganz neuen Gefühl im Bauch», wie es Katharina Zimmer im *Zeit-Magazin* beschreibt.[72]

«Stolz, befreit von verschämt kaschierender Umstandskleidung, zeigen Frauen heute, daß sie schwanger sind. Sie haben entdeckt, daß sie mit zunehmender Rundung ihres Körpers zunehmend schöner werden. Und ihre Männer bestätigen es ihnen.»

Da entdeckt die Frau ihren Körper erst durch die Schwangerschaft, sie horcht in sich hinein und gewinnt ein neues Selbstbewußtsein.

Verallgemeinern läßt es sich wohl kaum, was da von der Zeitschrift als verkaufsträchtig eingeschätzt wurde. Immer weniger Kinder werden geboren, aber Schwangerschaft ist angeblich ‹in›. Eben noch schamhaft versteckt, stellt man sie nun zur Schau. ‹Man trägt wieder Kind› heißt der modische Trend. Die Wochenzeitung feiert das ‹neue Bauchgefühl›, die Vernunft bleibt da allzuleicht auf der Strecke.

Auf einem Foto sitzt die werdende Mutter neben einer alten Wiege und dreht sich eine Zigarette. «Warten auf das Kind» lautet die Unterschrift. «Vom liebevollen Drapieren der Wiege bis zu Erkundungsbesuchen in Kreißsaal versucht sich die werdende Mutter ganz auf das Ungeborene zu konzentrieren. Auf die gewohnte Zigarette sollte sie allerdings verzichten», wird neckisch hinzugefügt. Kein Wort weiter über das Risiko, ein mißgebildetes Kind zur Welt zu bringen, das bei Raucherinnen stark erhöht ist.

Wichtiger als die Aufklärung scheint hier doch die Dekoration zu sein: in der Wiege das Spitzenkissen, zum Bauch die Gitarre. In einer dick gedruckten Einleitung wird den Frauen unterstellt: «Sie tragen Schwangerschaft wie eine Standarte». Fatal muß das die Älteren an die Zeit der Nazidiktatur erinnern, als man den Frauen Mutterkreuze umhängte.

«Schwangerschaft und Geburt werden bewußter, verantwortungsvoller erlebt», heißt es in dem Artikel, aber kurz danach wird eine junge Frau zitiert: «Für mich war das Wichtigste zu wissen, daß bei der Hausgeburt meine Persönlichkeit im Vordergrund steht.» Auch ein Frauenarzt kommt zu Wort und warnt entschieden vor Hausgeburten, aber in einem zweiten Artikel werden sie dann propagiert:

«Teresa ist meine Freundin. Sie lebt mit ihrem Freund Benjamin in einer großen Altbauwohnung.

Teresa entschloß sich, ihr Kind zu Hause zur Welt zu bringen . . .»[73] Die Geburt wird detailliert geschildert. Zwischen den Wehen helfen die Freundinnen. In der Wohnung riecht es nach Kaffee:

«Es wird ein Vollmond-Sonntagskind, murmelt Teresa vergnügt. Die Wehen kommen jetzt sehr dicht hintereinander. Eine Kerze neben dem Wickeltisch und das spärliche Licht der Abenddämmerung sind die einzige Beleuchtung . . .

18 Uhr 25: Teresa fährt aus ihrem schläfrigen Dämmern hoch und fragt: ‹Was machst du?› – ‹Ich untersuche›, sagt die Hebamme. ‹Wenn du das Gefühl hast, daß du pressen mußt, dann versuch's.› Teresa setzt sich auf. Ruhig schaut sie uns an, abwesend. Die Hebamme hat nicht genug Licht. Sie holt eine Taschenlampe. Es ist ganz still in den Wehenpausen. Wir bewegen uns gar nicht. Wir atmen ruhig die Wehen mit Teresa mit, warten. Teresa schaukelt entspannt auf allen vieren hin und her.»

Das Kind kommt zur Welt. «Außer einer Kerze gibt es kein Licht im Raum», das wird noch einmal betont. Es gibt Sekt, und im Flur riecht es noch immer nach Kaffee.

Der neue Mutterkult, auch in einigen Frauenzentren gepflegt, läßt Ratlosigkeit vermuten. Verschreckt von wissenschaftlichen Theorien, die Mangel an Muttermilch und körperliche Schwächen des Säuglings zu einem Versagen der Frau machen, ziehen sich Frauen auf sich selbst zurück. Sie lehnen die Wissenschaft ab und akzeptieren unbewußt doch nur das, was tiefenpsychologisch orientierte Kinderärzte, Gynäkologen und Ethnologen von der Beziehung zwischen Mutter und Kind sagen: die Natur arbeitet ideal und bildet eine ‹prästabilisierte Harmonie›. Frauen, die naturnäher leben, haben angeblich keine Schwierigkeiten beim Nähren.

Die Zurück-zur-Natur-Bewegung wird als Lösung aller Probleme gepriesen. Frauen fliehen vor der Wirklichkeit und hoffen, Sicherheit zu finden, aber sie geraten nur in eine neue Sackgasse. Die autonome weibliche Welt muß eine Illusion bleiben, wie der Wunsch nach ‹Natürlichkeit› bei der Geburt und Aufzucht von Kindern. Eine gewisse Tendenz wird hier aber sichtbar, gestützt von einer Gruppe von Psychotherapeuten und Ethnologen. Sie behaupten, daß in einer frühen Phase der Mutter-Kind-Beziehung das Kind auf die Mutter geprägt wird wie ein Graugansküken auf die Graugansmutter. Diese Prägungsart beobachtete und analysierte Konrad Lorenz erstmals 1935 bei Graugänsen. Das Mutterideal, das sich in diesem Tiervergleich zeigt, ist eine Frau, die sich ganz dem Kind zuwendet und es in jedem Moment betreut. Realisieren läßt sich das angeblich im weltweit bekannten Drei-Phasen-Modell vom Leben der Frau, wie es Alva Myrdal und Viola Klein in ihrem Buch ‹Die Doppelrolle der Frau in Familie und Beruf› empfohlen haben[74]: Ausbildung und Erwerbstätigkeit; dann etwa fünfzehn Jahre Beschäftigung mit der Familie; schließlich die Rückkehr in den Beruf. Die zweite Phase, die Fixierung auf das Kind, wird als Erweiterung der weiblichen Persönlichkeit gewertet und als Gewinn für das Kind. Bewiesen ist aber, daß eine Mutter, die ihr Kind zu sehr an sich bindet, großen physischen Schaden bei ihm anrichtet. Dennoch wird ein animalisches Mutterverhalten von einer Gruppe von Frauen verteidigt. Das kommt den traditionellen Vorstellungen von der glücklichen Kleinfamilie entgegen, hat aber wenig mit der Wirklichkeit in der Bundesrepublik zu tun. Die Mehrzahl der Frauen kann und will sich nicht fünfzehn Jahre lang ins Heim zurückziehen; diejenigen, die es tun, werden kaum wieder berufstätig.

In der Literatur wird von der ‹neuen Innerlichkeit› gesprochen, der ‹Selbsterfahrung›, einer ‹neuen Privatheit›. Die konfliktlose Vereinigung zweier Individuen, die zwischen Mann und Frau nicht möglich ist und immer nur ein Traum bleibt, soll nun zwischen Mutter und Kind glücken. Eine Prophetin dieses wiedererstandenen Mutterkults ist die Schriftstellerin Karin Struck. Die Hauptfigur in ihrem Roman ‹Die Mutter› sagt: «Ich bin im Traum zugleich Mutter und Kind. Ich sehe Dreißigjährige mit ausgelaugtem Haar, Haar von silbrigen Fäden durchzogen, wie verwaschener dunkler Stoff. Ich sehne mich nach dem Anblick einer tragenden Stute. Ich frage einen Bauern, ob ich bei der Geburt eines Fohlens dabei sein darf. Das Fohlen komme in einem Sack heraus, es reiße den Sack mit den Vorderfüßen auf. Der Bauer sagt, er könne mir nichts versprechen, er könne uns aber den Vorgang in allen Einzelheiten beschreiben. Elf Monate trage die Stute das Fohlen aus, nachdem sie ‹gedeckt› worden ist. Die Stuten seien während der Tragezeit sensibel wie schwangere Frauen. Ich möchte sagen, es ist da kein Unterschied zur Frau, sagt der Bauer.»[75]

Karin Struck stimmt die große Fruchtbarkeitsbeschwörung an. Sie verspricht Glück und Konfliktbefreiung durch die «Große erotische Mutter», für die Leben zugleich gebären heißt, da wird geklagt um den Verlust der weiblichen Natur, da wird der Körper der Frau mystifiziert. Tragende Stuten als Ausdruck des Lebensgefühls. Bäder im Moor. Erdverbundenes. Hebammen, Wehenschmerz. Selbsterkenntnis soll im Mutterrausch gewonnen werden. Die Mutter muß den Weg aus der Entfremdung weisen – zurück zur Natur. Es ist eine gesellschaftslose, rückwärts gewandte Prophetie.

Die ‹neue Innerlichkeit› bedeutet nichts anderes als eine Flucht vor den Problemen dieser Welt. Es ist mühsam, nachzudenken, zu analysieren, auf Veränderung zu drängen und sich zu engagieren, denn das kann angeblich gefährlich sein. Zweifel, Mißerfolge und seelische Kälte sollen mit einem Zauberschlag von Harmonie abgelöst werden. Kinder heißt die Befreiungsformel, die den Frauen aus ihrem Dilemma heraushelfen soll und sie nur weiter hineintreibt. Sie glauben, ein neues Lebensgefühl entdeckt zu haben. Schwangerschaft finden sie wieder schön; das Heim soll zum Mittelpunkt werden. Harmonie wird vorgetäuscht.

Eine vage Sehnsucht nach einer Änderung der Verhältnisse ist vorhanden. Die Notwendigkeit einer neuen Beziehung zwischen Mann und Frau wird erkannt, aber Konsequenzen werden daraus noch nicht gezogen. Bequemer ist es zu hoffen, daß andere eines Tages die Initiative ergreifen.

«Wer soll die Frauen bei ihrer Emanzipation Ihrer Meinung nach unterstützen?» lautete die Frage einer repräsentativen Untersuchung; mehrere Antworten waren möglich.

62 Prozent aller Befragten antworteten: «Der Staat.» 48 Prozent meinten: «Die Männer.» «Sie sollen sich selber helfen», wurde von 43 Prozent angekreuzt. Ein Prozent hielt die Kirche für geeignet.

Der anonyme Staat als erhoffter Rettungsanker. Er ist auf der herkömmlichen Familie aufgebaut und kann kein Interesse daran haben, sie zu sprengen – oder auch nur ihre Strukturen entscheidend zu verändern.

So bleiben den Frauen nur die kleinen Schritte, und selbst die wollen viele nicht tun. In die lesbische Liebe oder in ein autonomes Mutterdasein flüchten die einen, die anderen zieht es heim ins Familienidyll. Schwangerschaft ist schön, sagen sie, denn während der Schwangerschaft sind sie zu nichts verpflichtet, und dann verlangt das Kleinkind sein Recht. Die Frauen reden von ihren Kindern. Sie erzählen Wunderdinge. Sie freuen sich über die ersten Wörter, den unvermuteten Witz der Kleinsten, sie rivalisieren miteinander. Sie sprechen vom Beruf, den sie einmal hatten, ihren Familien, deren Geschichte. Von sich selbst sprechen sie nach einigen Jahren Muttersein nicht mehr, verdrängt haben sie ihr eigenes Leben. Das Kind sollte ihm einen Inhalt geben, jetzt wird es zum Hindernis für die eigene Bewegungsfreiheit.

Karin Reschke, Mutter zweier Kinder, erzählt von ihrem Alltagsdasein: «Ich gehe fast täglich in irgendeine Wohnung dieser Frauen und höre ihnen zu, frage, was sie machen, denken, fühlen. Sie antworten mir, was auch ich geantwortet hätte, wir warten auf das große Glück. Sie befinden sich also in denselben Vorstadien des Glücks wie ich. Lieben sie ihre Männer, ihre Kinder, ihr Dasein? Meistens zucken sie die Schultern, schütteln hilflos die Köpfe, können nichts sagen, halten sich zurück im Sprechen, verlieren sich lieber wieder in ihrem Küchenkram, in ihren Aktionen um die Familie herum. Daß es im Haus kriselt, bei jedem einzelnen, ist eine unausgesprochene Tatsache. Aber jeder macht das mit sich ab, allein hinter seiner Wohnungstür, jeder verheimlicht dem anderen sein Elend.»[76]

Ehe und Mutterschaft sind das alte Kreuz für die Frau. Mehr Frauen als früher lassen sich scheiden, ziehen ihre Kinder allein auf. In unserer auf Paare eingestellten Gesellschaft ist das nur selten eine Lösung. Neue Konflikte ergeben sich überdies. Schuldgefühle stellen sich ein, weil die Kinder nur auf ein Elternteil fixiert sind. Statt daß sich die Komplikationen entwirren, verstärken sie sich noch. Das Kind erweist sich nicht als ‹Erlöser›. Das erfahren auch Frauen, die sich durch ein Kind von der männlichen Vorherrschaft befreien wollen. Einige Feministinnen sehen im Kind eine Therapie. Der neue Mutterkult läßt die einst zu Recht verdammte ‹Nabelschnurideologie› wiederaufleben. Die Mutter-Kind-Symbiose wird zur ‹wahren weiblichen Bestimmung› erklärt und der Rückzug ins Private angestrebt.

Mütter müssen aber am öffentlichen Leben teilhaben, müssen die Arbeitswelt kennen, um Kinder zu erziehen und ihnen wichtige Erfahrungen zu vermitteln. Aber haben sie überhaupt die Möglichkeit dazu? Das soll im nächsten Kapitel untersucht werden.

11. Frauen: die industrielle Reservearmee

Die Zahl der berufstätigen Mütter mit Kindern unter fünfzehn Jahren hat sich seit 1950 versechsfacht.[77]

Angeblich können Frauen zwischen Beruf und Familie wählen, aber wenn sie gefragt werden, warum sie erwerbstätig sind, sagen nur wenige, daß es ihnen Spaß macht. Es werden vorwiegend materielle Gründe angeführt: eine zu hohe Miete, der Wunsch, wegen der Kinder eine größere Wohnung zu beziehen, Ausbildungskosten, notwendige Anschaffungen oder Arbeitslosigkeit des Mannes.

Die meisten Frauen üben untergeordnete Tätigkeiten aus, die ihrer schlechten Berufsausbildung entsprechen. Haushalt und Kinder hindern sie daran, Versäumtes nachzuholen. Möglichkeiten zur Fortbildung und Umschulung gibt es zwar genug, aber sie werden nur selten von Frauen mit Kindern wahrgenommen. Ihre ‹Freizeit› gehört ganz der Familie. Wirkliche Partnerschaft von Mann und Frau bei den häuslichen Aufgaben ist noch die Ausnahme. Gegenüber dem Deutschen Gewerkschaftsbund beklagte sich eine Arbeitnehmerin:

«In der heutigen Zeit, wo viele Frauen ihren Männern auch im Beruf in nichts nachstehen, empfinden es die Männer als angenehm, den Verdienst der Frau zum Einkommen dazuzurechnen. Es ist oftmals selbstverständlich, daß die Frau mitarbeitet, weil gewisse Ansprüche – nicht selten in erster Linie von seiten der Männer – gestellt werden. Daß die Männer ihrerseits auch Aufgaben der Frau übernehmen, entspricht nicht ihrer Männlichkeit – oder sie sind zu bequem.»

Die Hausfrau und Mutter lebt durch den Mann. Von seinem Prestige färbt etwas auf sie ab. Steigt er nach oben, steigt sie mit

– Frau Direktor kann sie durch ihn werden; steigt er ab, ist das auch ihre Schuld. Sie hat ihm den Rücken nicht freigehalten, ihm nicht die nötige Nestwärme verschafft, die ihn fit macht für den nächsten Tag. Familienpflichten sind eben Sache der Frau, ihr liegen sie angeblich mehr.

Zum Jahr der Frau gaben die Arbeitgeberverbände ein dünnes Heftchen mit dem Titel heraus: ‹Die Frau in Wirtschaft und Gesellschaft›. Da heißt es schon im Vorwort:

«Bei allen Bemühungen, der Frau Anerkennung und Erfolg im Beruf zu ermöglichen, muß auch ihre auf die Familie gerichtete Aufgabe als Hausfrau und Mutter gleichwertig gesehen und beachtet werden.»

Die Betriebe werden aufgefordert, ihre Mitarbeiterinnen nur zu solchen Fortbildungskursen zu ermuntern, «die mit Familienpflichten abgestimmt sind». Natürlich wird die große gesellschaftliche Verantwortung der Frau als Erzieherin ‹ihrer› Kinder gewürdigt. Der Mann kommt auch in diesem Zusammenhang nicht vor. Aber irgendwie haben die Frauen es ja immer noch geschafft, alles unter einen Hut zu bringen: Haushalt, Familie und Beruf. Ihre Lage ist oft katastrophal. Und nicht nur wegen der Dreifachbelastung. Selbst Frauen, die nach der Geburt ihres Kindes verhältnismäßig schnell in den Beruf zurückkehren können, müssen wieder ganz von vorn anfangen.

Das Arbeitsplatzschutzgesetz verbürgt jedem Mann, der zum Wehr- bzw. Ersatzdienst einberufen wird, die Wiedereinstellung und den bei der Einberufung verlassenen Arbeitsplatz.

Der Dienst mit der Waffe wird wichtiger genommen als die Betreuung eines Kindes. Müßten die Männer sich diese Aufgabe mit den Frauen teilen, hätten sie längst einen gesetzlichen Anspruch auf den vorübergehend verlassenen Arbeitsplatz. Den haben bisher nur weibliche Beamte und Richter. Sie können es sich leisten, die Berufstätigkeit zu unterbrechen – theoretisch jedenfalls. Denn in der Praxis sieht es auch für sie nicht immer rosig aus.

Für Beamtinnen im öffentlichen Dienst gilt seit 1969 das

Gesetz über Teilzeitbeschäftigung und Beurlaubung von Beamtinnen und Richterinnen. Es soll den Frauen ermöglichen, Ehe, Kindererziehung und Beruf zu vereinen. Im Zuge der Gleichberechtigung dürfen auch Männer dieses Gesetz für sich in Anspruch nehmen – was selten geschieht.

Die Arbeitszeit kann auf Antrag um die Hälfte herabgesetzt werden, wenn ein Kind unter sechzehn Jahren zu versorgen ist. Das Gehalt vermindert sich entsprechend. Bei einem Kind unter sechs oder zwei Kindern unter zehn Jahren kann die Beamtin – oder der Beamte – bis zu drei Jahren beurlaubt werden. Diese Frist läßt sich im äußersten Fall auf sechs Jahre verlängern.

Eine fortschrittliche Regelung – allerdings mit Fußangeln. Wer von diesen ihm gesetzlich eingeräumten Rechten Gebrauch macht, kann kaum mit einer Beförderung rechnen. Für den Aufstieg ist er angeblich nicht mehr qualifiziert, ihm droht sogar der Abstieg. Folgendes geschah in Baden-Württemberg: «Eine Lehrerin, als Beamtin in Besoldungsgruppe A 15 eingestuft, als Gymnasialprofessorin und Fachberaterin zur Beurteilung von Fachbüchern, Unterrichtsstunden und ähnlichem eingesetzt, wollte auf Grund ihrer familiären Situation das ihr durch das Beamtengesetz zugestandene Recht auf Teilzeittätigkeit realisieren: Die Voraussetzungen lagen vor – die Kultusverwaltung stimmte dem Antrag der Lehrerin zu, allerdings nur unter zwei Bedingungen: Rückstufung in die Besoldungsgruppe A 14, Aufgabe der Fachberatertätigkeit und damit Verzicht auf alle weiteren Aufstiegschancen.»[78]

Die Entscheidung wurde so begründet:

«Ob eine Beamtin, wenn sie später nach dem Heranwachsen ihrer Kinder wieder als volle Arbeitskraft in ihrem Beruf tätig wird, überhaupt noch eine Chance für eine weitere Karriere besitzt, die sie aus Rücksicht auf die Familie zurückgesteckt hatte, bleibt offen.»[79]

Viele Beamtinnen sehen die Nachteile, die eine Berufspause bringt. Nur wenn auch die Männer diese Möglichkeit nutzten, würde sich das ändern. Das meint die Hauptschullehrerin Ute

G. Sie liebt ihren Beruf, sie möchte an ‹ihrer› Schule bleiben, ‹ihre› Kinder nicht im Stich lassen. «Sie brauchen mich», sagt sie. «Monate hat's gedauert, bis sie mich überhaupt akzeptierten, bis ich Zugang zu ihnen fand. Die Kinder hingen an meiner Vorgängerin, mich wollten sie nicht. Im Unterricht schalteten sie einfach ab, waren nicht zu motivieren. Acht- bis Neunjährige lernen doch nicht für sich, um später was zu werden – die lernen für die Lehrerin. Das klingt vielleicht merkwürdig, aber es ist so. Wir haben viele Unterschichtkinder, da haben die Eltern keine Zeit, auch gar nicht das Wissen, sich um Schularbeiten und so was zu kümmern. Die ersten Monate in der neuen Klasse waren schlimm für mich. Das kostet unheimlich viel Kraft, man strampelt sich ab und es kommt nichts dabei heraus. Die Kinder sitzen den Unterricht ab und damit hat sich's. Und dann eines Tages lief es. Ich hätte die Klasse nun eigentlich abgeben sollen, aber das geht einfach nicht, ich möchte sie noch etwas länger begleiten. Das ist ein Grund, warum ich weitermache. Der andere – was weiß ich, wo die mich nach drei Jahren Pause hinstecken? Womöglich in eine Schule am anderen Ende der Stadt, in einer feinen Gegend. Oder ich muß Vertretungen übernehmen. In der Hauptschule kommt dabei herzlich wenig heraus. Eine Vertretung ist bald wieder weg, da geben die Kinder sich gar nicht erst Mühe. Ich habe lange überlegt, mich dann aber doch entschlossen weiterzumachen.»

Den vierjährigen Sohn liefert sie morgens im Kindergarten ab, für die nun sieben Monate alte Tochter fand sie eine Tagesmutter, die ein ungefähr gleichaltriges Baby hat. Sie meint, daß ihre Kinder unter der Berufstätigkeit nicht leiden, denn sie nimmt sich nachmittags Zeit für sie. Lieber läßt sie im Haushalt etwas liegen, statt darauf zu verzichten. Unordnung und ein bißchen Dreck irritieren sie nicht. Und ohne Beruf, meint Ute G., wäre sie bestimmt unerträglich. Sie arbeitet, obwohl sie es nicht müßte, der Mann verdient genug. Das ist gewiß nicht die Norm. Und für die meisten Frauen ist die Familie entschieden wichtiger als der Beruf. Sie unterwerfen sich der Rolle, die die

163

Gesellschaft ihnen vorschreibt. Die Professorin Petra Milhoffer erläutert das:

«Nach wie vor haben nach einer im Rahmen des Familienberichts vorgenommenen Untersuchung die Wünsche und Ansichten des Mannes gerade für die Mehrzahl der erwerbstätigen Frauen den Vorrang, wird Frauenerwerbstätigkeit als Zuverdienst, Haushalt und Kindererziehung als ‹Frauensache› begriffen und dem Mann seine dominante Position zugebilligt.

Diese Bereitwilligkeit, sich beschränkenden Verhältnissen zu unterwerfen, muß kritisiert werden. Frauen müssen dazu gebracht werden, sich auch mit ihren eigenen Verhaltensanteilen an ihrer Lage auseinanderzusetzen, wenn sie daran etwas ändern wollen. Dennoch muß klar sein, daß sich die ‹Frauenfrage› keinesfalls auf eine Frage von Verhalten und Vorurteilen reduzieren läßt. Dazu sind den Frauen zu enge Grenzen gesteckt, was die von Katharina Focke beschworene ‹Wahlfreiheit hinsichtlich ihrer Lebensgestaltung› angeht . . .

Schließlich stellt aber auch für mehr als die Hälfte der verheirateten Frauen die Entscheidung für die Hausfrauen- und Mutterrolle keine Entlastung von Erwerbstätigkeit . . . dar. Ungefähr 80 Prozent dieser Frauen haben zudem Kinder unter fünfzehn Jahren zu versorgen. So wählen viele Frauen, um tagsüber genug Zeit für Haushalt und Familie zu haben, Nacht- und Schichtarbeit, was gesetzlicherseits dazu führt, Schutzgesetze gegen die unvernünftige Arbeitseinteilung von Frauen zu erwägen.

Wird den Frauen ansonsten stillschweigend abverlangt, mit ihrer Doppelbelastung durch Familie und Erwerbstätigkeit einigermaßen klarzukommen, so wird ihnen hier vorgehalten, sie gingen mit ihren Kräften unvernünftig um. In der Tat gehen die Belastungen dieser Frauen häufig weit über ein vernünftig vertretbares Maß hinaus. Dies ist aber nicht zuletzt deshalb der Fall, weil sie mit ihren Mutterpflichten nicht nur vom Ehemann, sondern auch vom Staat allein gelassen werden.»[80]

Teilzeitarbeit wurde für Frauen mit Kindern angepriesen, solange die Wirtschaft florierte. In den fünfziger Jahren war sie noch weitgehend unbekannt; Anfang der sechziger Jahre, als die Arbeitskräfte knapp wurden, gab es 1,3 Millionen teilzeitbeschäftigter Frauen. 1971 wurde der Höchststand mit 1,84 Millionen erreicht.

Teilzeitkräfte sind schnell einzusetzen, maximal zu nutzen und leicht wieder loszuwerden, wenn man sie nicht mehr braucht. Sie sind nicht fest in den Betriebsablauf integriert, sind Lückenbüßer für eine gewisse Zeit. Frauen, die halbtags arbeiten wollen, müssen sich oft weit unter ihrem Können verkaufen. Eine Sekretärin beklagte sich bitter darüber:

«Ich war in einer Werkzeugmaschinenfabrik, Exportabteilung, als Fremdsprachensekretärin. Vor allem Spanisch – und Englisch natürlich sowieso. In meinen Beruf wollte ich immer zurück, aber das lag für mich alles noch so weit weg! Ich hab's auch genossen, morgens nicht loshetzen zu müssen. Und als der Junge dann da war, gab's ja Arbeit genug. Ich kann mich auch gut allein beschäftigen. Natürlich hatte ich nicht damit gerechnet, daß ich so schnell wieder arbeiten muß. Aber mein Mann verlor seine Stellung, fand als Dolmetscher nicht gleich was Neues. Wir hatten uns gerade einiges angeschafft und so gut wie keine Rücklagen – das Arbeitslosengeld reichte einfach nicht. Inzwischen arbeitet er wieder, freiberuflich, aber verdient weniger als früher. Und das Ganze ist ziemlich unsicher. Viele Wissenschaftler – und er arbeitet auf wissenschaftlichem Gebiet – können heute mehrere Sprachen. Damals ging ich also zu meiner alten Firma. Die hätten mich genommen, sogar halbtags – aber eben nur als Schreibkraft. Das wollte ich nun doch nicht, schließlich war ich da mal wer. Da habe ich mir lieber was anderes gesucht. Nichts Besseres fand ich, aber die kannten mich vorher wenigstens nicht. Ich arbeite jetzt nämlich als Telefonistin, da kommt man sich ganz schön abgerutscht vor. Aber man muß heute ja froh sein, überhaupt was zu haben. Wie lange das bei uns noch gutgeht, weiß eh kein Mensch. Der Chef meutert dauernd, weil die Frauen alle vormittags arbeiten wollen, und nachmittags läuft der Laden dann nicht. Aber ich möchte wenigstens ungefähr zu Hause sein, wenn mein Junge aus der Schule kommt – das muß man doch verstehen! Ich möchte nicht auch noch mit einem schlechten Gewissen herumlaufen, wo mir die Arbeit schon keinen Spaß macht.»

Am meisten bedrückt sie, daß sie ihre Kenntnisse nicht nutzen kann. Diese Situation, in der sich Frauen häufig befinden, ist auch der Grund, warum viele junge Mädchen auf eine qualifizierte Berufsausbildung verzichten. Da wollen sie schon eher heiraten und Kinder haben. Wenn sie über das Für und Wider nachzudenken beginnen, ist es im allgemeinen zu spät. Auf das zweite Kind wird verzichtet, aber die Würfel sind längst gefallen. Die Frau ‹arbeitet mit›, ‹verdient dazu› – solange die Wirtschaft sie braucht. Dann wird sie ins Haus zurückgeschickt. Hat sie das Ende ihres Berufslebens erreicht, bekommt sie dafür die Quittung: ihre Rente deckt kaum das Existenzminimum oder liegt sogar noch darunter. Und manche Frau, die über viele Jahre teilzeitbeschäftigt war, hat überhaupt keinen Rentenanspruch, das wird auch Anneliese K. eines Tages erfahren:

Vier Tage in der Woche arbeitet sie in einer Parfümerie, jeweils von vierzehn bis achtzehn Uhr, und sie hat mehr Geld in der Tasche als früher für 23 Wochenstunden. Mehr Zeit und mehr Geld – sie findet das ideal. Über hohe Abzüge braucht sie sich nicht zu ärgern, und die ewige Hetze ist vorbei. Morgens kann sie in Ruhe den Haushalt in Ordnung bringen, mittags noch mit ihrer Tochter essen, wenn die aus der Schule kommt, und zum Abendbrot ist sie rechtzeitig zurück.

Anneliese K. denkt nicht an später, nicht einmal bis zum nächsten Tag. Gegen Krankheit ist sie nicht versichert, auch nicht gegen Arbeitslosigkeit, und im Alter bekommt sie keine Rente.

Frauen unterhalb der Versicherungsgrenze zu beschäftigen, spart dem Arbeitgeber Geld. Es ist eine neue Form von Sklavenhaltung. Keiner weiß, wie viele Frauen sich derart ausnutzen lassen, weil sie wegen ihrer Kinder nur wenige Stunden am Tag arbeiten können. Versicherungspflichtige Teilzeitarbeitsplätze sind kaum zu bekommen. Die Angebote verschwanden weitgehend von den Anzeigenseiten; der Wunsch nach Teilzeitbeschäftigung ist aber größer denn je.

Die Gewerkschaften sahen in ihr nie eine dauerhafte Einrichtung, aber gewerkschaftliche Warnungen wurden überhört. Mit Halbtagskräften sollten Konjunktur- und Saisonspitzen, zum Beispiel in der Textilindustrie, ohne Risiko der Arbeitgeber aufgefangen werden. Außerdem läßt sich eine höhere Arbeitsleistung erzielen, ohne daß die Qualität sinkt. Monotone Arbeit, am Fließband zumeist, ist für eine kürzere Zeit leichter zu ertragen. Pausen können eingespart werden. Wenn die ganztags arbeitende Kollegin müde wird, geht die Halbtagskraft nach Hause und wird durch eine frische ersetzt.

Stets blieb Teilzeitarbeit eine Domäne der Frauen, das heißt eine Erwerbstätigkeit minderer Art. Bis zu 30 Prozent aller Arbeitnehmerinnen waren während der Hochkonjunktur teilzeitbeschäftigt, aber lediglich 0,7 Prozent Arbeitnehmer.

Frauen mit Kindern möchten im Beruf bleiben oder dorthin zurückkehren. Teilzeitarbeit könnte helfen, ihre Probleme zu lösen. Aber sie hätte erst einen Wert, wenn sie an qualifizierten Arbeitsplätzen eingerichtet würde und damit auch den Männern und besser ausgebildeten Frauen einen Anreiz böte und ihnen den beruflichen Aufstieg ermöglichte.

Teilzeitarbeit ist an qualifizierten Arbeitsplätzen nicht durchzuführen, heißt es. Einzusehen ist das nicht. Überall wird Teamarbeit propagiert; warum sollten nicht zwei Menschen einen Arbeitsplatz gemeinsam ausfüllen können? Es gibt einige Betriebe, auch Behörden, wo das schon praktiziert wird. Aber Neues in Angriff zu nehmen, stößt auf Widerstände, flexibel sind die wenigsten. Und Männer bestimmen die Arbeitswelt, halten es nicht für nötig, eingefahrene Gleise zu verlassen. Frauen sind sozial zu schwach, um das zu ändern. Mütter gehen nicht auf die Straße, protestieren nicht, sondern ziehen sich resigniert ins Haus zurück – sie sind mal wieder die Verlierer. Und das in doppelter Hinsicht. Nur erwerbstätige Frauen sind imstande, die Gesellschaft zu beeinflussen und die Situation der Frauen zu verbessern; nur sie können an den gesellschaftlichen Rollen von Männern und Frauen etwas ändern. Denn vom häuslichen Herd aus ist politischer Druck nicht auszuüben, sind berechtigte Interessen nicht zu vertreten. Der Rückzug ins Haus bedeutet Isolierung und entmutigt die Frauen. Sie finden sich wieder einmal mit ihrer Benachteiligung ab.

Mehr Frauen als Männer sind arbeitslos. Im ersten Quartal des Jahres 1977 betrug die Arbeitslosenquote der Männer 4 Prozent, die der Frauen 6,1 Prozent. Der Anteil der Frauen unter den Erwerbslosen stieg in diesem Zeitraum auf 47,5 Prozent, obwohl es unter den Beschäftigten insgesamt nur 35 Prozent Frauen gab. Hinzu kommt aber noch, daß viele arbeitslose Frauen sich gar nicht registrieren lassen, weil der Mann verdient. Nach einem Jahr haben sie dann ohnehin keinen Anspruch mehr auf Arbeitslosenhilfe. Viele Frauen melden sich auch nicht beim Arbeitsamt, weil sie wegen ihrer Kinder nur einen Teilzeitjob annehmen können, der ihnen kaum zu vermitteln ist. Die Lage auf dem Arbeitsmarkt ist für sie also weitaus bedrohlicher, als die statistischen Zahlen erkennen lassen. Aber Frauen, so wird häufig eingewandt, können sich schließlich zu Hause nützlich machen, während der Mann unter Arbeitslosigkeit seelisch leidet. Ihm gebührt darum zuerst ein Arbeitsplatz – das meinen auch die Frauen. Als Ersatz stufen sie sich ein, als zweite Garnitur.

Rationalisierung und Automation vernichten in immer höherem Maße Frauenarbeitsplätze. Die elektronische Datenverarbeitung wird in Büros und Verwaltungen eingeführt. Sekretärinnen müssen die Vorzimmer räumen, um in Schreibsälen mit möglichst geringen Kosten möglichst viel Leistung zu erbringen. Eine von ihnen steigt vielleicht zur Abteilungsleiterin auf, dreißig oder mehr aber steigen ab, das heißt: Arbeitsplätze können eingespart werden. Das bisherige Pensum wird oft mit der Hälfte der Frauen geschafft. Rationalisieren heißt jetzt vor allem: die Personalkosten senken. Investiert wird nicht in Arbeitsplätze, sondern in die Technik, die sie vernichtet. Diese Technik ist immer billiger zu haben.

Ein Magnetband-Korrespondenzautomat kostet nicht mehr

als ein Mittelklassewagen. Der Automat leistet soviel wie drei Bürokräfte mit elektrischen Schreibmaschinen. Von drei Mitarbeiterinnen werden also zwei überflüssig. Automatenhersteller haben errechnet, daß innerhalb von zehn Jahren mindestens 200 000 Schreibkräfte eingespart werden können. Sie haben auch errechnet, daß ein durchschnittlich langer, auf einer herkömmlichen Maschine getippter Brief zehn bis fünfzehn Mark kostet, der Computer es dagegen für nur drei Mark macht.

Personelle Abmagerung heißt die Devise. Arbeitskräfte werden ‹freigesetzt›, wie es beschönigend heißt. Ganze Berufe übernimmt der Computer. Er wird zur rechten Hand des Chefs und der Abteilungsleiter. Widerstände, das Statussymbol Vorzimmer mit eigener Sekretärin zu verlieren, müssen der Kosten-Nutzen-Rechnung weichen. Computer sind heute überall aufzustellen.

In Kaufhäusern und Supermärkten hat der nächste Rationalisierungsschub begonnen, bald werden die Kassentische verwaist sein. Der Kunde braucht seine Waren nur noch hinzulegen. Mit Hilfe eines Laserstrahls werden die Preise von den Packungen abgelesen, automatisch addiert, und an einer zentralen Kasse kann die Rechnung beglichen werden. Nachdem Verkäuferinnen weitgehend eingespart wurden, sieht es auch für Kassiererinnen schlecht aus.

Die Belastungen an den automatisierten Arbeitsplätzen steigen erheblich, und zwar durch die Fixierung an das Gerät, die stets gleiche Haltung. Das fortwährende Starren auf den Bildschirm von Datensichtgeräten überanstrengt die Augen, starke Kopfschmerzen bis hin zu Migräneanfällen sind die Folge. In Schreibsälen können bei dem verlangten Tempo schon Fünfunddreißigjährige kaum noch mithalten. Sie setzen ihre Gesundheit aufs Spiel, um den Arbeitsplatz nicht zu verlieren.

Frauen nehmen eine Kündigung meist widerstandslos hin, sie kennen ihre Rechte nicht. Stehen sich ein männlicher und ein weiblicher Arbeitnehmer gegenüber, wundern sie sich nicht, wenn der Mann weiterbeschäftigt wird. Eine Begründung dafür hat sich dann noch immer gefunden, schreibt Herta Däubler-Gmelin:

«Die Ursachen für diese Art der Auswahl liegen weniger im Krankenstand und in den betrieblichen Fehlzeiten der Frauen. Die statistischen Durchschnittswerte der Männer sehen mittlerweile schlechter aus als die der Frauen. Die Gründe liegen vielmehr in der geringeren zeitlichen Flexibilität verheirateter Frauen mit Familie – was sich in der geringen Bereitschaft zu Schichtarbeit, Überstunden und Sonderschichten äußern kann. Die Ursachen liegen auch in den Frauenarbeitsschutzbestimmungen, die ihre Geltung auch dort, wo sie nach arbeitsmedizinisch und arbeitsphysiologischen Erkenntnissen für alle Arbeitnehmer gelten sollten (zum Beispiel bei Nachtarbeit, Pausenregelungen, Höchstarbeitszeit) noch häufig ausschließlich auf Frauen beschränken.»[81]

In Krisenzeiten sinkt der Wert der Frauenarbeit weiter. Gut gemeinte Sonderregelungen werden nun zum Bumerang, wirken diskriminierend. Sie stören den Arbeitsablauf in den Betrieben. Teure Anlagen produzieren rund um die Uhr. Wichtig allein ist der Gewinn. Nachtarbeit ist den Frauen verboten, und so müssen sie selbst ihre angestammten Arbeitsplätze räumen. Männer bedienen Strick- und Wirkmaschinen. Aber ihre Gesundheit wird ebenfalls ruiniert. Nachtarbeit schadet jedem Menschen. Kein Organismus kann sich darauf einstellen, auch nicht nach längerer Zeit. Sie läßt sich nur dort vertreten, wo sie wirklich unvermeidlich ist.

Die Rolle der Frau wird durch diese Sonderregelungen stärker fixiert. Ihre Gesundheit soll erhalten bleiben, damit sie ihre Doppelrolle schafft. Die Verantwortung für die Familie trägt vor allem sie. Was immer dort schiefläuft, ihr wird es angekreidet. Selbst Frauen, die sich für emanzipiert halten, entwickeln sofort Schuldgefühle, wenn zu Hause etwas nicht klappt, der Mann sich vernachlässigt fühlt oder ein Kind in der Schule versagt. «Auch Berufstätigkeit kann Kindesmißhandlung sein», sagte Professor Illies auf einer Tagung katholischer Erzieher und Mütter – und er dachte da gewiß nicht an die Väter.

Hausfrauenideologie und Mutterschaftsmythos gehören nicht der Vergangenheit an. Der Lebensweg vieler Frauen muß darum zum Leidensweg werden, wenn sie auf Kinder nicht verzichten wollen. Sind sie berufstätig, haben sie ein schlechtes Gewissen; bleiben sie zu Hause, fällt ihnen die Decke auf den Kopf.

Ein ganz normaler Lebenslauf, könnte deshalb über dem Bericht von Gerda L. stehen.

Realschulabschluß, Ausbildung zur Bürogehilfin. Eigentlich wollte sie Bürokaufmann werden, aber dann meinten alle, wozu die längere Ausbildung, sie heirate ja doch. Vier Jahre blieb sie im Beruf, war zuletzt in einem Bauunternehmen angestellt. Dort lernte sie ihren späteren Mann kennen. Als sich ‹ein Baby anmeldete›, heiratete sie ihn, den Technischen Zeichner Wolfgang L. Er ist sechs Jahre älter als sie. Die Jungverheiratete schwebte auf Wolken. Sie kündigte ihre Stellung und war für Wochen mit dem Einrichten der Wohnung beschäftigt. Ihr Mann liebte die Gemütlichkeit, erholte sich abends gern bei einem Bier vor dem Fernsehschirm. Gerda L. war glücklich, ihn ganz für sich zu haben:

«Ich vermißte damals wirklich nichts. Er haßte den Lärm in meiner Stammdiskothek, und ich fand das Rumhocken da plötzlich auch nur noch blöd. Die aus der alten Clique fanden, ich spinne, aber ich fand mein Leben in Ordnung. Na ja, und bald waren wir dann ’ne Familie, da sah sowieso alles anders aus.»

Einen Stammhalter hatte Wolfgang L. sich eigentlich gewünscht, aber es wurde ein Mädchen. Dennoch war Wolfgang L. mit seiner Ehe zufrieden, nur das Essen schmeckte nicht so gut wie ‹bei Muttern›. Fast jeden Sonntag lud sie die Kinder zum Essen ein. Für Gerda L. wurde das zum Alpdruck:

«Wir brauchten nur in die Straße einzubiegen, dann fühlte ich mich schon schlecht. Ich kriegte kaum einen Bissen herunter, suchte nach immer neuen Ausreden. Natürlich mokierten sich alle über meine ewigen Leiden. Mein Mann nahm mich in Schutz – aber sonntags mußten wir da eben hin, das half nichts.

Als er sich dann auf der Abendschule zum Konstrukteur weiterbildete, war ich heilfroh. Am Wochenende hatte er nun zu arbeiten.»

Inzwischen erwartete Gerda L. ihr zweites Kind. Schon für drei Menschen war die Wohnung zu eng geworden. Ihr Mann brauchte Ruhe, wenn er halbe Nächte über seinen Büchern saß. Die Schwiegereltern boten ihnen den ersten Stock ihres Eigenheims an. «Lieber gehe ich ins Obdachlosenasyl», erklärte Gerda L. in Wut. Ihr Mann entschuldigte diesen Ausbruch mit ihrem Zustand. Der erhoffte Stammhalter wurde geboren. Kurz danach bestand Wolfgang L. sein Examen, wurde als Konstrukteur angestellt. Endlich konnten sie sich eine größere Wohnung leisten. Trotz der Belastung durch die beiden Kinder fühlte die junge Frau sich noch einmal wie zu Anfang der Ehe:

«Ich dachte, genauso hast du dir dein Leben gewünscht. Nur meine Gesundheit machte mir zu schaffen. Kreislaufstörungen, stellte der Arzt fest, und eine nervöse Gastritis, aber organisch sonst alles in Ordnung. Besonders froh war ich darüber nicht, im Gegenteil. Eine richtige Krankheit wäre mir lieber gewesen. Ich fühlte mich überarbeitet, völlig ausgelaugt – und das als Nur-Hausfrau, wie sollte ich den Leuten das erklären?»

Schnell verlor sie die Geduld mit den Kindern. Sie schlug zu. Immer wieder rutschte ihr die Hand aus, obwohl sie sich jedesmal schwor, sich nicht wieder hinreißen zu lassen. Es gab häufig Streit mit ihrem Mann, sogar vor den Kindern. Sie wußte genau, daß es an ihr lag, aber alle guten Vorsätze nützten nichts.

«Nach so einem handfesten Krach sagte mein Mann einen entscheidenden Satz, er sagte: ‹Geh doch wieder arbeiten, vielleicht fühlst du dich dann besser.› Mich packte die Wut! Es ging mir sauschlecht, wir hatten auch noch Handwerker gehabt, ich wußte überhaupt nicht, wie ich da noch durchkommen sollte. Natürlich merkte er sofort, was da wieder auf ihn zukam und meinte, es sei nur ein Scherz gewesen. Ich hab die Geschichte erst mal verdrängt. Einige Zeit später, es war bei seinen Eltern, da muß mich wohl der Teufel geritten haben! Wahrscheinlich wollte ich sie nur ärgern, so richtig herausfordern – jedenfalls höre ich mich auf einmal sagen: ich geh übrigens wieder arbeiten, wißt ihr das schon? Da war aber Totenstille. Bis mein Mann einen richtigen Lachanfall kriegte. Und dann sind die vielleicht über mich hergefallen, sie haben mich glatt für verrückt erklärt – war ja was dran. Ich wußte selbst, du willst das doch gar nicht, schaffst das nicht. Aber irgendwie machte sich das in mir breit – ganz merkwürdig war das.»

Von allen Seiten wurde sie gewarnt. Jeder riet ihr dringend ab. Die negativen Auswirkungen auf die Kinder wurden ihr in den schwärzesten Farben geschildert. Aber sie wollte nun beweisen, daß sie es schaffen würde. Unermüdlich studierte sie Stellenanzeigen, telefonierte herum, schrieb Bewerbungen, stellte sich wohl ein dutzendmal vor, schließlich entschied sie sich für ein Anwaltsbüro. Kaum hatte sie den Vertrag unterschrieben, bekam sie Angst vor der eigenen Courage. Einunddreißig Jahre alt und seit neun Jahren nicht mehr im Beruf – sie hatte so gut wie alles verlernt:

«Es war schwer, sich wieder hineinzufinden – ich hab ziemlich lange gebraucht; es war nicht nur die Arbeit, die Leistung, die brachte ich bald, aber ich hatte kein Selbstvertrauen mehr, kam auch mit den Kollegen nicht zurecht. Das glaubte ich jedenfalls. Ich nahm jede Bemerkung persönlich, wehrte mich, wo es gar nichts zu wehren gab. Aus Unsicherheit. In den Beruf zurück, das wollen sie alle, aber was das nachher heißt, wenn Kinder da sind, das macht man sich nicht klar. Was einem da zugemutet wird – ich meine, von der Gesellschaft, das ist schon stark! Ganztagsschulen zum Beispiel, die wären für Mütter wirklich eine Hilfe. Wenn man erst wartet, bis die Kinder aus dem Gröbsten raus sind, ist es doch zu spät. Jetzt kann ich mir beruflich noch was aufbauen. Nur-Hausfrau möchte ich nicht wieder sein, dabei gehe ich kaputt.»

Gerda L.s Leben ist nicht leichter, aber befriedigender geworden. Mangelnde soziale Kontakte, fehlende Anregungen, Unkenntnis gegenüber den gesellschaftlichen Problemen, die sie den Kindern nicht nahebringen konnte – das alles bedrückt sie nicht mehr. Sie ist ein Gesprächspartner für die Kinder, die sich langsam von den Eltern zu lösen beginnen, einen eigenen Freundeskreis haben. Sie klammert sich nicht mehr an sie. Die Beziehung ist gleichzeitig lockerer und intensiver geworden.

Mit den negativen Folgen der Berufstätigkeit von Müttern auf die kindliche Entwicklung wird sich wesentlich mehr befaßt als mit den positiven Auswirkungen. Der berufstätigen Mutter wirft man Versagen vor, nicht dem berufstätigen Vater, denn sie muß für uns alle die Kinder aufziehen. Je nach Bedarf wird die ‹industrielle Reservearmee› dann in die Betriebe geholt oder ins Haus zurückgeschickt. ‹Verfügbar› sollen die Frauen sein, was sie empfinden, interessiert dabei nicht. Forschungsergebnisse werden ignoriert.

Die erste repräsentative Untersuchung über nichterwerbstätige Ehefrauen erschien 1975 als Buch.[82]

Ein repräsentativer Querschnitt, 1200 Hausfrauen zwischen 18 und 54 Jahren wurden befragt. Sie beantworteten insgesamt 137 Fragen: zur Person, zu ihren Lebensverhältnissen, ihrer Arbeit und ihren Hobbies, ihrem Verhältnis zu Mann und Kindern und ihren Ansichten und Wünschen. Vorbereitet wurde der Fragebogen durch eine Reihe von Gruppendiskussionen. Hier einige Äußerungen daraus zum Thema Hausfrauendasein:

«Immer habe ich mir gewünscht: einen Mann, eine schöne Wohnung, Kinder. Das ist in Erfüllung gegangen ... Ich habe noch nie arbeiten brauchen wegen meiner Kinder; auch wenn ich keine gehabt hätte, hätte ich nicht arbeiten müssen.»

«Das Erfolgserlebnis wird in der Familie im Laufe der Jahre immer geringer. Es spielt sich alles ein, es wird so viel zur Selbstverständlichkeit, auch in der harmonischsten Ehe, mit den nettesten Kindern. Dann kommt der Punkt, unweigerlich kommt der Punkt, da man sagt: ich brauche noch etwas.»

«Die Hausfrau mit Kindern hat eine ganz große Aufgabe. Die Erziehung der Kinder, die ihr niemand abnimmt.»

«Der Kreis in einer Familie ist doch furchtbar klein, der

Kontakt nach außen ist in jedem Beruf größer. Selbst wenn man am Fließband steht, sind Sie immer im Öffentlichen etwas drin. Zu Hause schließt sich der Kreis so furchtbar schnell.»[83]

In der Untersuchung werden «wichtige Merkmale der westdeutschen Gesellschaft erkennbar», schreibt Helge Pross. «Ganz deutlich tritt ein zutiefst konservativer Zug hervor.»

Die Frauen suchten und fanden ihre Ehepartner auf der sozialen Stufe der Väter. Ihre Ausbildung ist mangelhaft. Nach der Heirat wurden die auf die Geschlechtsrollen bezogenen Normen nicht ernsthaft in Frage gestellt. Das alte Leitbild der Hausfrau und Mutter ist kaum verblaßt. Berufstätig waren vor der Ehe fast alle Frauen, aber die Mutterrolle wird wichtiger genommen. Nicht des Mannes, der Kinder wegen bleibt die Frau zu Hause. Der Kindererziehung mißt sie einen hohen Stellenwert zu, aber sie ist keine geschulte Erzieherin:

«Im ganzen ist eine Erziehung nach eigenem Ermessen üblich, das heißt eine Erziehung, die durch Vorurteile, sogenannte Volksweisheiten und beliebig gedeutete Erfahrungen gesteuert wird. Atheoretische und unreflektierte Auffassungen überwiegen. Die Einsicht, daß die häusliche Erziehung ebenso wie die in der Schule der Lenkung durch wie immer vereinfachte wissenschaftliche Erkenntnisse bedarf, hat sich bisher nicht durchgesetzt.»[84]

Hilflosigkeit ist wohl der Hauptgrund dafür. Aber offensichtlich hält man Mütter für ‹geborene› Erzieherinnen, denn auch mit den Schulaufgaben müssen sie sich noch befassen. Die fehlenden Ganztagsschulen zwingen sie auch an den Kochtopf und hindern sie daran, berufstätig zu werden. Braucht die Familie aber den zusätzlichen Verdienst der Mutter, muß sie sehen, wie sie zurechtkommt. Hilfen werden ihr kaum angeboten. Noch nimmt sie es hin. Das könnte sich ändern, meint Helge Pross:

«Bleiben diese Hilfen aus und nimmt bei jüngeren Frauen das Berufsinteresse zu, dann ist auf längere Sicht nicht auszuschließen, daß es doch zu einer Art geheimem Streik gegen die weibliche Familienrolle kommt – weiterer Rückgang der Geburten, nachlassende Neigung, die Kinder in der Familie zu erziehen. Lysistrata und ihre Freundinnen, die sich den Männern verweigerten, um sie zum Frieden zu zwingen, haben gegenwärtig keine Nachfolgerinnen. Sie können aber Anhängerinnen finden, wenn das Gemeinwesen ihre Probleme weiter ignoriert.»[85]

Vage Auflehnungsregungen sind nach der Untersuchung zu erkennen, besonders bei den Frauen unter dreißig Jahren. Bei ihnen ist auch ein beträchtliches Berufsinteresse vorhanden.

Solange Kinder und Beruf nur unter größten Schwierigkeiten zu vereinen sind, muß die Frage gestellt werden, ob Kinderlosigkeit nicht die einzige Konsequenz ist.

12. Epilog und offene Fragen

Kinderlos zu bleiben ist heute kein Problem mehr. Ungewollte Kinder brauchte keine Frau mehr zu empfangen. Nur Wunschkinder müßten geboren werden. Eine gründliche Aufklärung und empfängnisverhütende Mittel sind für jeden erreichbar – theoretisch zumindest. In der Praxis sieht es allerdings noch anders aus. Die Mitarbeiter von Beratungsstellen erleben es immer wieder.

Da ist das junge Paar. Über ihre Beziehungen sprechen die beiden offen und sachlich. Sie sind nicht sicher, ob sie wirklich zusammenpassen, so zusammenpassen, daß es für eine Ehe reicht. Aber es ist bereits ein Kind unterwegs. Und nun denkt jeder an all das, was er aufgeben müßte, wenn sie nun ‹eine Familie gründen›. Vielleicht wäre ein uneheliches Kind das kleinere Übel oder ein Abbruch der Schwangerschaft zu empfehlen. Aber niemand kann den jungen Leuten die Entscheidung abnehmen. Falls sie sich zum Heiraten entschließen, meint die Beraterin, sollten sie zumindest mit einem zweiten Kind warten, bis sie eine solide Basis für ihr Zusammenleben gefunden haben. Der ungewollte Kindersegen ist es, an dem auch hoffnungsvolle Ehen scheitern.

Da kommt eine Frau in die Beratungsstelle, die schon drei Kinder hat. Viel zu rasch folgten sie aufeinander. Sie fühlt sich überfordert, und die Ehe, die keine Chance hatte, sich zu festigen, droht endgültig an der neuen Schwangerschaft zu zerbrechen. Die Frau sucht keinen Rat, sondern Hilfe um jeden Preis.

Von Familienplanung kann in beiden Fällen nicht die Rede sein. Sie sollte vor dem ersten Kind beginnen.

Planungswunsch und Planungswirklichkeit klaffen aber auseinander. In einer statistischen Studie heißt es dazu: «83,9 Prozent der befragten Frauen sind der Ansicht, daß eine Planung notwendig ist . . . Planungswunsch und -disziplin sind eindeutig abhängig von den Faktoren Alter und Entwicklungsphase: Junge Frauen und solche, die ihre Ausbildung noch nicht abgeschlossen haben, planen häufiger als ältere und solche in gesicherter Lebensposition. Andererseits besteht eindeutig der Wunsch, den erreichten Lebensstandard nicht durch unerwünschte Schwangerschaften zu gefährden. Während der Planungswunsch sehr ausgeprägt ist, haben nur 39 Prozent die Planung wirklich eingehalten.»[86]

In der Studie, die nicht den Anspruch erhebt, repräsentativ zu sein, waren 54 Prozent der ersten und 55 Prozent der zweiten Kinder nicht geplant. Häufig wurden sehr unsichere Verhütungsmethoden angewandt.

Die Zahl der ungewollten Schwangerschaften wird oft noch höher geschätzt. Der Chef der gynäkologischen Abteilung eines großen Krankenhauses erläutert seine Erfahrungen:

«In den meisten Fällen war bei uns das erste Kind ungewollt, zwar akzeptiert, aber ungewollt. Es ist also nicht gezeugt worden mit dem Bewußtsein, wir wollen ein Kind. Es ist Zufall gewesen, kaum weniger als früher. Es sind Kinder, die zu einem Zeitpunkt entstehen, wo das junge Mädchen noch nicht an die Möglichkeit einer Schwangerschaft denkt. Es sind Frauen, die nicht damit gerechnet haben, die dann aber das Kind akzeptieren und keinen Schwangerschaftsabbruch wünschen. Die dann auch auf Befragen erklären: «Nein, damit haben wir eigentlich nicht gerechnet, aber wir akzeptieren es halt.»

Von verantwortungsbewußter Elternschaft kann da kaum die Rede sein. Unvorbereitet bekommen Frauen ein Kind, das ihr ganzes Leben verändert; unvorbereitet schlittern Paare durch die Schwangerschaft in die Ehe hinein.

Es bestehen noch erhebliche Informationsmängel über die Möglichkeiten der Kontrazeption. Fehlinformationen aktivieren latent vorhandene Angst- und Schuldgefühle. Erziehung und Tradition hindern viele noch daran, völlig offen über sexuelle Dinge zu sprechen.

Die Beziehung der Geschlechter wurde bei uns lange von der Kirche bestimmt. Mit Hilfe des Staates prägte ihre Moral die Gesetze, die auch heute noch davon beeinflußt sind. Den Intimbereich kontrolliert sie nicht nur bei ihren Anhängern, auch Nichtchristen unterwerfen sich ihren Geboten. Ob ihnen das klar ist oder nicht, spielt dabei keine Rolle. Der Feldzug des Vatikan gegen die empfängnisverhütende Pille hat mehr Spuren hinterlassen als gemeinhin angenommen wird. Und so mancher Arzt, der das Mittel verdammt, schiebt medizinische Gründe nur vor. Kirchliche Moralbegriffe trüben seinen naturwissenschaftlichen Blick. Das muß sich nicht immer so deutlich zeigen wie bei dem 1970 verstorbenen österreichischen Frauenarzt und Geburtshelfer Hermann Hubert Knaus.

Zusammen mit dem Japaner Ogino entwickelte er eine Methode, die empfängnisfreien Tage der Frau zu bestimmen. «Natürliche Geburtenregelung» nannte er diese höchst unsichere Sache, die die katholische Kirche akzeptiert. Gegen die hormonalen Kontrazeptiva aber wetterte er:

«Die Pillen wurden im Geiste der Amerikaner geschaffen, die auf dem Standpunkt stehen, daß es ungesund sei, dem sich meldenden *sexual drive* nicht sogleich seinen natürlichen Ablauf zu gestatten. Diese Auffassung widerspricht der europäischen Beurteilung der ungeheuren Bedeutung, die der Beherrschung im sexuellen Leben des Menschen zukommt. Wer sich sexuell nicht zu beherrschen vermag, kann niemals zu einem geachteten Träger der europäischen Kultur emporsteigen. Diese Erfahrungstatsache gilt nicht nur für den einzelnen Menschen, sie bestimmt auch das Schicksal der ganzen Nation. Denn keine persönliche und keine völkische Kultur kann entstehen oder erhalten werden ohne die Befreiung des Geistes von der Übermacht des erotischen Verlangens. Und damit scheint das Urteil über den Wert der Pillen für die sittliche Erziehung unserer Jugend gefällt zu sein.»

Was der Frauenarzt Knaus aus katholischer Sicht so konsequent verfochten hat, bestimmt das Urteil nicht weniger Kollegen. «Mediziner», so heißt es, «haben den Auftrag, Leben zu erhalten und nicht zu verhüten.» Die Pille untergräbt ihrer Meinung nach die Moral und zerstört die Ehe. Aber die Moralauffassungen haben sich gewandelt. Und der Verzicht auf sexuelle Kontakte ist oft nur Angst vor dem unerwünschten Kind gewesen. Moral sollte aber mehr sein als Furcht vor den Folgen der angeblichen Unmoral. Diese Furcht wurde vielen Menschen durch die Pille genommen. Verantwortlich können sie sich für oder gegen Kinder entscheiden.

Hier soll nicht bedenkenlos die Pille propagiert werden. Wie jedes wirkungsvolle Medikament hat sie Nebenwirkungen. Das Für und Wider muß abgewogen werden, ärztliche Kontrollen sind nötig. Manchmal ist es mühsam, das geeignete Präparat herauszufinden. Aber auch die Einstellung zum Leben, zur Sexualität und zur Ehe kann die Verträglichkeit beeinflussen.

Frauen, die die Sexualität bejahen, sie wichtig für die Partnerschaft finden und sich im Moment keine Kinder wünschen, klagen kaum über unangenehme Nebenwirkungen. Im Gegenteil, sie sind ausgeglichener, aktiver und haben mehr Orgasmen. Bei Frauen, die in der traditionellen Mutterrolle befangen sind und wegen ihrer sexuellen Bedürfnisse Schuldgefühle entwickeln, treten häufig negative Nebenwirkungen auf. Auch der Bildungsgrad entscheidet darüber, ob jemand Beschwerden hat oder nicht. Das zeigte sich in einer Untersuchung in der Universitäts-Frauenklinik Tübingen, über die Dr. Viola Frick berichtete:

«Die Einstellung zur weiblichen Rolle war bei der Gruppe der berufstätigen Frauen mit geringer Schulbildung konservativ. Sie sahen die wichtigste Funktion der Frau in der Rolle der Mutter und die unwichtigste in einer beruflichen Tätigkeit. Etwa zwei Drittel dieser Frauen erklärten, daß sie eigentlich lieber verheiratet wären, und immerhin ein Drittel von ihnen hatte zur Zeit der Befragung den Wunsch, ein Kind zu haben. Die Einnahme von Ovulationshemmern bedeutet für sie also ein Aufschieben einer wesentlichen Zielvorstellung, nämlich des Wunsches nach Mutterschaft.

Die Studentinnen hatten dagegen andere Rollenvorstellungen. Zwei Drittel von ihnen erklärten, daß sie zur Zeit keinerlei Wunsch hätten, verheiratet zu sein und Kinder zu haben. Sie sahen ihre wichtigste Funktion darin, Partner des Mannes zu sein. Die Mutterrolle stand erst nach der Funktion als Sexualpartner an dritter Stelle. Die Einnahme von Ovulationshemmern bringt sie also nicht mit ihren Zielvorstellungen in Konflikt, sondern ermöglicht ihnen die Realisierung.»[87]

Emanzipierte Frauen, die noch dazu emanzipierte Partner haben, stellen meist nur positive Nebenwirkungen fest. Natürlich sind bei einem Medikament, das so entscheidend in den Hormonhaushalt eingreift, negative Folgen nicht auszuschließen. Andererseits wurde kaum ein anderes Arzneimittel so umfangreichen Prüfungen unterzogen. Bei Alarmmeldungen handelt es sich meist nur um Vermutungen, die dann unbewiesen bleiben und wieder in Vergessenheit geraten – bis zur nächsten angeblichen Katastrophe, die von der Skandalpresse begierig aufgegriffen wird. Mit der Angst der Menschen wurden schon immer Geschäfte gemacht. Das Thromboserisiko der Frauen, die Ovulationshemmer nehmen, machte schon häufig Schlagzeilen. Die Behauptung ist keineswegs falsch, nur besagt sie wenig. Um das Risiko einschätzen zu können, muß man etwas mehr wissen. Nach einer größeren englischen Statistik sieht es folgendermaßen aus:

Von den Frauen zwischen zwanzig und vierunddreißig Jahren zum Beispiel sterben 0,2 pro 100 000 an einer Thromboembolie; von denen, die die Pille nehmen, sind es 1,5 pro 100 000. Aber in der Altersgruppe von fünfunddreißig bis vierundvierzig Jahren sterben dreißig von 100 000 Frauen durch eine Schwangerschaft und nur 3,9 unter der Behandlung mit oralen Kontrazeptiva.[88]

Unterschwellig wirken solche in Abständen auftauchenden Alarmmeldungen gewiß weiter. Denn wer kann schon übersehen, ob wirklich Gefahr besteht und wie sie einzuordnen ist.

Sex ohne Risiko wurde für viele selbstverständlich. Plötzlich tauchte dann das Wort Pillenmüdigkeit auf. Das tägliche Schlucken finden Frauen unerträglich. Bei Kopfschmerz- oder Schlafmitteln kam ähnliches nie vor – wenigstens wurde nicht darüber berichtet. Das Unbehagen an der Pille aber meldet sich angeblich überall. Vom natürlichen Kreislauf wird geredet; von der Angst als Stimulator, die aus dem Beischlaf wieder etwas Besonderes macht. Auch der *Spiegel* nahm sich des neuen Trends an und entschloß sich zu einer Titelgeschichte.[89] Über das Unbehagen an der Pille heißt es unter anderem:

«Ärzte und Psychologen erkennen heute immer klarer, daß die seelischen und körperlichen Pillen-Beschwerden vor allem ein meist unbewußter Ausdruck des Protestes gegen die Pille sind – und gegen noch sehr viel mehr.

Am deutlichsten wird das bei Frauengruppen, die leidenschaftlich gegen das Schlucken agitieren, weil sie die orale Kontrazeption für eine Konspiration der Männer zur sexuellen Ausbeutung des weiblichen Geschlechts halten. Dabei hat Gregory Pincus (Erfinder der Pille) den Anstoß zu seiner Arbeit 1950 von der amerikanischen Familienplanerin Margaret Sanger erhalten, und die Feministin Stanley McCormack unterstützte die Pincus-Arbeit mit großen Summen, um Frauen endlich in die Lage zu versetzen, ‹ihre Fruchtbarkeit selbst zu kontrollieren›. Doch mittlerweile hat sich die Pille für Feministinnen – und in weniger bewußter Form auch für viele andere Frauen – zum verabscheuten Symbol all dessen entwickelt, was ihnen an der sozialen und sexuellen Rolle mißfällt: die Pille als tägliche Erinnerung an die biologischen Risiken der Frau, an das Gefühl, ein allzeit bereites Sexobjekt zu sein, und daran, daß es Männer besser haben.

Diese auf die Pille projizierte Ablehnung der Frauenrolle erzeugt bei fortgesetzter Einnahme von Ovulationshemmern psychische und physische Symptome, die subjektiv ehrlich als auferlegtes Leid empfunden werden – bis die Frau und ihr von solchem Elend meist nicht unberührter Mann zu der Überzeugung gelangen, daß es besser sei, mit den Dingern aufzuhören.»

Ein verständlicher Entschluß, der allerdings fatal wird, wenn man es nun ‹einfach darauf ankommen läßt›. Das scheint nicht selten der Fall zu sein. Eine Leserin des *Spiegel*-Artikels äußerte sich dazu:

«Ich war sehr erfreut, Ihren Artikel zu lesen; habe ich doch vor zwei Jahren das Pillenschlucken aufgegeben und seither wieder ein neues Körpergefühl und Selbstverständnis genossen. Endlich eine vernünftige Regelblutung, die dazugehörige prämenstruelle Verstimmung, die gewisse Ungewißheit ‹hat's nun geknallt – oder nicht?› – nicht zuletzt das Bekenntnis zum prospektiven Kind. Zusammen also Sonnenschein und Regen und nicht dieses langweilige Schönwetter aus der Retorte. Für Männer ist es allerdings bequemer, mit unseren entschärften Geschlechtsgenossinnen ins Bett zu gehen, während bei uns die Zeitbombe schon tickt und wir dabei lächeln!»

Die Schwangerschaft wird in Kauf genommen, damit es sexuell besser klappt. Schlechte Aussichten für ein Kind, das ein solches Paar bekommt.

Männer und Frauen fühlen sich durch die Pille verunsichert und unter Druck gesetzt. Was nicht sein müßte, wenn die Partnerschaft stimmt. Aber er hat Angst um seine Vormachtstellung, und sie versucht sich mit Tricks zu behaupten. Im Bett möchte sie nicht ständig verfügbar sein und droht mit einer möglichen Schwangerschaft, statt einfach nein zu sagen, wenn sie keine Lust hat. Ihn irritiert, daß die Pille auch der Frau sexuelle Freizügigkeit erlaubt. Gleichzeitig muß er fürchten, überrumpelt zu werden, wenn sie das Mittel heimlich absetzt. Solange er ihr die Empfängnisverhütung überläßt, kann sie allein entscheiden. Das nutzte zum Beispiel Eva S. aus:

Kinder wollte sie, auf jeden Fall. Ihr Feund war dagegen. Nach der Heirat, glaubte sie, würde er schon klein beigeben. Sie täuschte sich. Die ‹große Liebe› verflog. Gemeinsamkeiten entdeckten sie kaum. In der Ehe kriselte es. Sie hielt aber, weil keiner seinen Irrtum zugeben mochte. Man lebte nebeneinander her. Ein Kind, meinte Eva S., könnte alles ändern, ihnen Lebensinhalt sein und die Ehe retten. Als sie ihrem Mann gestand, daß sie die Pille wohl mal vergessen hätte, packte er stillschweigend seine Sachen und zog aus. Alle bedauerten die werdende Mutter und nannten den Ehemann einen Schuft.

Kinder können bröckelnde Ehen nicht kitten, sie führen höchstens ihr schnelles Ende herbei. Übereinstimmung, ob man Kinder will oder nicht, ist wichtiger denn je. Heute kann jeder seine Familie planen, er hat die verschiedensten Möglichkeiten dazu: vom Kondom über hormonelle Kontrazeptiva und Intrauterinpessare bis hin zur freiwilligen Sterilisation, die nach einem Urteil des Bundesgerichtshofes vom Oktober 1964 strafrechtlich erlaubt ist. Die Entscheidung liegt jetzt beim Patienten und seinem Arzt. Natürlich ist der Arzt nicht verpflichtet, eine Sterilisation vorzunehmen, wenn ein solcher Eingriff gegen seine Anschauungen verstößt. Leider gibt er das aber nicht immer zu erkennen und lehnt den Eingriff aus vorgeschobenen Gründen ab. Wir sprachen mit einem Gynäkologen über die Sterilisation.

«Wenn die Frau eine Sterilisation will und es sich überlegt hat, sollte man dem Wunsch auch entsprechen. Ich frage dann eigentlich immer noch, warum wollen sie das? Und ich bekomme Antworten wie: die Wohnung ist zu klein; ich möchte in meinen Beruf zurück; zwei Kinder haben wir uns vorgenommen, das sind auch genug, wir möchten ihnen eine anständige Ausbildung geben. Vernünftige, ehrenwerte Gründe. Ich bin nicht der Meinung, daß wir diesen Eingriff verweigern sollten. Wir müssen ja nicht unsere Auffassungen den Frauen nahebringen.»

Zu einer Sterilisation nach zwei oder drei Kindern sind Ärzte, die sie nicht grundsätzlich ablehnen, meist bereit. Ganz anders sieht es aus, wenn eine kinderlose Frau sich sterilisieren lassen möchte, wie auch der im Kapitel ‹Gespräche über Kinderlosigkeit› beschriebene Fall der Martina B.-R. zeigt. In einem Bericht aus der geburtshilflich-gynäkologischen Abteilung des Elisabeth-Krankenhauses in Hamburg heißt es dazu:

«Liegt keine strenge medizinische Indikation zur Sterilisation vor, setzen wir den erfüllten Kinderwunsch, mindestens zwei Kinder und ein Alter von wenigstens dreißig Jahren voraus. Andernfalls lehnen wir die Sterilisation ab und empfehlen zwischenzeitlich andere kontrazeptive Maßnahmen.»[90]

Frauen werden wie Unmündige behandelt, dürfen nicht über ihren eigenen Körper verfügen. Sie müssen ihre Gebärfähigkeit erst zweimal unter Beweis stellen, bevor ihnen dann mit über dreißig Jahren erlaubt wird, weitere Schwangerschaften endgültig zu verhüten. Ärzte zwingen ihre persönliche Meinung anderen auf. Häufig begründen sie es damit, daß sie Frauen vor einer Fehlentscheidung bei diesem nicht wieder rückgängig zu machenden Eingriff bewahren wollten. Es würde aber genügen, die Betreffende über Art, Bedeutung, Folgen und Risiken aufzuklären. Ethische, religiöse und moralische Vorstellungen des Arztes mögen höchst ehrenwert sein, aber müssen nicht mit denen seiner Patientin übereinstimmen.

Warum sollte eine mündige Bürgerin, die sich für ein Kind entscheiden kann und damit Verantwortung für einen anderen Menschen übernimmt, sich nicht grundsätzlich gegen Kinder entscheiden dürfen, was nur sie allein betrifft?

Ähnlich wie bei der freiwilligen Sterilisierung der Frau, wird bei der des Mannes argumentiert. Wo wirklich schwerwiegende Gründe für eine Sterilisation nicht vorliegen, heißt es da, «sollte vor einer Sterilisation der Nachweis geführt werden, daß der Ehemann mindestens fünfundzwanzig Jahre alt ist und daß wenigstens drei Kinder aus der Ehe hervorgegangen sind»[91].

Deutlicher kann nicht bewiesen werden, daß Kinderlosigkeit noch immer ein Tabu ist. Als moralisch verwerflich gilt der kaum wieder rückgängig zu machende Eingriff offensichtlich, wenn damit jeglicher Nachwuchs verhindert werden soll. Auch wird wesentlich mehr über mögliche Folgen der Sterilisation geschrieben und gesprochen, als darüber, daß sie meist psychischer Art sind und auf mangelnder Aufklärung beruhen. Die Unterbindung der Eileiter oder der Samenstränge haben keine organischen bzw. innersekretorischen Nebenwirkungen. Die Frau wird nicht frigide, der Mann nicht impotent. Im

Gegenteil, das Ende der Angst vor einer unerwünschten Schwangerschaft läßt viele aufatmen.

Die Sterilisation des Mannes ist operativ einfach und äußerst risikoarm. Sie kann ambulant durchgeführt werden. Wenn der Eingriff bei der Frau nicht im Zusammenhang mit der Entbindung vorgenommen wird, ist auch für sie ein Klinikaufenthalt nicht mehr unbedingt erforderlich. Trotzdem bleibt es die schwierigere Operation. Warum lassen sich also nicht häufiger die Männer sterilisieren. Der von uns befragte Gynäkologe sagte dazu:

«Ich will nicht behaupten, daß ein Mann sich nicht sterilisieren lassen sollte, aber die Belastung durch die Schwangerschaft hat die Frau und nur die Frau. In vielen Fällen entzieht sich der Mann ja sogar der Aufgabe, die ihm aus seiner Vaterschaft erwächst. Eine Frau kann durch eine Schwangerschaft schweren Schaden erleiden, kann krank werden und sterben – nur durch die Schwangerschaft. Also ist es unsinnig, der Frau die Möglichkeit einer Schwangerschaft zu belassen, wenn sie keine Kinder mehr will.»

Den Mann zu sterilisieren muß das Problem für die Frau nicht unbedingt lösen. Sie kann den Partner wechseln wollen; sie läßt sich vielleicht scheiden und heiratet wieder, die lebenslang andauernde Ehe ist nicht mehr die Norm. 1975 standen 386681 Eheschließungen, 106829 Ehescheidungen gegenüber.[92]

Für die Partner heißt es also abzuwägen, welches für sie die beste Lösung ist. Und das bezieht sich nicht nur auf die Sterilisation, sondern auf jegliche Art Empfängnisverhütung. Meist überläßt man die Entscheidung den Frauen. Nur wenige Männer lassen sich über die verschiedenen Möglichkeiten beraten. Viele Frauen fühlen sich von den Ärzten unzureichend informiert oder klagen über für sie unverständliche Erklärungen. Häufig fehlt es den Ärzten aber auch am nötigen Wissen und der Aufgeschlossenheit sexuellen Problemen gegenüber. Fragen werden abgewimmelt, unausgesprochene Schwierigkeiten der Patientinnen gar nicht wahrgenommen. Mancher Arzt hat

ein gestörtes Verhältnis zur Sexualität, ist also gänzlich unge-
eignet, andere zu beraten. Auf einer Fachtagung stellte vor über
zehn Jahren ein Arzt aus Bensheim fest:

«Wir sind zur Zeit auf dem besten Wege, die ärztliche Auf-
klärungs- und Erziehungsaufgabe an die illustrierten Zeitungen abzugeben. Ich glaube, ein jeder Kollege sollte und müßte
sich prüfen, welche Möglichkeiten er hat, auf diesem Gebiet
vor Gruppen, in seiner Praxis, im Einzelfall oder in der Volks-
hochschule, in der Truppe, im Kurheim, auf der Krankensta-
tion, aufklärend zu wirken. Daß hierbei Tabus gebrochen werden müssen, liegt auf der Hand.»

Dieser Appell hat nichts von seiner Aktualität verloren. Die
Flut der Aufklärungsartikel in Zeitungen und Zeitschriften
beweist, daß der Bedarf in den Sprechstunden der Ärzte nicht
gedeckt wird.

«Wie gut sind Frauenärzte?» fragte die Frauenzeitschrift
Brigitte ihre Leserinnen. Fast 30 000 von ihnen nahmen an der
Aktion teil, schrieben Briefe, formulierten Lob und Tadel –
letzterer überwog bei weitem. In Zusammenarbeit mit der
Diplom-Soziologin Ruth Höh von der Medizinsoziologischen
Abteilung der Universitätsklinik Hamburg-Eppendorf wurde
das umfangreiche Material ausgewertet:

Zu 95 Prozent haben sich jüngere Frauen beteiligt. Die
Mehrzahl der Frauen ist verheiratet oder hat einen festen Partner. Über die Hälfte der Frauen ist kinderlos. Fast alle haben
eine abgeschlossene Berufsausbildung oder sind noch in der
Ausbildung. Die Mehrzahl ist berufstätig: voll- (42 Prozent)
oder teilzeitbeschäftigt (15 Prozent). Nur knapp jede zehnte
nimmt im Beruf eine untere Stellung ein. Die größte Gruppe ist
die der mittleren und höheren Angestellten (36 Prozent). Die
meisten Befragten sind in Ersatzkassen versichert (55 Prozent),
nur 28 Prozent in Ortskrankenkassen, in denen die große
Mehrheit der Bevölkerung versichert ist. Und 18 Prozent sind
Privatpatientinnen.

Es meldeten sich also viele Priviligierte zu Wort, kein repräsentativer Querschnitt. Um so erstaunlicher sind die schlech-

ten Erfahrungen mit Frauenärzten und der dadurch bedingte häufige Wechsel – in der Hoffnung, endlich den ‹Richtigen› zu finden.

Über mangelnde sachliche Information wird geklagt. Selbst bei der ersten Untersuchung kommt es oft zu keinem Gespräch. Der Arzt erklärt nicht, was er macht und warum es geschieht; oder er tut es in einer für die Patientin unverständlichen Fachsprache. Mit einer ‹Sprachbarriere› ist das nicht zu erklären. An der Fragebogenaktion beteiligten sich überdurchschnittlich viele medizinisch gut informierte Frauen. Trotzdem erlebten sie Moralpredigten, Grobheiten und einen rüden Umgangston.

Bedenkenlos verschriebene Pillen werden beanstandet, ohne die nötigen Kontrolluntersuchungen und eine unzureichende Sexualberatung.

Rund die Hälfte der Frauen glauben, daß der Arzt ihnen helfen würde, wenn es zu einer ungewollten Schwangerschaft kommt. Zum Beispiel, wenn er ein Intra-Uterin-Pessar eingesetzt hat und eine Panne passiert. Aber deutlich darüber gesprochen wird nicht; es handelt sich da wohl mehr um eine Hoffnung der Frauen. Rechtlich ist ein Abbruch möglich, weil nicht völlig auszuschließen ist, daß dem Ungeborenen durch das Pessar Schaden zugefügt worden ist. Frauen mit einer gehobenen sozialen Stellung und Privatpatientinnen können allerdings im allgemeinen mit Hilfe rechnen. Die anderen sind wesentlich schlechter dran. Sie trauen sich auch nicht in Beratungsstellen oder wissen nicht einmal von ihrer Existenz. Den Bemühungen, die Menschen an ihren Wohnorten zu erreichen, sind enge Grenzen gesetzt – es fehlt an Geld und Personal. Nur eine bestimmte Gruppe der Bevölkerung kann die angebotenen Möglichkeiten nutzen. Die Mitarbeiterin einer Pro Familia-Beratungsstelle sagt dazu:

«Im allgemeinen stammen die Ratsuchenden aus – na, gehobenen Schichten, muß man das wohl nennen. Angestellte sind es, auch Kinder von Akademikern, fast immer Leute, die imstande sind zu fragen. Ist das mal nicht der Fall, stellt sich schnell heraus, daß derjenige von jemandem geschickt wurde, der sich auskennt, der ihn auch ein bißchen präpariert hat. Wenig Arbeiterinnen kommen zu uns und schon gar keine Leute aus der Unterschicht. Dort wird Kinderreichtum noch als Schicksal hingenommen.»

Gerade das wollte die «Internationale Gesellschaft für geplante Elternschaft» verhindern. 1952 wurde sie in Bombay gegründet. Ihre Vorläufer gehen zurück bis ins 19. Jahrhundert. Im Jahre 1916 richtete die New Yorker Krankenschwester Margaret Sanger im Stadtteil Brooklyn die erste amerikanische Beratungsstelle ein. Sie wurde sofort wieder geschlossen. Margaret Sanger mußte für dreißig Tage ins Gefängnis. Aber sie gab nicht auf. Als sechstes von elf Kindern kannte sie die Probleme armer, kinderreicher Familien nur allzugut; in ihrem Beruf wurde sie weiter damit konfrontiert.

Im Krankenhaus pflegte sie eine Frau gesund, die ihr Kind abgetrieben hatte. Bei der Entlassung bat die Patientin den Arzt um Rat, wie sie künftig eine Schwangerschaft verhindern könne. «Sagen sie ihrem Mann, er soll auf dem Dach schlafen», lautete die zynische Antwort. Ein halbes Jahr später starb die Frau an den Folgen der nächsten Abtreibung.

1918 erreichte Margaret Sanger eine Gerichtsentscheidung, die es den amerikanischen Ärzten erlaubte, wenigstens im Krankheitsfall empfängnisverhütende Mittel zu verschreiben. Der Gedanke der Familienplanung begann sich langsam durchzusetzen.

Das Ziel, Abtreibungen weitgehend zu verhindern, ist ohne eine umfassende Beratung nicht möglich. Der Schwangerschaftsabbruch sollte nur ein Mittel der Familienplanung sein, wenn alle anderen versagt haben, oder Frauen in einer Notsituation sind. Erschreckend ist, daß bei uns selbst ein legaler Abbruch oft mit entwürdigenden Begleitumständen verbunden ist, da unterschwellig immer noch die Meinung vorherrscht, eine Frau habe Kinder zu gebären, ganz unabhängig von ihren eigenen Bedürfnissen. Vor unüberwindbaren Hürden stehen vor allem die Frauen, denen das neue Gesetz eigentlich helfen sollte, die es sich nicht leisten können, ins Ausland zu fahren.

Der Reform des § 218 – ohnehin nur halbherzig durchgeführt – folgte keineswegs ein entscheidender Wandel der Anschauungen. Nach Inkrafttreten des Gesetzes, meinte der Moderator einer großen Rundfunkanstalt, ein freies Lüftchen zu spüren. Mit einem Erich Kästner Gedicht «Patriotisches Bettgespräch» wollte er Abschied nehmen vom Muff vergangener Jahre:

Patriotisches Bettgespräch

Hast du, was in der Zeitung stand, gelesen?
Der Landtag ist mal wieder sehr empört
von wegen dem Geburtenschwund gewesen.
Auch ein Minister fand es unerhört.

Auf tausend Deutsche kämen wohl pro Jahr
gerade 19 Komma 04 Kinder.
04! Und so was hält der Mann für wahr!
Daß das nicht stimmen kann, sieht doch ein Blinder.

Die Kinder hinterm Komma können bloß
von ihm und anderen Ministern stammen.
Und solcher Dezimalbruch wird mal groß!
Und tritt zu Ministerien zusammen.

Nun frag ich dich: Was kümmert das den Mann?
Er tut, als käm er für uns auf und nieder.
Es geht ihn einen feuchten Kehricht an!
Mir schläft der Arm ein. So. Nun geht es wieder.

Geburtenrückgang, hat er noch gesagt,
sei, die Geschichte lehrt es, Deutschlands Ende,
und deine Fehlgeburt hat er beklagt.
Und daß er, daß man abtreibt, gräßlich fände.

Jawohl, wir sollen Kinder fabrizieren.
Fürs Militär. Und für die Industrie.
Zum Löhnesenken. Und zum Kriegverlieren!
Sieh dich doch vor. Ach so, das war kein Knie.

Na, komm, mein Schatz. Wir wollen ihm eins husten.
Dein Busen ist doch wirklich noch famos.
Ob unsere Eltern, was wir wissen, wußten . . .
Wer nicht zur Welt kommt, wird nicht arbeitslos.

Der Kinderreichtum ist kein Kindersegen.
Deck uns schön zu. Ich bild mir ein, es zieht.
Komm, laß uns den Geburtenrückgang pflegen!
Und lösch die Lampe aus. Des Landtags wegen.
Damit er es nicht sieht.

1930 schrieb Erich Kästner das Gedicht. 1976 rief es, im
Rundfunk vorgetragen, Proteste hervor. Allzu freizügig schien
vielen die Sprache, die Behandlung des Themas unangemessen.
Selbst die vorsichtige Reform ging ihnen zuweit. Sie wurde
auch nur sehr zögernd akzeptiert.
    Ein Jahr nach dem das Gesetz in Kraft getreten war, recher-
chierte eine Reporterin quer durch die Bundesrepublik und
kam zu dem Schluß: «§ 218 – oder wie man die Frauen um ihr
Recht betrügt.» Ein Gesetz wird verwässert, unterlaufen, die
Ärzte drücken sich vor der Verantwortung. Das ‹Nord-Süd-
Gefälle› wurde zum geflügelten Wort. Vom ‹Notstandsgebiet›
im Süden der Bundesrepublik ist die Rede. Fast genauso viele
Frauen wie vor der Reform fahren nach Holland, um die
Schwangerschaft abbrechen zu lassen. ‹Kindermord› wetterte
es von Kirchenkanzeln. Frauen resignieren, weil sie keine Unterstützung finden. Auf dem Lande und in kleineren Gemein-
den kommt die Angst hinzu, daß man ‹es› erfahren könnte.
Lieber bringt man das sechste oder siebte Kind zur Welt –
irgendwie wird es auch noch satt. Was das ungewollte Kind für
die Mutter bedeutet, interessiert nicht.

Bezeichnend sind die Antworten einer Hebamme, die seit 25 Jahren in einer Gemeinde tätig ist. «Sind sie häufiger mit dem Problem unerwünschter Schwangerschaften konfrontiert worden», wurde sie gefragt:

«An und für sich nicht. Und wenn, dann hat man es eben so besprochen mit den Frauen oder Mädchen, daß sie doch zu der Einsicht gekommen sind, das Kind auszutragen. Wenn es ein junges Mädchen war, wo die Eltern nicht so ganz einverstanden waren, da hat man sich mit den Eltern in Verbindung gesetzt und hat mit denen gesprochen.»

Sie haben es dann akzeptiert, wie auch ihre Töchter, denen die Hebamme klarmachte, was das heißt – eine Abtreibung:

«Ich habe ihnen erklärt, daß es doch schon ein Mensch ist, ein Geschöpf ist, und daß man das nicht so einfach – ganz gleich in welchem Monat – es nicht einfach abtreiben läßt; irgend etwas machen läßt, was man mit seinem Gewissen gar nicht vereinbaren kann. Wenn man nämlich mal sieht, wie so ein Embryo überhaupt nicht weiß zu leben und auch nicht zu sterben. Es ist schon mal vorgekommen, daß man dieses Embryo der Frau oder dem Mädchen gezeigt hat, und ich glaube ganz bestimmt, daß sie es beim zweitenmal niemals mehr versuchen würden, wenn es eine Abtreibung war. Also, daß sie es nie wieder versuchen würden. Es hat sie so gepackt, seelisch so gepackt, daß sie ganz verzweifelt waren; daß sie in den Tagen, wo sie auf der Station gelegen haben, ganz apathisch waren und überhaupt keine Antwort gaben, wenn man sie über irgend etwas gefragt hat. So hat es diese Frauen und Mädchen seelisch gepackt.»

Brutalität in einer ländlichen Gemeinde, wo strenge Moralbegriffe herrschen. Und Beratung über einen Schwangerschaftsabbruch heißt dort nicht Entscheidungshilfe. Dazu die Hebamme:

«Wenn mal so etwas geschehen ist und sie sich doch tatsächlich vertrauensvoll an den Arzt und ihre Hebamme gewandt haben, da hat man es, ich würde sagen, fast in allen Fällen so hingekriegt, daß sie ihr Kind ausgetragen haben.»

Ähnliches passiert häufig. Bekommt eine Frau dennoch die

Genehmigung für einen Schwangerschaftsabbruch, beginnt ihr Leidensweg erst.

Viele konfessionelle, vor allem katholische Krankenhäuser, weigern sich, Abbrüche vorzunehmen – es sei denn, es besteht akute Lebensgefahr für die Mutter. Aber auch staatliche und kommunale Krankenhäuser in Rheinland-Pfalz, Bayern und Baden-Württemberg lehnen den Eingriff ab. Krankenhäuser also, die mit unseren Steuergeldern unterhalten werden, verweigern Bürgerinnen ihr Recht. Kreistage sprechen sich generell gegen Schwangerschaftsabbrüche aus. Chefärzte, die sonst immer ihre alleinige Verantwortung betonen, halten sich an das Verbot. Natürlich ist niemand verpflichtet, bei einem Abbruch mitzuwirken, wenn das gegen sein Gewissen verstößt, aber hier scheint es sich um ein Kollektivgewissen zu handeln. Bei uns nicht, heißt schlicht die Parole, der sich auch fortschrittliche Ärzte beugen, aus Angst um den Arbeitsplatz. Sie alle pflegen ihr ‹Gewissen› auf Kosten der Frau. Sie verfechten eine Moral, die weiter nichts ist als Intoleranz. Konservative Politiker berufen sich auf das Recht des Ungeborenen zu leben, aber haben wenig dazu getan, daß Kinder in einer humanen Welt aufwachsen können.

Kinder in die Welt zu setzen, gehört zu den Abenteuern und Risiken unserer Gegenwart. Die großen Ideen von einer menschenwürdigen Erziehung verflüchtigen sich schnell. Die Eltern verlangen ihr alltägliches Glück. Und das müssen sie oft gegen die Kinder durchsetzen. Ein Bund fürs Leben ist die Ehe immer weniger. Scheidung und Wiederheirat sind längst keine Ausnahme mehr. Die Kinder werden herumgestoßen, vor dem Familienrichter ‹ausgehandelt›. Auch Unabhängigkeit in der gewollten Einelternfamilie schlägt bald in Abhängigkeiten um. Ebenso entgehen Partner ohne Ehekontrakt den öffentlichen Zwängen nicht. Ihre ‹freie Verbindung› entpuppt sich als Scheinlösung, sobald Kinder da sind. Denn «im sozialen Wohnungsbau, im Versorgungs- und Versicherungsrecht sind nicht legalisierte Lebensgemeinschaften weder erwähnt noch in irgendeiner Form berücksichtigt, im Erbrecht sind sie selbstverständlich auch außer acht gelassen»⁹³.

Kinder zu haben: das heißt immer wieder zu erleben, wie das Kind für den Mann oder die Frau, für die Öffentlichkeit, für den Staat ein beliebig verwertbares Objekt wird, dessen man sich je nach Laune und Wirtschaftslage bedienen kann.

Ist denn aber keine Lebensweise denkbar, in der das Kind ein Partner wird? In der die Beziehung zwischen Frau, Mann und Kind durch Wechselseitigkeit der Interessen und durch emotionalen Austausch bestimmt ist? Sicherlich. Eine Grundvoraussetzung wäre die Eingliederung der Mutter ins öffentliche Leben. Beruf und Kinder zu haben, macht die Frau für den Mann zur gleichwertigen Partnerin. Beruf und Kinder als sinnvolles Miteinander zu erleben und nicht als Gegensatz, das reißt den Mann endlich aus seiner Nur-Ernährerrolle. Er ist an der Erziehung der Kinder unmittelbar beteiligt. Das hieße aber: Ganztagsschulen einzuführen; flexible Arbeitszeiten sowie Halbtagsarbeit für Männer anzuerkennen. Das hieße auch, für die Entwicklung der Kinder auf berufliche Karrieren zu verzichten, wenn es notwendig ist. Das bedeutet ferner, überlieferte Rollenklischees kritisch zu überprüfen, mit seinen eigenen Lebensvorstellungen zu vergleichen. Doch wirtschaftliche Krisenzeiten, Arbeitslosigkeit, Abbau der Frauenjobs – unsere heutige Situation – sind für sozialen Fortschritt im allgemeinen nicht günstig. Verwunderlich ist es da nicht, daß Frauen fürchten, wieder einmal die Benachteiligten, die ‹Angeschmierten› zu bleiben. Familienübergreifende Erziehungsmethoden, wie etwa Wohngemeinschaften, setzen sich nicht durch. *Service Houses* wie in Schweden, die jungen Familien viele Sorgen der Kinderbetreuung abnehmen und den Frauen Berufstätigkeit ermöglichen, sind bei uns nicht in Sicht. Die Frau muß weiterhin in der Kleinstfamilie die Hauptlast tragen und hat ihre eigenen Wünsche zurückzustellen, ja, sie soll sogar noch behaupten, daß sie glücklich sei und gar nichts anderes erwarte, als Mann und Kindern zu dienen. Die kritische Frau bemerkt jedoch sehr schnell, daß sie in der Isolation lebt und ihrem Mann keine Partnerin ist. Sie stellt auch fest, daß sie den älter werdenden Kindern nichts von der Außenwelt vermitteln kann und als liebevolles Familieninventar betrachtet wird.

Moderne Eltern möchten ihren Kindern Freunde sein. Sie hoffen, daß sie Vergnügen an der Entwicklung ihres Nachwuchses haben. Doch das kostet Geld und Zeit und ist nur gegen Widerstände der Umwelt zu erreichen. Diese Umwelt ist, trotz aller gegenteiliger Beteuerungen, kinderfeindlich.

Ein Vater kann von seinen Kindern lernen und durch sie reifer werden, heißt es, die Mutter wird durch die Kindererziehung ihren Horizont erweitern und ein erfülltes Leben haben. Das sind Sätze, mit denen sich heute kaum noch jemand trösten läßt. Männer und Frauen erleben täglich, daß sie im privaten Bereich öffentliche Versäumnisse ausbügeln müssen, sobald sie Kinder haben. Nein, man braucht nicht unbedingt Kinder, um glücklich zu sein, sagen sie deshalb. Und im übrigen sind bei weitem nicht alle, die Kinder haben können, geeignet, sie zu erziehen.

Die Erwartung, daß Kinder eine schlechte Ehe kitten könnten und eine gute Ehe sogar noch verbessern würden, diese Erwartung erweist sich als Trugschluß. Untersuchungen zeigen vielmehr, daß kinderlose Paare harmonisch zusammen leben können. Sie sind oft zufriedener. Sie achten sich und können ihre Erfahrungen austauschen, denn zumeist sind beide Partner beruflich tätig. Sie fühlen sich freier, sind unabhängig voneinander und sehen ihr Zusammensein als eigene Entscheidung an, nicht als notwendigen Zwang.

Kinderlosigkeit ist kein Makel. Kinderlose Paare können ihre Ungebundenheit nutzen und Rechte für diejenigen erkämpfen, die begabt sind, Kinder zu erziehen. Es gilt, Möglichkeiten zu schaffen, die es den Frauen erlauben, Kinder und einen Beruf zu haben. Alle ernst zu nehmenden Versuche sollten unterstützt und nicht von vornherein abgelehnt werden, wie es beim Modellprojekt ‹Tagesmütter› geschah.

Politiker sahen schon das Ende der Familie nahen. Kinderärzte und Psychologen äußerten schwere Bedenken. Sie bestätigten sich nicht. Der vom Bundesministerium für Jugend,

Familie und Gesundheit geförderte Versuch war gut geplant. Die Tagesmütter, wie auch die leiblichen Eltern, konnten sich bei Wissenschaftlern des Deutschen Jugendinstituts Rat holen. Zu größeren Schwierigkeiten kam es so erst gar nicht. Und manches Kind mag bessere Bedingungen vorgefunden haben als zu Hause. Der prophezeite tägliche ‹Trennungsschock› trat nicht ein. Die Kinder entwickelten sich normal. Einzelkinder hatten Spielgefährten. Auch für die meisten Kleinkinder ist es kein Problem, mehrere Bezugspersonen zu haben, wenn es immer dieselben sind. Vor allem aber: Die berufstätige Mutter kann ohne seelischen Druck ihrer Arbeit nachgehen. Sie ist ausgeglichener und kann sich in ihrer Freizeit unbelastet dem Kind widmen. Die unzufriedene Hausfrau dagegen schadet ihrem Kind.

Kindersegen ist nicht länger das alleinige Glück der Menschen. Mit Kindern zu leben ist eine Möglichkeit neben vielen anderen. Idealistische Erwartungen und eine kinderfeindliche Industriegesellschaft haben Väter und Mütter an den Rand des Bankrotts getrieben. Durch Wechsel der Partner, durch Scheidung versuchten sie ein bißchen Glück für sich zu retten. Auf der Strecke blieben die Kinder.

Unsere Gesellschaft produziert zerrüttete Ehen und gestörte Kinder. Und nun beratschlagt man, wie die Misere zu beheben sei; oder hofft, daß die Gesundung allein vonstatten geht. Die wirtschaftliche Rezession, so ist zu hören, wird die Menschen zu ihrem eigentlichen Glück, dem häuslichen Leben, zurückführen. Die Wochenarbeitszeit könnte verkürzt, die Dreißig-Stunden-Woche Realität werden. Zwar bedeute das weniger Verdienst, aber Väter und Mütter würden zu Atem kommen. Sie könnten sich mehr der Familie widmen. Das hört sich fatal nach dem Spruch an: Im Unglück sind wir wieder Menschen.

Sicherlich ist es richtig, daß die Wachstumsbesessenheit des Industriezeitalters zu den familiären Schwierigkeiten beigetragen hat. Aber ebenso klar muß gesehen werden, daß die überkommenen Familienstrukturen nicht haltbar sind. Väter und Mütter brauchen Kontakt nach draußen. Sie brauchen ihre beruflichen Erfahrungen, um Kinder richtig zu erziehen. Sie müssen sich diese Erziehungsaufgabe teilen können. Und Männer und Frauen sollten erkennen, daß zum Lebensglück nicht unbedingt Kinder gehören, jedenfalls nicht eigene.

Die so oft beschworene Angst, daß durch den Geburtenrückgang die Renten in Gefahr seien, ist eine Spekulation. Dr. K. Schwarz, Regierungsdirektor im Statistischen Bundesamt, Wiesbaden, sagte in einem Referat:

«Die Finanzierung der Renten und Pensionen der nicht mehr im Berufsleben Stehenden wird durch den Geburtenrückgang nicht gefährdet, weil wir mit wachsendem Wohlstand in der Lage sein werden, größere Teile unseres Einkommens für Rentner, Pensionäre und Kranke abzuzweigen und weil die Gesellschaft und die Familien bei kleineren Kinderzahlen geringere Ausbildungskosten aufzubringen haben.»[94]

Der Geburtenrückgang wird den wirtschaftlichen Fortschritt nicht behindern. Der Verlust an nachrückenden Arbeitskräften könnte durch Rationalisierungsmaßnahmen, die dann nicht mehr zu Arbeitslosigkeit führen, und durch eine bessere Ausbildung aufgefangen werden:

«Der Geburtenrückgang erleichtert es, unseren Kindern eine bessere Schul- und Berufsausbildung zu vermitteln und Unterschiede in der Chancengleichheit zu vermindern, also in der Bildungsreform besser voranzukommen, den Frauen größere Entfaltungsmöglichkeiten in Beruf und Gesellschaft zu geben sowie die Raumordnungs- und Umweltprobleme besser zu lösen.»[95]

Bestätigt wird mit diesen Ausführungen, daß eine freiwillige Beschränkung der Kinderzahl eine verantwortungsvolle Haltung ist. Auch Kinderlosigkeit kann sinnvoll und human sein – sowohl bezogen auf die unmittelbare Umwelt als auch auf weltpolitische Überlegungen. Kinderlosigkeit muß nicht Resignation bedeuten. Sie ist eine Herausforderung für eine Gesellschaft, die die Rechte des Kindes nur verbal proklamiert, die durch Versäumnisse die Unterdrückung der Frau aufrechterhält und den Mann zum Ernährer degradiert.

Die Autoren

Thomas Ayck, geboren 1939 in Hamburg. Nach einer Reedereikaufmannslehre studierte er Germanistik, Anglistik und Kunstgeschichte in Hamburg und Basel. Neben journalistischen Arbeiten für Zeitungen und Rundfunkanstalten war er als Übersetzer und Schriftsteller tätig. 1974 erschien von ihm eine Monographie über ‹Mark Twain›, 1976 über ‹Jack London› und 1977 über ‹Carl Zuckmayer›.

Seit 1969 ist er Redakteur und Dokumentarfilmer in der Hauptabteilung Kultur und Wissenschaft des Norddeutschen Rundfunks. Er machte Dokumentationen u. a. über «Obszönität als Gesellschaftskritik», Siegfried Lenz, Alberto Moravia, Peter Weiss, Bertolt Brecht im Exil, James Baldwin, Francis Bacon, Alexander Mitscherlich, Ingmar Bergman, Axel Eggebrecht.

Inge Stolten, geboren 1921 in Hamburg. Nach Schauspielausbildung Engagement am Hamburger Schauspielhaus und anderen Theatern. Später arbeitet sie auch für den Funk. Mitte der fünfziger Jahre beginnt sie für den Rundfunk und das Fernsehen zu schreiben; 1970 erscheint ihr autobiographischer Roman ‹Das Tagebuch der Jutta S.›.

Heute arbeitet Inge Stolten hauptsächlich als Autorin für Hörfunk und Fernsehen. Sie schreibt Dokumentarfernsehspiele, Beiträge für Jugendsendungen und größere Hörfunkfeatures, u. a. ‹Familienplanung – ein Bericht über Versäumnisse›, ‹Das Recht auf den Tod›, ‹Arzneimittel – Geschäft und Verführung›, ‹Vom Hinterhof ins Eigenheim›, ‹Sprechzimmer ohne Gespräch›, ‹Mieterhöhung›, ‹Preisverleihung›, ‹Akkord im Büro›, ‹Der Chef›.

Anmerkungen

1 Philipp Ariès: Geschichte der Kindheit. Carl Hanser Verlag, München 1975

2 Angelika Wittlich in: Emma, April 1977, S. 11

3 Luise Rinser: Unterentwickeltes Land Frau. Echter-Verlag, Würzburg 1970, S. 73

4 Wechselberg/Puyn: Mutter und Kind heute. Bertelsmann Verlag, Gütersloh 1972, S. 22

5 Hans W. Jürgens/Katharina Pohl: Kinderzahl – Wunsch und Wirklichkeit. Deutsche Verlags-Anstalt, Stuttgart 1975

6 Statistisches Jahrbuch der Bundesrepublik Deutschland, 1977

7 Alfred Stucki: Was macht schon Kinder süchtig?. In: Hamburger Ärzteblatt Nr. 8, 31. Jahrgang vom 10. August 1977, S. 321

8 Bundesdrucksache vom 10. März 1975, 7/3340

9 Walter Becker: Im Mittelpunkt: Das Kind. In: Hamburger Ärzteblatt Nr. 4, 31. Jahrgang vom 10. April 1977, S. 149

10 Ebd., S. 149

11 Melitta Mitscherlich/S. Gómez y Hamacher, Kinderfeindlichkeit in der BRD? In: Vorgänge Nr. 7/1, 1974

12 Hermann Krings u. a. (Hg.): Handbuch philosophischer Grundbegriffe. Kösel-Verlag, München 1974, S. 1581

13 Ebd., S. 1582

14 Georg Picht: Wahrheit, Vernunft, Verantwortung. Ernst Klett Verlag, Stuttgart 1969, S. 340f

15 Helmut Gollwitzer in: Freimut Duve u. a. (Hg.), Briefe zur Verteidigung der Republik. (rororo aktuell 4191), Rowohlt Taschenbuch Verlag, Reinbek 1977, S. 53

16 Thomas Mann: Der Zauberberg. Aufbau-Verlag, Berlin und Weimar 1965, S. 47f

17 Dennis L. und Donella Meadows: Das globale Gleichgewicht. Modellstudien zur Wachstumskrise (rororo sachbuch 6954), Rowohlt Taschenbuch Verlag, Reinbek 1976, S. 284

18 Herbert Gruhl: Ein Planet wird geplündert. S. Fischer Verlag, Frankfurt a. M. 1975, 2. 343

19 Ebd., S. 220f

20 Ingmar Bergman: Wilde Erdbeeren und andere Filmerzählungen. Carl Hanser Verlag, München 1977, S. 62f

21 Wolfgang Harich: Kommunismus ohne Wachstum? Rowohlt Verlag, Reinbek 1975, S. 39

22 Gruhl, a. a. O., S. 186

23 Alvin Toffler: Der Zukunftsschock. Scherz Verlag, Bern, München, Wien 1972, S. 191f

24 Harich, a. a. O., S. 30

25 Ernest Bornemann: Das Patriarchat – Ursprung und Zukunft unseres Gesellschaftssystems. S. Fischer Verlag, Frankfurt a. M. 1975, S. 14

26 Paul Schulz: Ist Gott eine mathematische Formel? Rowohlt Verlag, Reinbek 1977, S. 248

27 Ebd., S. 246

28 Lloyd de Mause (Hg.): Hört ihr die Kinder weinen. Eine psychogenetische Geschichte der Kindheit. Suhrkamp Verlag, Frankfurt a. M. 1977, S. 39

29 Bernd Richter: Kinderarbeit in der Bundesrepublik. NDR I, 21. Juni 1973, 20.15 Uhr

30 Edward Shorter: Die Geburt der modernen Familie. Rowohlt Verlag, Reinbek 1977, S. 214

31 Petra Milhoffer: Frauenrolle und Familienrecht. Radio Bremen, Forum der Wissenschaft, 6. Dezember 1977

32 Ebd.

33 Shorter, a. a. O., S. 305

34 Lienhard Wawrzyn (Hg.:) Wohnen darf nicht länger Ware sein. Hermann Luchterhand Verlag, Darmstadt und Neuwied 1974, S. 60

35 Leona Siebenschön: Ehe zwischen Trieb und Trott. Piper Verlag, München 1970, S. 214

36 Paul R. Ehrlich/Anne H. Ehrlich: Bevölkerungswachstum und Umweltkrise. S. Fischer Verlag. Frankfurt a. M. 1972, S. 272f

37 Ebd., S. 333

38 Horst E. Richter: Eltern, Kind und Neurose. Rowohlt Taschenbuch Verlag (rororo sachbuch 6082), Reinbek 1969, S. 75

39 Leserbrief in: *Die Zeit* vom 1. Juli 1977

40 Maureen Green: Die Vater-Rolle. Rowohlt Vlg., Reinbek 1977, S. 41

41 Jürgens/Pohl, a. a. O., S. 106

42 Karin Reschke: Liebe macht blind. In: Kursbuch 45, Kursbuch-Verlag, Berlin 1976, S. 61 f

43 *TV Hören und Sehen,* April 1977, S. 167

44 Reschke, a. a. O., S. 75

45 Richter, a. a. O., S. 47 f

46 Ebd., S. 50

47 *Zeit-Magazin* Nr. 46 vom 4. November 1977, S. 20

48 Ebd., S. 21 f

49 Gertraud Reitz: Die Rolle der Frau und die Lebensplanung der Mädchen. Juventa Verlag, München 1974, S. 98

50 Ebd., S. 134

51 Ebd., S. 139

52 Hans W. Jürgens, Interview im Süddeutschen Rundfunk vom 2. Oktober 1977

53 *Die Zeit* Nr. 15 vom 1. April 1977

54 Sinah Walden: Machen Kinder unfrei?. In: *Die Zeit* vom 1. November 1968

55 Gertrud Stetter: Die unvollständige Familie. Herder Verlag, Freiburg im Breisgau 1977, S. 57

56 Ebd., S. 49 ff

57 *Der Spiegel* Nr. 37 vom 5. September 1977

58 Marie Cardinal: Schattenmund. Roman einer Analyse. Verlag Rogner & Bernhard, München 1977

59 Ebd., S. 154

60 *Der Spiegel* vom 27. Juni 1977

61 *stern* vom 30. Juni 1977

62 *Vorwärts* vom 9. Juni 1977

63 *Der Spiegel* vom 27. Juni 1977

64 *Hamburger Morgenpost* vom 23. September 1977

65 E. Marvis Hetherington, Marta Cox, Roger Cox: Divorced Fathers. In: Psychology Today, April 1977

66 Germaine Greer: Der weibliche Eunuch. S. Fischer Verlag, Frankfurt a. M. 1971, S. 332

67 Horst E. Richter: Lernziel Solidarität. Rowohlt Verlag, Reinbek 1974, S. 56

68 Marlis Gerhardt: Wohin geht Nora?. In: Kursbuch 47, Kursbuch-Verlag, Berlin 1977, S. 78

69 Ebd., S. 78 f

70 Verena Stefan: Häutungen. Verlag Frauenoffensive, München 1975, S. 98

71 Marielouise Janssen-Jurreit: Sexismus. Carl Hanser Verlag, München 1976, S. 467

72 *Zeit-Magazin* vom 3. Juni 1977, S. 18 ff

73 Luise Francia-Thomele: Teresa bekommt ihr Kind zu Hause. In: *Zeit-Magazin* vom 3. Juni 1977, S. 24

74 Alva Myrdal, Viola Klein: Die Doppelrolle der Frau in Familie und Beruf. Kiepenheuer & Witsch, Köln–Berlin 1962

75 Karin Struck: Die Mutter. Suhrkamp Verlag, Frankfurt a. M. 1975, S. 30

76 Reschke, a. a. O., S. 70 f

77 Statistisches Bundesamt, Wirtschaft und Statistik, 7/1975, S. 459 ff

78 Herta Däubler-Gmelin: Frauenarbeitslosigkeit. Rowohlt Taschenbuch Verlag (rororo aktuell 4183), Reinbek 1977, S. 61

79 Ebd., S. 201

80 Milhoffer, a. a. O.

81 Däubler-Gmelin, a. a. O., S. 99

82 Helge Pross: Die Wirklichkeit der Hausfrau. Rowohlt Verlag, Reinbek 1975

83 Ebd., S. 169 f

84 Ebd., S. 235

85 Ebd., S. 212

86 Hans-Joachim Staemmler (Hg.): Geburtenplanung – Statistik, Erfahrungen und Konsequenzen. Georg Thieme Verlag, Stuttgart 1974, S. 29

87 Viola Frick in: Ärztliche Praxis XXV. Jahrgang Nr. 96 vom 1. Dezember 1973, S. 4419

88 Staemmler, a. a.O., S. 94 f

89 *Der Spiegel* Nr. 6/1977, S. 44

90 *Hamburger Ärzteblatt* Nr. 9, 31. Jahrgang vom 10. September 1977, S. 342

91 *Hamburger Ärzteblatt* Nr. 8, 30. Jahrgang vom 10. August 1976, S. 276

92 Statistisches Jahrbuch, a. a. O., S. 68

93 Annelie Runge: Auf der Suche nach Freiheit. In: Frankfurter Rundschau vom 12. Februar 1977

94 Staemmler, a. a. O., S. 104

95 Ebd., S. 104 f

Helge Pross
Die Männer

Wie sehen Männer sich selbst und wie sehen sie die Frau? Wie sehen sich Männer in ihren verschiedenen Rollen – als Vater, als Ehegatte, als Liebhaber, im Beruf? Und wie beurteilen sie die Frau, was erwarten sie von ihr als Ehefrau, Liebespartnerin, Mutter, Berufsfrau?

Frauenfragen sind heute auch Männerfragen. Das wird namentlich von Männern, aber ebenso von vielen, einseitig auf ihre eigenen Probleme konzentrierten Frauen verkannt. Welche Folgen hat es für männliche Selbstdeutungen und für die Machtstellung der Männer in der Gesellschaft, wenn immer mehr Frauen eine anspruchsvolle Ausbildung erhalten und in qualifizierte Berufspositionen einziehen? Wenn sie Vorgesetzte von Männern werden? Wenn sie allmählich auch beginnen, mit Männern um politische Einflußstellen zu konkurrieren? Zu welchen Veränderungen hat der weibliche Gewinn an Gleichberechtigung für Männer geführt?

Das Buch ist nicht «männerfeindlich». Es ist ein Versuch, Männern einen Spiegel vorzuhalten, in dem sie sich als das sehen können, was sie sind und was sie sein sollten: verunsicherte Halbpatriarchen und aufgeschlossene, aufgeklärte Partner der Frauen. 192 Seiten. Brosch.

Als Taschenbuchausgabe liegt vor:
Die Wirklichkeit der Hausfrau
rororo sachbuch 6989

Rowohlt

Morton Schatzman
Die Angst
vor dem Vater

Langzeitwirkungen einer
Erziehungsmethode
Eine Analyse am Fall Schreber

An einem klassischen Fall von Verfolgungs-
wahn weist der Psychiater Morton Schatzman nach, wie das repressive Erziehungssy-
stem eines Vaters in allen Einzelheiten vom
Sohn in seiner Krankheit wiedererlebt wird
und sich zum «Seelenmord» auswirkt.
rororo sachbuch 7114

Rowohlt

Gesamtherstellung
Clausen & Bosse, Leck/Schleswig